广播电影电视部统编教材

电视采访与
写作（修订版）

赵淑萍　著

中国广播电视出版社
CHINA RADIO & TELEVISION PUBLISHING HOUSE

DIANSHICAIFANG
YUXIEZUO

图书在版编目（CIP）数据

电视采访与写作 / 赵淑萍著 . —修订本 . —北京：中国广播电视出版社，（2013.3 重印）
广播电影电视部统编教材
ISBN 978 - 7 - 5043 - 3099 - 4

Ⅰ . 电… Ⅱ . 赵… Ⅲ . ①电视新闻—新闻采访—高等学校—教材②电视新闻—新闻写作—高等学校—教材
Ⅳ . G222.1

中国版本图书馆 CIP 数据核字（2008）第 046107 号

电视采访与写作（修订版）

赵淑萍　著

责任编辑　王本玉
封面设计　亚里斯
责任校对　张莲芳

出版发行　中国广播电视出版社
电　　话　010 - 86093580　010 - 86093583
社　　址　北京市西城区真武庙二条 9 号
邮　　编　100045
网　　址　www.crtp.com.cn
电子信箱　crtp8@sina.com

经　　销　全国各地新华书店
印　　刷　河北省高碑店市德裕顺印刷有限责任公司

开　　本　787 毫米×1092 毫米　1/16
字　　数　225（千）字
印　　张　12.5
版　　次　2008 年 7 月第 2 版　2013 年 3 月第 2 次印刷
印　　数　6001 - 8000 册

书　　号　ISBN 978 - 7 - 5043 - 3099 - 4
定　　价　25.00 元

序

刘爱清

广播电影电视部统编系列教材《电视概论》、《电视新闻》、《电视专题》、《电视摄像造型》、《电视照明》、《电视画面编辑》、《电视采访与写作》、《电视音乐音响》、《电视节目制作技术》、《广播电视概论》共 10 本书，是在 1997 年 8 月出版的。这套教材作为主管部门统编的规范性教材，主要对象本来是广播电视系统的高等院校和中专学校的广播电视专业的学生，但在广播电视事业发展的影响和带动下，国内许多高校竞相开办广播电视专业，这套教材也就陆续走进许多高校的广播电视院系。尽管这套教材存在不尽如人意之处，但在那学生年年热招、专业教师奇缺的年代里，它不仅在最初起到了救急的作用，而且为后来的学科建设、师资队伍建设和广播电视专业人才的培养发挥了历史性的作用。

一晃 10 年过去了，形势和国情都发生了很大变化，广播电视的发展变化更大。首先在体制上广播电影电视部在 1998 年的国务院机构改革中改为国家广播电影电视总局，所属的院校也在全国高校体制改革中全部划出。但社会上的广播电视教育事业方兴未艾，办学布点不断增加，招生规模不断扩大。广播电视教育事业的持续发展印证了广播电视事业在飞速发展。10 年来，我国广播电视的事业规模迅速扩大，节目套数不断增加；以频道专业化、栏目品牌化、节目精品化和制播分离为目标的运作体制改革不断深入；高新技术的广泛采用，使广播电视的制作水平和播出质量大大提高，传输手段和覆盖效果大大改善。广播电视作为我国当代的主流媒体，经济实力明显增强，创新能力明显提高，社会影响力越来越大。如今，我国广播电视已进入一个由模拟技术向数字技术的转换时期，进入一个向新兴媒体延伸扩展进而升级换代的时期。当前，有线电视的数字化、地面无线广播电视的数字化、广播电视台内部制作播出的数字化正在加速进行；数字高清晰度电视已经开播；直播卫星的使用将进一步优化广播电视的传输覆盖体系。数字技术和网络技术的迅猛发展，使得新兴媒体异军突起，并呈现出强劲的发展态势。网络电视、IP 电视、手机电视、楼宇电视、移动电视等新媒体竞相开办视频业务，使传统的广播电视媒体倍感压力。另外，随着对外开放的扩大，境外的传媒巨人也以重兵压境之势进军我国，对我国本土的广播电视形成冲击。我国广播电视面临内挤外压的严峻挑战和激烈竞争，但同时也进入一个大发展大繁荣的历史机遇期。

广播电视所处的新时期和面临的新任务，呼唤大批新型的高素质的广播电视专业人才，而新型高素质专业人才的培养，呼唤教育教学的改革与创新。在教育教学改革中，教材的改革与创新具有十分重要的意义。从教育教学改革的角度审视10年前的教材，再从广播电视的现状和改革发展的要求衡量10年前的教材，就会明显地感觉到教材建设的相对滞后。当时的认识和看法，当时的概括和阐述，甚至当时还很先进的设备和技术技能，现在已经部分地落后于实践的嬗变甚至早已陈旧过时，因此教材的修改势在必行。同时，在广播电视不断变革发展的实践中，人们不仅总结了许多新鲜经验，在理论上和技术上有许多创新，而且对广播电视的性质、功能、地位和作用也有了新的比较深刻和全面的认识，这些新鲜经验、理论创新和新的比较成熟的认识也应在修订的教材中有所反映。

基于上述理由，中国广播电视出版社本着与时俱进、适应需求的原则，决定修订并再版这套教材。这次修订原则上由原作者自行改动。在原作的体例、框架、结构和主要内容基本不变的前提下，主要是更新统计数据，调整讲解案例，删除过时和相对落后的内容，充实新概念、新理论和新知识，吸收新鲜的成功经验，增加新技术的应用，反映广播电视的最新状况，体现广播电视的创新成果。修订再版的这套教材将更具专业性、针对性和实用性；更加贴近时代要求，贴近广播电视的实际；更加符合事业发展的要求，符合培养高素质专业人才的要求。相信这套再版的教材能够最大限度地满足广播电视大中专院校教学的需要，最大限度地满足各级电视台培训从业人员的需要，最大限度地满足社会上希望了解广播电视工作内容和流程的广大读者的需要。

由于水平有限和时间紧促，书中的不当之处在所难免，敬请读者批评指正。

2008 年 6 月 22 日

（作者系原广播电影电视部教育司司长）

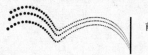

前　　言

  编写本书是指导初学者怎样进行电视新闻采访和写作。要学会电视新闻采访和写作，并不是件容易的事情。

  作为初学者，首先要了解电视新闻报道的演变，了解电视媒介自身的优势。

  其次，要学习新闻报道的共性规律，学习新闻采访、写作的基本规则。

  最后，再深入研究电视新闻采访、写作的个性特点，从中找到不同的规则、方法、技巧。

  本书分为十五章，第一章至第八章讲授电视新闻采访；第九章至第十五章讲授电视新闻写作。

  本书第一章至第十四章由赵淑萍撰写，第十五章由王银桩撰写。

  学习电视新闻采访与写作的最好途径是走出去采访；提起笔写作。美国著名新闻节目主持人丹·拉瑟认为，学习报道的最好方法就是走出去报道新闻，学习写作的最好方法就是写作。这里没有什么特别新奇和深奥的东西。

  不过，单在实践中摸索，可能学习的进度要慢一些，也可能会走一些弯路。本书可以帮助你少走一些弯路，并提供一些基本法则方面的东西，帮助你打下一个良好的理论基础。

作者

2008 年 2 月

目　录

第十五章　电视解说词写作　　167

第 一 章
记者新闻采访活动的由来与发展

【本章内容提要】

　　本章侧重讲授了近代新闻记者的采访活动及现代新闻记者的采访活动，在内容上，应该重点把握两个主要方面：一是近代新闻记者的采访活动的发展进程；二是现代新闻记者采访活动竞争的特点。

　　新闻记者，在广义上泛指新闻从业人员，如记者、编辑、评论员、编辑部主任、台长等；在狭义上是专指从事采访报道的职业记者。在西方，广义的记者称谓是 Journalist，狭义的记者称谓是 Reporter。本书所谈及的记者是指狭义的记者。

　　新闻记者，作为一种社会分工，一种独立的职业，至今已有数百年的历史。在这数百年的历史进程中，记者的新闻采访活动经历了不同时期的演变。

　　按照时间顺序，职业记者的新闻采访活动的进程，如表 1－1 所列。

表 1－1　职业记者采访活动发展进程

时　期	采　访　活　动
萌芽时期	15 世纪末至 16 世纪末，手抄新闻、活页小报出现；专门采集消息、信息的资本主义萌芽时期的早期记者开始了较随意的独立采访活动。
开创时期	17 世纪初至 17 世纪末，定期印刷报纸诞生；专门从事新闻活动的近代记者成为独立的社会分工；记者的采访活动成为有组织、有意图的社会活动。
成熟时期	18 世纪初至 18 世纪中期，日报出版发行；记者从编辑、出版、发行工作中分离出来，成为专门采集新闻的专职记者。
巩固提高时期	18 世纪中期至 19 世纪中期，报纸记者采访活动进一步巩固提高，形成一定传统；通讯社诞生，标志着记者职业大军形成，意味着"新闻托拉斯"的垄断即将来临；记者新闻采访视野不断拓宽，采访更加讲求时间效率。

1

续表

时期	采访活动
飞跃发展时期	19世纪中期至20世纪20年代，报纸、通讯社新闻业务形成世界性格局；电讯新闻诞生，促使记者采访报道进入飞跃发展阶段，新闻采访探索出自身规律；报道形式、新闻文体形成一定风格；文字记者大显身手，新闻对社会影响越来越显著。
激烈竞争时期	20世纪20年代至今，广播、电视诞生，记者采访报道进入电子化时代，报纸、通讯社、广播、电视四大新闻媒介形成相互并存、相互竞争的新格局；记者采访活动蒙上了激烈竞争的色彩；电视记者的采访活动格外引人注目。

第一节　近代新闻记者的采访活动

职业记者的采访活动是伴随着近代化报纸的出现而产生的一种社会活动。

同其他社会活动一样，近代记者的采访活动经历了从萌芽时期到开创时期，再到成熟时期的过渡。

一、萌芽时期的新闻采访

15世纪末至16世纪初，西方世界资本主义生产关系逐步滋生蔓延，商品经济开始呈现异常活跃的势头，增长了信息沟通的需要。随着生产技术的进步，社会劳动分工的扩大，商品生产的增长和国外市场的形成，首先在地中海沿岸具备了产生资本主义萌芽时期报纸的政治、经济、文化、交通等必备条件。于是，在文艺复兴的发源地意大利的威尼斯首先出现"手抄新闻"。

威尼斯是个有名的商业港口，交通便利，商业贸易繁荣，成为当时欧洲的经济中心。云集于威尼斯的商人要扩大市场，迫切需要了解外部情况；在此游玩消遣的贵族乐于知晓各种奇闻轶事；乘船往返的旅客希望及时了解船开船到的准确日期……上述各方面对信息沟通的需求和威尼斯所具备的政治、经济、文化上升发展的客观条件，构成了早期记者开始新闻活动的社会基础。同时，来往的旅客把各处发生的消息带到威尼斯，提供了大量新闻来源。于是，专门为提供新闻与信息的"手抄新闻"便出现了。后来印刷、造纸术的发展又把"手抄新闻"变成印刷品，这就是资本主义萌芽时期的报纸。

继"手抄新闻"变成印刷品之后，印刷商开始印刷不定期的小册子和活页小报，上面登载宫廷庆典、王公葬礼、灾难战役、奇闻轶事、宗教论战、政治论战等

内容。从内容上看，当时的新闻并没有侧重于新近发生的动态性的新闻事件。显而易见，萌芽时期记者的采访活动不可避免地受到当时交通、技术不发达等社会条件及新闻业本身处于萌芽状态的限制。

萌芽时期的记者实际上也是编辑、出版者和发行人。他们采集的新闻并不像今天一样讲求迅速、及时，许多事情已经发生了很长一段时间，但是当时交通、通讯很不发达，相互隔离的世界仍然对用今天标准衡量是"旧闻"的东西感到新鲜。此外，他们采集的奇闻轶事大多是在码头上、大街小巷、餐馆酒店听别人转述的，许多内容可能有所夸大、有所遗漏，甚至完全失实。但是，当时还没有形成严格的新闻报道原则，因而在某种程度上讲，萌芽时期记者是尽着"有闻必录"的职责。

二、开创时期的新闻采访

记者的采访活动从萌芽时期过渡到开创时期经历了一个世纪左右的时间进程。

1609年，世界上第一家定期出版的报纸《通讯及报道》在德国的斯特拉斯堡问世。它的问世，标志着近代化报纸的诞生。

所谓近代化报纸，在含义上是指定期印刷出版拥有一定发行量的报纸。《通讯及报道》是一份定期出版发行的周刊。在它之前，无论是活页小报还是新闻纪事小册子均不是定期出版物。继《通讯及报道》之后，西方国家印刷报纸纷纷采取周刊形式发行。例如：德国的《法兰克福新闻》、英国的《每周新闻》，以及《每周匈牙利新闻》、《每周法兰西新闻》、《每周意大利新闻》等周报相继问世。到17世纪末，由于社会需求，报纸得以增多、发展和廉价出售。周刊的内容主要是政治、军事、经济事态，偶尔发表言论。这一时期，记者的采访活动对一些重大的政治、军事事件进行了涉猎。

定期报纸的诞生促使记者的采访视野进一步拓宽，开始面向广阔的社会舞台。

三、成熟时期的新闻采访

近代记者的采访活动伴随着日报的发展步入成熟时期。

1704年，世界上第一家日报《波士顿新闻通讯》在北美洲问世。同周刊相比，日报缩短了出版周期，扩大了内容容量和读者面。日报使报纸成为真正意义上的"新闻纸"，同时带动了记者采访活动的进一步发展。

从17世纪初到18世纪初，记者采访活动随着日报的发展日臻走向成熟。在这个历史阶段，记者完成了从编辑、出版、发行工作之间的分离，成为专门的采集新闻的专职记者。同时，专职记者自身根据社会生活不同领域的区分逐步实行了较细的工作分工，产生了政治新闻记者、经济新闻记者、体育新闻记者、军事新闻记者、文教新闻记者以及驻外记者。

促成记者专门化工作分工的因素主要有三个：一是造纸、印刷、交通业的迅速发展给报纸提供了大量出版发行的物质技术条件，致使报纸成为有利可图的企业。

3

因此，少数人包揽采、写、编、排、出版、发行的全部工作状态显然不能适应发展的需要；二是新闻传播的社会功能日益扩大，报纸成为广为流传的读物。因此，需要一支数量众多的专门采集新闻的记者队伍；三是新闻报道形式、体裁多样化发展和新闻报道领域的不断开拓扩大，需要记者采访报道多渠道、多侧面。因此，职业记者自身必须实行较细的工作分工。

记者职业的专门化分工标志着记者采访活动进入成熟时期。到 18 世纪中期，记者的采访活动又经过半个世纪的实践，更加趋于完善。记者的采访活动对社会生活不断产生影响，作用于历史发展进程。

追溯近代记者采访活动的历史，我们看到：近代报纸是社会需要的产物，职业记者是新闻业发展的产物。从 15 世纪末到 16 世纪末的百余年间，记者采访活动处于萌芽时期；从 17 世纪初到 18 世纪初的又一个百余年间，记者采访活动进入开创时期；从 18 世纪初到 18 世纪中期又经历半个世纪时间，记者采访活动才步入成熟时期。在这 250 余年的历史进程中，报纸记者作为职业记者的先驱积累了较为丰富的采访经验，形成了一定传统。他们的经验和传统奠定了现代记者采访活动的基础，有些经验和传统仍然沿用到今天。

第二节 现代新闻记者的采访活动

现代记者的采访活动大致可以划分为两个发展阶段：第一阶段是工业化时代；第二阶段是电子化时代。

一、记者职业大军的形成

在工业化时代，记者的采访活动由巩固提高上升到飞跃发展，经历了近一个世纪的历史演变。资产阶级工业革命在 18 世纪 60 年代开始，大体在 19 世纪中期完成。现代记者采访活动的发展演变恰好与时代发展同步。

1. 采访活动密集系统化

从 18 世纪中期到 19 世纪中期，现代记者的采访活动处于巩固提高时期。1776 年，在北美殖民地宣布独立前不久，伦敦已有 50 多家报纸，欧洲大陆国家有近 40 家报纸，北美殖民地的报纸超过 30 家。到 18 世纪末，报纸的形式、内容已经形成一定规范。记者的采访速度、节奏加快，报道质量不断提高，新闻视野进一步拓宽。

1835 年，世界上第一家通讯社法国的《哈瓦斯通讯社》成立，带动了记者采访活动的进一步发展。之后，1848 年《美联社》在芝加哥成立，1849 年德国《沃尔夫通讯社》成立，1850 年英国的《路透社》成立。由于通讯社具有"新闻采集托拉斯"的特性，各地记者的采访活动构成庞大的新闻采集系统，因而可以提供大量的内容广泛的新闻。

通讯社的诞生发展标志着记者职业大军的形成。

2. 采访活动与新闻报道原则

现代记者的采访活动伴随着电讯新闻的发展进入飞跃发展时期。

19 世纪 40 年代末，《沃尔夫通讯社》、《哈瓦斯通讯社》先后尝试用电报发送新闻，从此引发了电讯新闻的诞生。

电讯新闻的诞生使记者的采访速度、报道方式发生了戏剧性变化。由于当时电报业务因各种原因时而发生中断，记者必须以最简洁的语言、最直接的方式报道新闻。因此，便提出了导语写作必须包含新闻五要素的"定律"，导致了倒金字塔结构的形成，奠定了新闻文体及写作风格的形成。此外，由于通讯社新闻向许许多多的报纸提供新闻，为了让更多的报纸采用它的新闻，通讯社向记者提出采写新闻力求客观，不渗透个人的意见，不偏袒任何一方。因为当时许多报纸有政党色彩、政治倾向性很强。报纸内容充满了形形色色的政治意见。通讯社采取不偏不倚态度就是在这种背景下提出的。例如，1856 年美联社驻华盛顿记者劳伦斯·戈布赖特曾这样阐明这一原则：我的职责是传送事实。我接到的指示不允许我发表任何评论。我写的报道是送给各种政治态度的报纸的。因而，我只报道我认为是正当的新闻，而且力求真实和不偏不倚。后来通讯社这样报道新闻的观点也被报纸所接受。报纸的意见逐步同新闻分开，意见发表在社论版，采用不署名形式，读者、特约撰稿人、专栏作家发表的意见采取署名形式，登在社论对页的专栏版，新闻中尽可能避免发表意见。随着实践经验的积累，新闻报道的真实、客观、公正、准确的原则便得到了确立。

资本主义工业化社会的发展，为记者的新闻采访活动提供了科学技术条件。蒸气印刷机、双面印刷机、自动排版机、新闻摄影等技术的发明改善了报纸排版、印刷程序，提高了版面效果；电报的发明加快了新闻的传递；交通业的发展为记者采访提供了便利条件；邮政业的发展加快了报纸发行。

可以说，在工业化时代，是报纸、通讯社记者大显身手的时代。值得特别提及的是，在工业化时代，无产阶级记者的新闻活动揭开了新闻事业发展历史的崭新一页。1848 年 6 月 1 日，马克思主办的《新莱茵报》在欧洲革命高潮中诞生了。马克思、恩格斯、卢森堡、吕勃克内西等革命先导的新闻实践活动，为无产阶级记者树立了光辉典范。

二、采访活动的划时代拓展

记者采访活动伴随着电子化时代的到来进入激烈竞争时期。

新闻传播事业本身就是赋有竞争色彩的事业。电子化时代的到来，导致新闻竞争进一步激烈展开，以致达到白热化程度。

进入 20 世纪，出现了广播、电视传播媒介，从而开始了报纸、通讯社、广播、电视四大传媒相互并存又相互竞争的新时期。

这一时期记者采访活动有两个特点：一是利用新技术手段，加速新闻采访节奏；二是发挥各自优势，向采访报道的深度广度拓展。

1. 广播记者应运而生

20 世纪 20 年代，报纸的繁荣已不容置疑；通讯社业务遍及整个世界；以美国卢斯·哈登在 1923 年创办的《时代》周刊为代表的新闻杂志相继问世；新闻文摘、画刊纷纷出版。一时间，文字记者汇成浩浩荡荡的采访队伍占领世界新闻传播的阵地。然而，正当文字记者称雄天下的时刻，广播记者伴随着无线电广播的发展应运而生。

1920 年 11 月，美国威斯汀豪斯电气公司在匹兹堡创办了世界上第一座广播电台——KDKA，它的创办标志着广播媒介的诞生。

开创初期的广播令世人欣喜若狂，广播中传出奇妙的音乐和歌声。因而，早期的广播被人们视为娱乐工具。通讯社、报界记者的采访活动自然而然独领风骚。

虽然无线电广播事业创办于 20 世纪 20 年代初，但是广播记者采访活动却是在数十年后才开始的。原因在于初创时期的广播被看成是娱乐消遣的工具，早期的简明新闻仅仅是从报纸、通讯社那里转发的简明新闻。随着广播事业的不断完善，广播自己采集新闻的愿望呼之欲出。以美国为例，1932 年，NBC 和 CBS 成功报道了总统竞选活动，这是广播向报纸、通讯社发出的第一个竞争信号。广告商开始把目光转向广播，报纸收入明显下降。为了抵制广播的挑战，美国报刊发行人协会决定不再向广播提供新闻，美联社、合众社和国际社也做出相应决定。报界和通讯社采取的行动迫使 NBC 和 CBS 于 1933 年秋天开始自己组织力量采集新闻。

广播记者的诞生是同文字记者竞争的产物，因而从一开始广播记者的采访活动便蒙上了竞争色彩。CBS 新闻部主任前合众社记者怀特发起组建正式的 CBS 新闻社，并同国外一些新闻机构谈判交换新闻。报界、通讯社看到广播咄咄逼人的势头，又一次发起进攻，迫使广告商取消做广播广告的计划。双方势不两立的局面驱使广播、报纸、通讯社三家于 1933 年 12 月在纽约举行联合会议，达成一项"和平"协议。这项协议实质上是限制广播新闻发展，条款极其苛刻：一、解散 CBS 新闻社；二、NBC 不再组建新闻社；三、由广播网提供经费成立报纸广播局，以便向电台提供简明新闻。每条新闻不超过 30 个字，必须在早 9:30 播送 5 分钟，晚 9 点或稍晚时间再播 5 分钟；四、电台评论员不能评论从现场发生的新闻，新闻事件发生 12 小时后才允许电台播发、评论。由于广播新闻受到如此严格的限制，好几个独立新闻社随之成立，自愿向广播局提供新闻。报纸广播局认为独立新闻社破坏了"协议"精神，应该取消，但一直未能办到。最终，反广播"协议"逐渐失效、瓦解。

自 20 世纪 30 年代中期起,广播记者队伍一步步发展壮大。特别是在第二次世界大战期间,广播记者利用无线电短波技术,先于报纸从现场发回战事新闻,令文字记者望尘莫及。"新闻联播"报道形式在第二次世界大战前夜诞生,开创了广播新闻自成一体的风格。现场录音实况报道、现场记者口头报道等形式在战争期间特别受到听众欢迎。"二战"使广播记者采访活动进入了"黄金时代"。

广播记者队伍经过"二战"的洗礼,锻炼成一支素质较高的队伍。其中以 CBS 著名记者爱德华·默罗组建的全明星记者队伍最为优秀。报纸、通讯社对广播不能再等闲视之,许多记者在战争期间和战后流入广播。客观地讲,文字记者流入广播,为广播记者采访活动打下了基础。在这个基础上,广播记者通过摸索、比较,逐步探索出广播新闻采访的特点。

2. 电视记者后来居上

1936 年 11 月 2 日,世界上第一座电视台在英国伦敦市郊的亚历山大宫开播。1939 年 4 月 30 日,美国纽约世界博览会展出电视机,罗斯福总统在电视上发表讲话。电视机进入家庭,电视大面积传播已经指日可待。不料,"二战"爆发迫使电视发展进入"冷冻"时期。战后,电视"复苏"。美国、英国、法国、苏联、日本等国家先后开办了电视广播。1946 年,美国无线电公司将黑白电视机投放市场,电视机进入家庭,电视广播有了收看群体。1954 年,美国正式播出彩色电视节目。1960 年,日本播出彩色节目。1967 年,英、法、苏、联邦德国相继播出彩色电视节目。

随着电视的崛起,电视记者的采访活动开始起步。

20 世纪 40 年代中期,电视新闻仅仅是新闻电影纪录片和广播新闻的结合物。当时的电视记者只不过是从报纸、电影系统请来的摄影师。电视新闻摄影组通常由 2～3 人组成,使用好几百磅重的设备。电视新闻报道方式采取"分割式"剪接方法。先打字幕、再出图像、然后配上声音解说。尽管设备沉重,电视记者仍然拍下了一些持续发生的事件和预知的新闻,如灾难、战争、奠基典礼、选美比赛、体育比赛、军事演习、总统竞选等。这些报道弥补了广播和报纸的不足。一个真实的画面往往胜过一组报纸图片,胜过 1000 字的文字报道。

经过数十年摸索,电视记者的采访活动在 20 世纪 50 年代中期有了长足发展。60 年代,录像磁带、"并行剪接法"技术手段使得记者的采访更上一层楼,同步录制画面和声音,文字、解说、画面融会为一体。70 年代,卫星通讯技术进一步发展,电视记者通过卫星进行采访报道新闻为举世所瞩目。80 年代,电视新闻影响越来越大,电视记者的采访活动遍布全球。哪里出现新闻热点,哪里就有电视记者的足迹。

近半个世纪以来,电视作为本世纪的重大发明之一,成为现代化社会的标志。

电视记者的采访活动虽然还不到半个世纪的历程，但已经呈现"后来居上"的势头。

在我们进入电子化时代的今天，我们看到：职业记者的采访活动在社会发展进程中起到了沟通社会、推动社会前进的不可低估的作用。世界未来学家认为，在未来世界中，不管社会结构发生什么变化，职业记者的采访活动将继续进行下去，因为全世界的人们永远需要了解和他们生活有关的新情况、新变化、新信息。

3. 信息时代的新挑战

在即时通讯时代，技术的进步可以使记者用过去难以想象的快速手段进行采访报道。

如果说，19世纪中期通讯社记者发出的电讯新闻标志着记者采访活动进入即时性开端的话，那么在20世纪60年代以来，通讯社的电传新闻又使记者的采访活动发生戏剧性变化。例如在远东某个国家发生一个突发事件，通讯发出的快讯电传稿以电子信号形式传到世界各国用户手中，整个过程不到一分钟。这样的传送速度对记者的采访活动提出了新的挑战。

在报纸新闻编辑部，新闻的产生过程已完全实现现代化。从手写到使用打字机，再到应用电脑、电子传真机。记者采访活动也开始使用对讲机、话筒、录音机。面对电视挑战，报纸记者开始注重深度报道、视觉新闻、专访、解释分析性评述等文体的应用。这一切，对记者的采访功力、报道水平都提出新的要求。

广播记者以快捷、迅速的采访报道发挥优势。电视记者采访报道正朝同步化趋势发展，同时深度调查报道、人物专访、现场口头报道等形式日益受到观众的欢迎。

面对信息时代的挑战，记者的采访活动将进入一个崭新阶段。紧紧跟上新技术发展，发展思维能力和采访技巧才能胜任富有创造性的采访活动。

第三节　中国新闻记者的采访活动

中国记者的采访活动比西方记者晚200多年。如果从17世纪初定期印刷报纸诞生算起，西方国家记者采访活动已经经历了近四个世纪的历程。中国的近代化形式的报纸在19世纪初才出现，而且是由外国传教士率先创办的。因而，中国记者早期的采访活动不但比西方记者起步晚，而且活动方式在一定程度上受到外国人办报意图的限制。中国记者的采访活动真正有所发展是在辛亥革命以后。时至今日，中国记者的采访活动的经验已经系统化、理论化，构成了一门独立的实际应用新闻采访学科。

按照时间顺序，中国记者的采访活动的发展历程，如表1－2所列。

表 1-2　中国新闻记者采访活动发展进程

时期	采 访 活 动
起步时期	1815 年外国传教士创办第一张中文报纸，中国人梁亚发为其刻板、印刷、发行，并以"学业"笔名写稿，成为第一个广义上的中国近代职业记者。从 1815 年至 19 世纪中期，外国人在中国创办多种报刊，多数为宗教宣传服务，使中国早期记者的新闻活动受到一定程度限制。
开创时期	从 1858 年至 19 世纪末，中国人先后自己创办报刊，不但刊载新闻，而且传播思想观点，外国人办报由宗教宣传扩大范围，以《申报》为代表的报纸设立了专门从事采访的专职记者——"访员"。外国通讯社业务在中国境内开始展开，电讯新闻发挥起作用。
发展时期	辛亥革命胜利后，报刊迅速发展；广播开始起步；中国人自办通讯社业务得以发展。记者职业分工进一步划分，出现了黄远生、邵飘萍、范长江、瞿秋白等以采访报道新闻事件而闻名的杰出记者，中国记者的采访活动有了真正发展。
壮大时期	中华人民共和国成立后，中国新闻事业全面发展，记者队伍迅速壮大。电视作为四大新闻媒介中唯一由中国人自己着手创办的事业逐步兴起。新中国的报纸、通讯社、广播、电视记者的采访活动不仅遍布全国而且走向世界各地。

一、起步阶段的新闻采访

　　1815 年 8 月 5 日，第一张中文近代化报纸——《察世俗每月统纪传》在马来西亚的马六甲出版。创办人是第一个到中国传教的英国传教士马礼逊，主编是另一个英国传教士米怜。中国人梁发，又名梁亚发担任刻板、印刷、发行工作。梁发原是个刻工，应募为英美传教士刻印宗教书籍。1815 年随米怜到马六甲，转年受洗礼入基督教。在《察世俗每月统纪传》出版期间，他曾以"学业"的笔名为该报写稿。在我国新闻史上，他以第一个广义上的新闻记者身份占有一席之地。但是，由于这份报纸的内容首为宗教、次为伦理道德、再次为科学知识，梁发的新闻活动必然受到该报办报意图的限制，因而他的新闻活动并不是狭义概念上的采访活动。

　　从 1815 年到 19 世纪中期，外国人在海外和中国境内创办了多种中外文报刊。创办人多是熟悉中国情况或通晓中文的传教士和商人。报刊的内容从宗教宣传开始逐步拓宽到商业活动、文化信息、时事新闻、社会新闻等。例如：1828 年创办的《天下新闻》突破书本式装订，采用活版印刷、散装发行，主要刊载中国和欧洲新闻。1832 年创办的英文月刊《中国丛报》对中国的政治制度、政府机构、法律条例、朝廷要员、中外关系、内外贸易、山川海港、军队装备、文化教育、风俗习惯等做了相当详尽的介绍，同时也广泛报道了西方商人、传教士在中国的活动。该报文体多样，有论文、游记、消息、通讯、书信等。文章的主要撰写者大多为西方在华的知名人士，中国人梁进德等也曾为之写报道。1933 年创办的中国境内第一张中文报刊《东西洋考每月统纪传》以宣传西方科学文化知识为主要内容，兼载宗教文化、行情物价。该刊关于酒徒打人致命的报道、关于 105 岁老翁同 22 岁女子结婚并生子的报道是近代中国报刊中最早的社会新闻。

由于在中国近代化报刊发展初期的近半个世纪时间里都是由外国人垄断，中国记者的采访活动不可能不受到历史的局限。无论是梁发还是梁进德等人，他们的新闻活动仅仅是一般性地写文撰稿。即便是外国人，他们自身的工作分工主要是编撰文章，专职采访记者寥寥无几。

从根本上看，外国人在中国办报意图是为其文化入侵服务的。但在客观上，这些报刊引入了西方新闻业的经验，展现了中国新闻业发展初期的一角天地。

二、开创时期的新闻采访

19 世纪 50 年代，中国人打破了洋人完全垄断中国新闻业的格局，自己开始创办报刊。

1858 年 11 月 15 日，中国人自己创办的第一家报刊《中外新报》在香港创刊。初为双日刊，很快改为日报。该报新闻来源多译自外报或转录清朝的《京报》。此外，向社会征求社会新闻的来稿。同时，注重商业行情和交通信息，另印《行情报》，随《中外新报》一并发送。值得一提的是，《中外新报》发行期间，提出"序事必求实际，持论务期公平"的报道原则。由此可见，中国人自己办报伊始就开始遵循一定的新闻报道规则。

继《中外新报》之后，中国方始进入自己开创新闻业的新阶段。1873 年，艾小梅在汉口创办中国境内的中国人自办的报纸《昭文新报》，1874 年，王韬在香港创办《循环日报》。王韬是中国新闻史上的第一个政论家，他以报纸为武器，每日刊有论说一篇，鼓吹变法自强，开我国报刊重视政论之先声，成为康有为、梁启超所领导的维新变法运动的思想先驱。《循环日报》除开以政论著称于世之外，还由于刊载京城、羊城、朝外新闻及交通信息而受到欢迎。

甲午战争后，中国资产阶级作为新的社会力量登上历史舞台。在整个戊戌维新运动时期，维新派共创办了 30 多种报刊。他们利用报纸宣传维新变法，在中国新闻史上掀开新的一页。

在中国人开始自己开创新闻业的同时，外国人在中国办报又有所发展。1872 年由英国商人美查等创办于上海的《申报》一开始就设有两个"访员"，专门采集社会新闻。1874 年，派人赴台湾实地采访日军侵台战事，刊出中文报纸上最早的军事通讯；1882 年 1 月 16 日，登载了发自天津的我国第一条国内新闻电讯；1884 年 8 月 6 日晚 7 时，发出了报道福州海面法国舰艇动静的第一张中文号外。从上述新闻

事件的报道可以看出，新闻记者的采访活动范围正在逐步拓宽。

在报纸记者的新闻采访活动迈出新的一步之时，外国通讯社业务也在中国开始经营。1872 年，英国路透社最先在中国发稿。此后，日本东方通讯社、同盟社、法国的哈瓦斯社、美国的合众社、德国的电报社等，都在中国设立了分支机构。从此，电讯新闻开始在中国发挥作用，进一步加强了中国和西方世界的信息沟通。

从 19 世纪初期到 19 世纪末，外国人在中国创办了近 200 种报刊，占我国当时报刊总数的 80% 以上。中国记者的采访活动自然不可避免地受到这样一个历史条件的限制。能够打破洋人办报一统天下，开创中国人自己的新闻业是十分艰难的。这也是为什么中国职业记者队伍形成比较缓慢的重要原因之一。

三、发展时期的新闻采访

中国记者的采访活动真正得以发展是在辛亥革命以后。

辛亥革命时期，资产阶级革命派共创办了 120 种报刊。据统计，到 1912 年 5 月，全国报刊总数增加到近 500 种。随着新闻业的快速发展，职业记者进行了较细的工作分工。在民国初期，报刊内容基本上做到不疏漏重大新闻事件。也就是在这个时候，出现了以采写政治通讯，披露政治事件内幕而闻名的杰出记者黄远生。

黄远生（1877～1915 年）是中国新闻史上的第一个名记者。在他以前的著名新闻工作者都是政论家。他采写的政治通讯语言文字流畅生动。他善于采访，经常能采集到一般记者难以获悉的消息。他提出一个好记者应有"四能"：能想、能跑、能听、能写。当时，东方杂志和上海的《申报》都大量登载他的通讯，后起的新闻记者有不少深受他的影响。袁世凯帝制活动开始后，报刊想利用他的文笔和声望，一面要他写文章，一面要他出任筹备出版的《新亚细亚报》上海版的总撰述。由于黄远生的改良主义世界观，不能断然拒绝这种收买和利用，写了一篇自以为"似是而非"、"并不怎么赞成帝制"的文章，同时也担任了总撰述的名义。袁世凯并不满意，叫人授意他再写。这时，他觉得"再无可转身了"，于 9 月 3 日离开北京转道上海乘船去美国。结果 12 月 27 日，在美国旧金山被人当成帝制派暗杀，这是中国新闻史上的一个悲剧事件。

"五·四"运动带动了中国现代报刊的发展，一批以宣传新文化、新思想为内容的报刊先后出现。同时，出现了邵飘萍、范长江等著名进步记者。

邵飘萍（1884～1926 年）早在 1908 年就担任《申报》特约通讯员。1915 年初，是他最早把日本政府向袁世凯提出灭亡中国的"二十一条"秘密协定报道于国内。1916 年 6 月袁世凯死后，被《申报》聘为特派记者去北京，以发表"北京特约通讯"而驰名国内。1918 年 7 月，创办新闻编译社，为中国人在北京自办最早的通讯社。同年 10 月 5 日，创办《京报》。1919 年 10 月 5 日被北京大学校长蔡元培聘为新闻学研究会讲师，主讲新闻采访学。邵飘萍的讲学对许多中国进步青年产生过深刻影响，毛泽东曾对他的讲学留下深刻印象。在邵飘萍的新闻生涯中，其主体思想倾向进步革命，曾披露段祺瑞政府卖国罪行，赞颂十月革命，拥护孙中山的三大政策，支持反帝反军阀斗争。1926 年 4 月 26 日，被奉系军阀以"勾结赤俄，宣传赤化"逮捕，惨遭杀害。

范长江（1909～1970 年）1933 年下半年开始为北平《晨报》、《世界日报》和天津《益世报》写稿。一年之后，成为《大公报》撰稿人。1935 年 7 月，他以《大公报》旅行记者身份，从成都出发，开始了西北地区考察采访，历时 10 个月，足迹及于川、陕、青、甘、内蒙古等地区，全程四千余里。他的旅行游记陆续在《大公报》发表，引起轰动。这些游记汇成《中国的西北角》一书，几个月内连出七版。1936 年 8 月他去西部采访，写出通讯集《塞上行》。"西安事变"后，他从宁夏到延安，同毛主席做了通宵长谈，促使他思想发生重大转变。他所写的《陕北之行》，打破蒋介石新闻封锁、报道了陕北革命根据地的实况。1939 年 5 月，在重庆加入中国共产党。

黄远生、邵飘萍、范长江三位名记者的采访活动标志着中国职业记者采访活动的深入发展。

从 19 世纪初到 19 世纪中期，不但中国报纸记者采访活动进入发展阶段，中国民办通讯社、官办通讯社也先后开展了新闻报道业务，广播事业也开始发展。

1904 年，中国人自办的民营通讯社——中兴通讯社在广州成立；1924 年，国民党中央政府在广州创办《中央通讯社》；1931 年，中华苏维埃共和国中央政府创办《红中社》；1923 年，美国人奥邦斯在上海开办《大陆报》——中国无线电广播电台；1927 年，北洋军阀政府在天津创办了中国人自办的第一座广播电台；1928 年，国民党中央在南京创办中央广播电台；1940 年，中国共产党创办延安新华广播电台。

追溯中国记者采访活动的历史，可以看到中国记者采访活动是同整个新闻事业的发展及时代背景紧密相连的。

为什么中国职业记者的采访活动比西方记者晚两百多年？一是闭关自守的小农经济，自给自足，很闭塞；二是政治上统治阶级控制严密，旧制度不肯改革，压制言论自由；三是思想文化上还没有感到封建文化的束缚。此外，整个社会处于封建割据状态，没有沟通的需要。

四、壮大时期的新闻采访

自新中国成立以来，中国新闻事业有了空前的发展，记者的采访活动也发生了历史性演变。

新中国成立以来的四十多年，记者的采访活动可以分为两个阶段：一是十一届三中全会以前；二是十一届三中全会以后。

　　不可否认，十一届三中全会以前中国新闻事业发展速度、规模都是新中国成立前所达不到的，记者队伍扩大、素质提高。记者的采访报道不乏有很多精彩、高水准的好新闻。但是，也要看到，由于历史原因，记者的采访报道自然也会受到时代限制，有一些的确违背了新闻规律。十一届三中全会以后，随着改革开放的深化，我国新闻界总结历史经验，记者的采访活动发生了历史演变。记者的采访报道无论在采访上还是在写作上都在探索新闻自身的规律。

　　报纸记者随着报业结构的变化其采访活动不断朝着新闻报道的深度和广度进军。过去，中国报纸是党报独揽天下，报纸种类基本上是综合性为主。现在，报业结构形成多层次格局，群众团体、民主党派报纸先后创刊。报纸种类呈现比较齐全的可观前景，中央、地方、综合、专业报纸同时并举。记者素质和业务水平随着社会进步和新闻教育发展进一步提高。

　　通讯社记者的采访活动随着中国通讯社业务的发展而不断开拓。新华社提出新的目标，在本世纪末或更长一些时间，把新华社建成现代化的世界性通讯社。为达到这一目标，新华社提出了许多具体措施，其中之一就是加速人才培养，拥有一批能洞察国内外事务，纵论世界风云，在国内外有影响的名记者。目前，新华社在国外已建 90 多个分社，世界上有 30 多个国家的通讯社抄收新华社的对外新闻。中国新闻社的新闻业务近几年也发展较快，采用中新社电讯、专稿和图片的海外报刊已有 100 多家，分布世界五大洲。可以说，近十年来，通讯社记者的采访活动真正打开了世界性的局面。

　　广播记者采访活动通过总结历史经验，朝着"自己走路"的目标迈出新的一步。过去，特别是"文革"期间，我国广播新闻报道主要是依靠通讯社和报纸。十一届三中全会后，广播记者逐步改变这种被动局面，自采、自报、自编的新闻数量增加。录音报道、现场报道、节目主持人等广播特点的采访报道形式运用越来越普遍。

　　中国电视自 1958 年正式开播，虽然比国外晚了二十多年，但却是四大新闻媒介中唯一由中国人自己创办的事业。我国电视的发展受到"文化大革命"的影响中间搁置，直到 20 世纪 70 年代中期后才真正有所发展。到 1988 年底，全国已有 422 座电视台，465 套节目，每天平均播出 2600 多小时，全国电视机已达 1.4 亿台，电视观众有 6 亿之多。在全国电视这样一个普及提高、迅猛发展的形势下，电视记者的采访活动"后来居上"，在人民政治生活、经济生活、精神生活中起到不可低估的作用。1984 年，我国成功地发射了试验通讯卫星，随后卫星地面站相继建成并投入使用，中央电视台播出的节目可以当天同全国观众见面。目前，我国电视已基本形成从中央到地方、从无线到有线，既有竞争又有合作的电视传播网络。电视新闻日益成为人们获得新闻的重要来源，电视记者队伍迅速形成壮大。

电视记者的采访活动不但继承了传统，而且进一步丰富发展。许多电视采访报道自身成为举世瞩目的重要新闻，许多采访报道对推进社会改革和进步起到了不可低估的作用。

在我们回溯中国记者的采访活动历史的同时，我们也看到中国记者采访活动的前景是令人乐观的。因为了解了历史，就会对现状有比较清楚的认识。相信中国记者的采访活动会伴随时代的进步不断开拓前进。

本章参考书

1. 《新闻事业概论》（北京广播学院出版社，1989 年出版，赵德全著）；
2. 《外国广播电视事业史简编》（新华出版社，1990 年出版，苑子熙编）；
3. 《中国电视概述》（中国广播电视出版社，1985 年出版，壮春雨著）。

本章参考片

《世界电视探索》。

本章思考与练习题

1. 叙述电子时代记者采访活动的发展概况。
2. 电视记者采访活动为什么引人注目？

第 二 章
新闻采访活动的共性特征

【本章内容提要】

　　本章从采访是广泛深入社会活动、采访是特殊调查研究，以及采访是新闻报道基础三个方面进行了具体论述。在上述内容中，应该重点把握采访共性特征的具体体现，明确采访的三项基本任务。

15

　　伴随记者的新闻活动对人类社会的影响、作用日益扩大，一项诱人的桂冠——"无冕之王"戴在了记者头上。虽然"无冕之王"仅仅是对记者社会地位的比喻，但却形象地道出了记者职业的特征。

第一节　采访是广泛深入的社会活动

　　记者之所以被喻为"无冕之王"，在于记者的新闻活动是以整个社会为舞台。记者可以出入各种场合，可以同各种人打交道，记者劳动的成果能够对社会产生影响。这也是记者职业受到社会厚看的原因之一。

　　既然记者的新闻活动是以整个社会为舞台，那么记者的采访便是一种广泛的社会活动。这种广泛的社会活动体现于记者的使命、采访视野、采访方式之中。

一、记者的特殊使命——记录今天历史

　　我国著名历史学家吴晗曾说："历史工作者是记录昨天的历史，新闻记者是记录今天的历史。"记者的职业使命决定了记者的采访活动范围的广阔无垠，也对记者的采访活动提出了高度的要求。

　　世界上大凡成功的记者在其一生的新闻生涯中都会留下对历史的真实的有价值的记录。我国民国时期的著名记者黄远生所采写的政治通讯至今仍然是研究民国历史的重要史料。美国广播、电视新闻的开拓者爱德华·默罗由于对第二次世界大战进行的出色报道，被誉为欧洲战场最好的编年史作者。我们所熟知的畅销全球的

《大趋势》一书，其作者就是根据研究地方报纸后所得的材料、数据而预测20世纪世界发展的十大趋势。

上述例证说明，记者的采访活动是在行使记录今天历史的使命，而要真正行使好这一使命，就必须站在时代高度从事其新闻采访活动。

二、记者的采访视野——瞭望整个社会

美国著名报人约瑟夫·普利策认为，倘若一个国家是一条航行在大海上的船，新闻记者就是站在船头的瞭望者。他要在一望无际的海面上观察一切，审视海上的不测风云和浅滩暗礁，及时发出警告。普利策的观点可以说是对记者采访视野的精辟阐述。创办于20世纪20年代的美国著名新闻周刊《时代》以及我国新华社的新闻杂志《瞭望》所用刊名从一个侧面体现出记者新闻活动的采访视野。

世界上有许多科学家可以在一间斗室创造出人间奇迹，像马可尼、贝尔、爱迪生发明无线电、电话、电唱机。然而新闻记者绝不可能关起门来专心研究某一特定领域的物质现象就能够瞭望整个社会。记者的采访视野必须面向全社会并站在时代高度审视社会。我国记者瞿秋白采写的《俄乡纪行》、范长江采写的《中国的西北角》，美国记者斯诺采写的《西行漫记》都是开辟广阔采访视野，站在一定时代高度审视社会的新闻报道佳作。

三、记者的采访方式——深入的社会活动

既然记者的使命是记录今天历史，记者采访视野要瞭望整个社会，那么记者采访方式就是一种深入的社会活动方式。这种社会活动方式是狭义上的社会活动，因为一切人类活动都是社会活动。周恩来总理曾这样比喻记者工作——你们记者要像蜜蜂，到处采访、交流经验、充当媒介，就像蜜蜂采花酿蜜、传播花粉，到处开花结果，自己还要酿出蜜糖来。周总理的比喻是对记者采访活动方式的形象描述。人民日报记者艾丰在所著《新闻采访方法论》一书中对记者采访活动方式做了较为深刻的阐述。记者采访方式作为一种深入的社会活动有下述几个特点。

第二节　采访是特殊的调查研究

采访作为一种社会活动同其他社会活动相比，有其明显的特殊性。

一、特殊性在社会交往中的体现

首先，记者采访虽然以个人身份出现，但他代表的是新闻机构，采访对象代表的也不仅仅是他个人，他是作为某一方面的社会现象的代表而被采访的。记者感兴趣的是他的社会联系，而不是那些纯属私人生活而无社会意义的情况。他们的活动，不仅是为了他们个人，而且是为了社会。他们活动的结果，必然超出他们个人的圈子，在社会上发生广泛影响。比如，南京电视台记者对歌唱演员毛阿敏偷税漏税问题的披露，毛阿敏是作为一定社会现象的代表而被报道的。

其二，记者采访区别于行政活动、法律活动。行政活动、法律活动具有一定的强制性，记者采访是建立在相互自愿的基础上，双方都有拒绝采访和拒绝接受采访的自由。

其三，记者采访同访问对象的关系是平等的，记者的地位是浮动的。在行政活动中，县长是省长的下级，县长必须听从省长的行政指令。在经济生活中，生产人员必须服从岗位领导的指挥。记者和采访对象之间的关系却不是上级对下级的关系，无论双方地位如何，其关系是平等的。此外，记者的地位是浮动的，采访总统，他与总统是平等地位，采访清洁工，地位同清洁工平等。地位平等并不等于说记者就等于是总统，或是清洁工人。说记者是"无冕之王"并不是说记者凌驾于一切人之上。记者采访成功与否在大多数情况下取决于记者同采访对象打交道的能力。记者采访的态度应该是不卑不亢，在职位高的人面前不应唯唯诺诺，在地位较低的采访对象面前不能盛气凌人。

其四，记者采访是极其广泛而频繁的社会活动。记者以整个社会为活动舞台，同各种人打交道。记者可以出入各种场合，给人以无所而不往的感觉。从某种程度上讲，记者职业是受社会厚看的职业，这也是记者职业诱人的一面。然而，记者要能够胜任其职业并不是轻而易举的。出入各种场合，同各种人打交道，就必须具备很强的社会交往的能力。世界上许许多多的优秀记者之所以取得成功，都有一个共同的因素之一，即社会交往能力。

在西方新闻界，有这样一种看法：优秀的新闻记者应该具有哲学家的头脑；文学家的眼睛；历史学家的深沉；侦探的机警；法官的明智。为什么新闻记者应该具有上述高度智能呢？原因在于记者的新闻采访活动是一种特殊的调查研究。

二、特殊性在采访中的体现

所谓调查研究是指有目的、有组织、有计划、有具体任务、有明确要求、自觉认识客观事物的活动。在新闻采访中，记者的调查研究是怎样进行的？其特殊性表现在哪些方面？

1. 目的

任何形式的调查研究都是有明确目的的。

国家政府部门调查研究的目的是为了了解情况，以便制定和修改政策；

文学家调查研究是为了体验生活，积累创作素材；

历史学家调查研究是为了考证史实，记录历史本来面目；

侦探调查研究的目的是为了侦破案件；

法官调查研究的目的是为了明断案情，正确判案。

17

哲学家、理论家调查研究的目的是为了找出事物发展变化的最一般的规律。

记者采访调查研究的目的是为了进行新闻传播。

2. 时间效率

一般来说，有目的调查研究在时间要求上都有一定的期限，要求一定的效率。但是相对来讲，一般调查研究比之记者新闻采访的调查研究在时间要求上往往不是以分秒来限定。比如历史学家、哲学家、科学家的调查研究在时间掌握上一般都有比较充分的自由度。而记者的采访有严格的截稿时间限制，有时甚至是采访报道同步进行。一般调查研究不像采访这样刻不容缓，也不可能做到。

3. 现场展现

新闻采访要求最大限度地加强现场感，撷取富有人物、事物、景物之具体形象的素材。即使是事后采访，也要着力引导采访对象回忆当时情景。文字记者写出的稿子要尽可能有视觉形象，给人以如闻其声、如见其人、如临其境之感。广播记者采访要尽可能地录制现场实况或者人物的真实声音。而电视记者则必须捕捉现场画面、录制同期声，否则就不能体现电视声像并茂的优势，也就不成其电视新闻。

一般行政上的调查研究工作或科研上的调查研究或者学者的调查研究，则不这样强调现场感。虽然也有现场考察，实地研究，但并不像新闻采访那样去捕捉现场场景、情节、气氛。一般调查研究到现场是为了获得某些依据，证实调查研究的结论。而采访进入现场是为了再现当时事件的发生、发展过程及其结果。广播、电视上的同步采访报道，不到现场就无法进行。现场展现要求记者采访必须具有敏锐的观察能力。

三、特殊性对记者的要求

明确了采访同一般调查研究的区别，再来看看采访特殊性对记者的要求。

1. 注重事实

哲学家依靠概念、判断和推理说服人，文学家靠形象说服人，统计学家用数据说服人，新闻记者靠什么说服人呢？靠事实。因而，记者采访一定要能够捕捉到构成新闻事实的材料。

具体来讲，构成新闻事实的材料有这样 10 个方面：事件、时间、地点、人物、例证、观点、数字、引语、原因、结果。

2. 讲求速度

记者采访的特点之一就是讲求速度。新闻之所以是新闻就在于是新鲜的事实，而新鲜的事实必须以最快的速度传播出去才能成为新闻。因而，在某种程度上，速度成为新闻竞争的焦点。这就是记者采访为什么要"抢"新闻的原因。

3. 判断准确

有一位外国新闻学家来华讲学时说，新闻报道无非是两个字：一个是真，一个

是快。这两个字道出了新闻采访的难点。既要快,又要准确。因而,记者判断事实的准确程度关系到记者的新闻生涯的声誉。任何一个记者,担心出错主要是事实判断上的失误。

概括起来,记者采访就是要迅速地捕捉到真实而有新闻价值的事实。

第三节　采访是新闻报道的基础

不会采访就不会当记者,这是中外新闻界同仁一致的看法。翻阅一下新闻学著作,从 20 世纪初美国报人休曼所著《实用新闻学》到 40 年代末哈里斯等人写的《全能记者》,再到 70 年代曼切尔著的《新闻报道与写作》等书,都是把新闻采访作为新闻报道过程中最重要的部分来阐述的。从我国最早的 20 年代初出版新闻学著作《实际应用新闻学》(邵飘萍著)、《应用新闻学》(任白涛著)到 40 年代的《综合新闻学》(任白涛著)、《新闻学讲话》(恽逸群著),再到 80 年代的《新闻采访方法论》(艾丰著)《新闻记者入门》(孙世恺著)等著作,也都是把新闻采访作为重要的课题加以研究的。《纽约时报》的一位总编辑一次在美国一所新闻学院讲学时曾声称,新闻学院只要开好一门课——新闻采访,就可以教会学生如何做记者了。他的话虽然讲得过于绝对,但他强调了采访的重要作用。

采访是新闻报道的基础,其理论根据是什么?

一、采访是记者认识客观事物的活动

采访是记者认识客观事物的活动,这种认识是基于哲学理论的唯物主义认识论。换言之,采访不是记者借助于客观表达主观意向的活动,因为这是唯心主义的认识论。我们确认采访是记者认识客观事物的活动,而不是记者借助于客观表达主观意向的活动,并不是说记者的采访是盲目的、消极的、无意识的。恰恰相反,记者的采访是有意识的、有目的的,因而也是积极的。问题的关键在于,怎样认识客观事物。用采访报道的行话说,即是先有事实,后有新闻;先有采访,后有报道。若是记者头脑中树立了这样的采访指导思想,那么记者在采访过程中就会尊重客观事实,从实际出发准确客观地反映客观事实,而不会带着观点找例子,找到例子穿靴戴帽写稿子。客观事物是第一性的,记者采访得来的认识是第二性的,这一主从关系把握得好,记者的采访才不至于违反客观存在的事实。

二、采访是新闻传播过程的第一道工序

从整个新闻传播的程序看,采访是第一道工序,是新闻传播过程中的第一环节。这个过程,可以用图 2 - 1 表示。

有经验的记者在谈到采访和写作关系时认为,七分采,三分写,或者八分采,

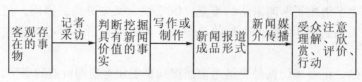

图 2-1　新闻传播过程中的第一环节

二分写。意思是说，如果记者采访的时间或者精力所消耗为十分，那么七分或者八分应该花在采访上，三分或两分花在写作上。因为，没有采访，哪来的"原料"，没有"原料"，又何以"加工"。道理是如此简单明了，但初学采访的记者往往容易本末倒置。人民日报记者艾丰在一次讲学中曾说过这样的话，如果一个记者采访后得到的材料在报道时用上了 80% 或 50% 以上，那么这个记者的采访是不深入的。一般说，记者采访后报道用上的材料只占全部材料的很少部分而又能说明问题，那么记者的采访是下了工夫的。

强调采访是报道的基础并不是说写作或制作就不重要。早在六十多年前，我国著名记者邵飘萍在其著作《实际应用新闻学》中就强调，构成一张报纸的重要原料厥为新闻，而新闻之取得乃在采访。俗话说，"巧妇难为无米之炊"，采访与报道关系亦是如此。如果采不到有价值的事实材料，即使"妙笔生花"，制作技巧"花样百出"，也是无济于事的。

中外新闻作品的佳作，名记者成功的经验之谈，往往都是离不开高超的采访能力，我们应该从前人的实践中吸取、消化他们的经验。

第四节　采访的基本任务

在记者的日常采访活动中，具体的基本任务主要有这样三项：采写公开报道的新闻；采写不公开报道的内参；建立信息网络。

一、采写公开报道的新闻

采写公开报道的新闻是记者日常工作最基本的任务。

公开报道的新闻一般包括这样一些内容：社会关系中具有新闻价值的动态、事件、问题、面貌、成就、经验、人物、思潮、趋势。

记者要履行这一职责，在日常采访活动中就要迅速地了解到典型的有新闻价值的事实。

采写新闻，必须以敏锐的目光捕捉到标志社会发展趋向的事物；

采写新闻，必须善于从纷繁复杂的事物中，发现新生事物的萌芽；

采写新闻，必须胸中装着全局，对国家、政府的方针大计有透彻的领会，对国家当前的中心工作有深层的认识；

采写新闻，必须对世界风云密切注视，对国际形势有所透彻的分析；

采写新闻，必须考虑民众的因素、民众的利益，对社会弊端给以披露。

二、采写不公开报道的内参

记者出去采访一般都是根据一定新闻线索，有目的的为公开报道而采访。但在采访的过程中，记者还有一个职责：采写对国家、政府工作有参考价值的不适合公开报道的内参。所谓内参就是内部情况参考材料。

记者采写的内参可以直接递交有关领导部门，也可以刊登在新闻机构自编的情况汇编上，这些情况汇编一般送交上级主管部门。

1. 作用

一篇内参稿的作用，不一定比一篇公开报道的作用小。记者采写的内参对解决实际问题往往起很大的促进作用；对实际工作起很大的推动作用；许多情况通过内参形式反映到领导机关，为领导者了解民情和社会动态；对决策机关制定政策有一定参考价值。

2. 内容

具体来讲，有以下几个方面：

①国家和政府的方针、政策在贯彻执行中出现的情况和问题，特别是实际工作中的困难、偏向、错误和缺点；

②各阶层人的要求、意见；

③群众生活中的困难，工作中的障碍；

④某个时期的社会思潮；

⑤社会上的不良倾向、不正之风；

⑥某个突发事件、自然灾害的详情；

⑦不够成熟、带试验性的经验、做法；

⑧国际上有参考价值的情况。

三、建立信息网络

一般来说，记者采访到哪里，就应该把信息网络扩建到那里。建立信息网络的作用一是扩大新闻线索；二是沟通和受众的联系。

具体讲，建立信息网络包括这样几项工作：

①同采访对象保持联系；

②同通讯员理顺关系；

③同受众搭起桥梁。

同采访对象保持联系对于记者来说是搞好连续报道的纽带。许多新闻可能是发

21

生在某个时间，数年后记者重又进行采访的人所提供的。例如《为了周总理的嘱托》这篇报道就是事情发生数年后在新的历史背景下采写的。

同通讯员理顺关系对于记者来说是保持新闻线索来源的重要渠道。一般说，记者采访总是同通讯员打交道比较多，通讯员就是负责某个部门、单位新闻报道的具体人。

同受众搭起桥梁对记者来说也是了解情况和增加信任感的重要一环。具体讲，在工作中应受理好受众来信。例如美国《60 分钟》节目三分之一线索来自观众来信。节目主持人都要选择来信亲自回信，不能回信的由专门人负责答复观众。

记者的信息网络建设得好，采访越容易深入、打开局面。

自觉有意识地同人建立联系，广交天下朋友，往往是世界上优秀记者身上共同的突出特点。例如李普曼、范长江等著名记者在谈及记者生涯时，都将同人打交道、交朋友视为记者工作的重要一环。

从上述三方面具体职责看，记者每到一地采访，既要结合上下，又要联系左右，才能达到沟通社会、传播新闻的目的。

每个记者都会为他的新闻报道传播范围广，引起社会注意而兴奋；每个记者都会为他的内参解决了问题，推动了实际工作而欣慰；每个记者都会为他的社会联系广泛，朋友众多而感到快乐和高兴。

记者工作之所以吸引人、有"诱惑力"，正是因为记者所履行的职责是令人兴奋的。

本章参考书

1. 《新闻采访方法论》（人民日报出版社，1982 年出版，艾丰著）；
2. 《新闻记者入门》（北京出版社，1982 年出版，孙世恺著）。

本章参考片

1. 中央电视台《社会经纬》节目；
2. 山东电视台《道德与法制》节目。

本章思考与练习题

为什么说记者采访是特殊的调查研究？

第 三 章
电视新闻采访的个性特点

【本章内容提要】

　　本章重点阐述了电视特点与电视采访，以及电视记者工作方式和电视新闻采访报道流程。学习侧重点是电视采访的特殊手段、方式以及记者的思维方式。同时，对电视新闻采访报道的流程要有一定了解，明确采访是报道的基础。

　　电视新闻采访的个性特点是由电视特点而决定的。电视采访个性主要表现在采集手段、采访形式、思维方式、工作方式及报道流程等几个方面。

第一节　电视特点与电视采访

　　电视采访比之文字、广播采访要复杂化，这是由电视传播特性所决定的。

　　一、现代的采集手段

　　一般来说，传统的文字记者采访手段非常简便，一支笔、一个笔记本就可以走出去采访，即便是今日配备了话筒和步话机也是轻装上阵。广播记者携带小型录音机就可以搞录音报道，不录音仍然可以写文字广播稿，有一台短波发射机就可以进行远距离同步传送。而电视记者采访、制作离开现代化电子化手段就无法将活动图像素材"记录"、"再现"，进行电视转播。同步报道不配备现代化转播传送设备则根本无法进行。从某种程度上讲，没有现代电子采集系统则没有今日的电视新闻。这也就是说，离开现代采集手段，电视记者的采访活动将无法开展。

　　二、独有的采访形式

　　用特定背景作衬托的采访是电视记者独有的采访形式。

　　在电视屏幕上展现特定背景，向观众透露信息、发表见解、进行讨论、辩论、表示态度的采访报道方式完全是靠电视发展起来的。人们通过电视可以看见并能感觉到某人在回答一个棘手问题前的犹豫停顿,可以从记者在屏幕前频繁露面的过程中逐渐了解记者的主张、思想、个性、能力。

以往,报纸记者采访运用的是提问、引用采访对象的回答、总结谈话内容等几种固定方式。现在,电视记者采访通常展现给观众的是一种直接交流的方式——画面说话,这是印刷媒介所做不到的。

电视记者在屏幕前的报道必须给人以不紧张、事先没有摆布的印象。记者不但要能够在几分钟内设法得到通常需要几个小时的交谈才能得到的回答,而且还必须学会在大庭广众下同各种人交谈。因而,电视记者采访的态度、方式、衣着以至记者的举止风度都成为不容忽视的成分。

由于电视所具有的独特的采访报道形式,它将人的活动直接带入了电视屏幕,由此人的活动成为电视报道的主体。举例来说,人物在电视新闻报道中的讲话、神态、举止同记者的对话在新闻里的作用是很大的。当电视报道重大事件、新闻人物,观众期待的是有关人士的发言、反应,期待着看,也期待着听。日本电视工作者认为,电视与报纸对新闻的报道具有不同手法。报纸是遵循5个W的原则,倒金字塔的结构的导语来概括事实,而电视新闻则要着重表现人的活动。前苏联《新闻学概论》一书中认为:讲话在电视里的作用是很大的,既然有效地交流思想是电视这种表现手段的长处,那么,讲话在报道中就占有重要位置,由于这一点,新闻人格化比其他新闻工具中有更多的特殊意义、要求。

作为电视记者,在采访活动中要自始至终树立这样一个观念:人的活动是电视报道的主体。因为人是电视新闻中最活跃、最生动、最有力的表现因素。

可以说,电视带动了记者采访方式多样化发展,同时也使受众更直观地认识记者,判断记者的采访能力、报道水准。从这个意义上说,电视记者接受着受众最直接的监督、检验。

三、形象画面的报道

形象的活动画面是电视新闻传播的基础,电视记者主要是通过画面来报道事实的,而不是单靠文字叙述、描写新闻事态。这是电视传播的特点,也是电视采访的特点。

在文字新闻中,事件的现场、细节、人物的表情往往要作详细的描写,而在电视新闻中则要运用画面、特写镜头来表现,文字只起从属作用。形象画面报道要求记者在采访时必须有能力迅速捕捉到有价值的、有特色的画面,而记者若要捕捉到有价值、有特色的画面就必须在头脑中强化屏幕意识。

所谓屏幕意识,就是电视记者对电视特色的感觉、认知、思维体现过程的总和。这种思维过程是应该每时每刻体现在记者的采访过程之中的。它要求记者全面理解形象画面报道的特点,真正调动视觉语言的力量。有的初学者往往以为采访拍摄回来的画面素材、剪辑后播出的图像新闻都是形象画面的报道。其实那些没有价值,

没有特色的画面仅仅具有直观画面属性，而不具有形象性。我们常常从电视上听到、看到的机器轰鸣、马达飞转、麦浪滚滚、蓝天碧野、鼓掌欢迎等"万能"画面，无论配上什么样的解说都可以使用，不论哪个年月的事也能搭配，这样的新闻看上去有画面，其实没有特定的形象感。可见，电视记者要在采访中树立屏幕意识才能发挥形象画面报道的优势。

具体来讲，电视记者在采访过程中要能当机立断地选择抢拍到具有形象特征的画面，力争达到在新闻中运用形象画面来说话的最佳效果。前苏联中央电视台新闻部总编辑在区分广播新闻和电视新闻的异同时认为，新闻总归是新闻，它们之间有许多共同之处。但是它们的区别也不少。如果说，在广播新闻里是用广播语言来描述所发生的一切的话，那么，在电视上要使观众能在同一时刻既看到事件，又看到事件的参加者。因此，电视记者应当尽可能少用文字语言，以免重复电视屏幕上正在播映的事物，分散观众的注意力。这位总编所谈及的电视特点往往也是在实际运用过程中常常忽略的，不注重让画面说话是许多不认识电视特点或不花心思搞报道的记者常犯的通病。

作为电视记者应该牢固树立这样的观念：电视新闻强调形象，利用形象的手段传递信息，让图像叙述事实。

四、特定的思维方式

电视采访，要求记者运用连续画面的形象思维来构思报道。这一特定的思维方式即是蒙太奇的思维方式。

蒙太奇，法语 Montage 的音译，它原意是建筑业上的装配、构成的术语，即将个别材料根据总体计划组合装配。后来，法国电影艺术家将蒙太奇一词引入到电影创作中的画面组接环节之中，蒙太奇就成了画面组接的代名词。随着电影艺术的发展，前苏联电影艺术家又将蒙太奇实践上升到理论高度——蒙太奇理论——电影艺术独有的、区别于其他艺术的表现方法。电视问世以后，蒙太奇自然而然成了电视的表现手段。

随着影视艺术不断地发展，蒙太奇理论得到进一步实践、扩充、丰富。现在，对蒙太奇这一概念的含义，既有广义的理解运用，又有狭义的理解运用。

狭义蒙太奇是指画面组接艺术的章法技巧；广义蒙太奇是电影构成形式和构成方法的总体完整的创造性思维。蒙太奇从狭义到广义的延伸，表明它自身的发展由开始单纯作为局部的镜头组接的艺术技巧，扩充为叙述方法、创作方法。

对电视新闻报道来说，蒙太奇开始于记者采访构思之中，体现于记者的拍摄方案或节目台本上，最后完成于编辑台上。

蒙太奇，贯穿于电视记者采访的全过程，是电视记者同其他媒体记者在思维方式上的独特要求。作为电视记者，在采访选择拍摄画面时，必须对整个片子的画面做通盘考虑。

首先，在采访和确定主题的过程中，电视记者便开始了蒙太奇思维。在这一阶段，电视记者一方面要同文字、广播记者一样广泛了解各方面情况，研究材料，挖掘事实；另一方面，在主题思想逐渐明确的同时，头脑中对画面的构思也开始了。记者要构想用什么样的画面来表达主题、说明主题，怎样开头、过渡、结尾。经过反复的蒙太奇思维，电视片的结构、画面的构想等就会逐步清晰起来，为下一步拍摄画面做好了充分的准备。

其次，记者在正式拍摄画面过程中也要进行蒙太奇思维。每当拍摄一个画面，记者头脑中就要思考这个画面说明什么？拍多长？用在什么地方？怎样构图效果更好？如果遇到突然变化，或者原来的构想不够贴切，那么记者必须进行新的蒙太奇思维：想一想已经拍了什么画面、正在拍的画面和想要拍的画面之间能否有机地联系起来。

最后，记者在拍摄画面的同时还必须考虑后期编辑剪接上的处理。要注意画面与画面之间的承上启下作用、时间顺序和活动空间的展现是否顺理成章。

蒙太奇思维贯穿于记者选材、采访、拍摄、编辑、制作的全过程。具体地讲，就是在采访报道过程中连续不断地在脑海中"过画面"，这个"过画面"的过程就是蒙太奇思维的过程。

五、综合的表现因素

电视声像结合、视听兼备，是最具综合表现特色的传播媒介。作为电视新闻记者在采访过程中必须学会调度各种综合表现因素，以增强报道的感染力。

概括起来，综合表现因素即是画面、声音、文字相结合。

具体分解开来，综合表现因素包含着多种成分。画面可以包含现场环境、背景画面、人物活动以及图表、静止图像等；声音包含同期声、解说，音乐、现场自然声以及记者的画外提问、屏幕前的采访等；文字除文字广播新闻外，包含节目片头标志字幕，新闻内容提示标题，记者、播音员、采访对象身份交代字幕、时间、数字的说明以及重点强调的引语、评述、翻译等。

通过上述具体分解，我们看到每一种表现因素都包含着多元素的表现手法，这就要求记者在采访过程中周密考虑调动综合表现因素，发挥电视优势。

第二节　电视记者工作方式

电视记者工作方式是既有合作又有分工。从某种程度上讲，任何一个电视记者都必须适应协同工作的方式，同时又要坚守好自己的岗位。

一、协同工作与采摄分工

协同工作与采摄分工是电视采访区别于其他媒介采访的突出特点的又一体现。

1. 协同工作

电视采访是以集体协作方式进行的，记者所报道的新闻绝不是个人的杰作。相比之下，文字记者单枪匹马能够搞出重头报道，广播记者也可以独自一人口授或采制重大新闻。电视报道除了极简单的新闻，记者一个人可以应付以外，绝大多数报道都是集体协作的成果。

一般情况下，日常新闻电视采访组成采访小组共同工作。采访小组人员少则 2 个人，多则 3 ~ 5 个人，包括记者、录像、灯光等人员。

特殊情况下，重头新闻电视采访组成报道班子共同工作。报道班子包括领队、记者、编辑、播音员或主持人、录像、灯光、音响等有关人员。如果是实况直播，牵涉人员则更多。在我国，领导人重大出访活动，外国首脑的重大交往活动，党和政府的重大会议，国家的重大纪念日活动，以及复杂重大新闻事件的采访都是组成报道班子进行报道。例如 1988 年 11 月李鹏总理对澳、新、泰三国的正式国事访问活动报道，中国 7 家新闻单位组成 23 人记者团，中央电视台报道班子由 11 人组成，几乎占记者团人员的一半，其他 6 家一共才 12 人。在国外一些电视机构，报道班子由制片人、编导、主持人、记者、编辑、录像、灯光等人员组成。例如，1987 年 9 月，美国 NBC 为制作播出大型专题节目《变化中的中国》除派遣前期拍摄摄制人员外，仅从 9 月 25 日到 10 月 2 日为期一星期的现场报道、播出就派出 140 多人，约占新闻部总人数的 1/3。近年来，我国电视机构也开始逐步实行制片人制，新闻报道班子的人员构成同国际已经基本接轨。

集体协同工作方式对电视记者提出了特别的要求。其一是要坚守好自己的位置。在集体采访过程中，记者是采访报道的主要角色，负有采访构思、口头报道职责；日常采访中，还担有指挥、调度一班人马的职责。其二，记者还要熟知其他人的位置。正如美联社总编基思·富勒所比喻的那样，记者好比职业球队队员那样，不仅仅必须站到自己该站的位置上，还应知道其他每一个队员应站的位置。记者也好比一个职业歌剧女高音一样必须了解自己的声音和其他歌手的声音。她必须学会像读字一样迅速读音乐，必须唱到所有的音符、音调把握连同作曲家的意图一起习惯性地反映出来。其三，电视记者工作更为突出地体现着一盘棋精神，集体协同工作方式还要求记者要有协作精神，有全局观念。相比之下，集体协作比独立工作要容易产生意见分歧，因此，电视记者必须学会站在全局方位上考虑各种意见，协同一致才能融洽地合作。

2. 采摄分工

在 ENG 问世之前，电视记者长期肩负着采访、拍摄集于一身的工作。ENG 的

27

普及运用，解决了拍摄中的声画同步录制问题，电视记者走上屏幕进行现场采访、现场报道成为电视新闻报道的有效形式。因此，采访与拍摄逐步开始分离，由"采摄合一"过渡到"采摄分家"。

现今，电视发达国家的记者分工已同摄录人员完全分离，记者负责采访报道，摄录人员负责拍摄、录音。我国电视记者采、拍分工正处在由"采摄合一"逐步向"采摄分家"的过渡阶段。

社会分工的专门化标志着社会发展的进步，电视记者采摄分工无疑也是新的发展的进步。发展进步的过程往往是兴利除弊的选择，"采摄合一"之所以被"采摄分家"所取代，正是电视记者工作兴利除弊的选择。

"采摄合一"对电视记者采访主要容易造成顾此失彼的弊端。表现之一是记者在现场往往为了拍摄画面抢镜头而忽略了对采访的各个环节的考虑；表现之二是记者在采访之中往往不能全力深入挖掘事实，搞出的报道水准不高，容易流于表面一般化；表现之三是，不利于搞"成套新闻"，记者难于进入画面，也难于进行画外讲述；表现之四是记者采访时往往无法合理支配时间、精力，容易造成注意力不同程度地分散。

由于"采摄合一"的弊端，"采摄分家"便成为新的发展趋势。"采摄分家"使记者有时间、有精力全神贯注地挖掘事实，同时记者进入屏幕，以出画面形式参与报道之中，不但搞活了报道，而且使观众对电视新闻的信任感增强。对于摄录人员来说，也可以专注于拍摄、录音，精益求精讲求速度和质量。

毫无疑问，"采摄分家"是采访、拍摄分工的必然趋势。但是，这并不等于说一个电视记者没有必要掌握拍摄技巧。事实上，记者搞电视报道不熟知画面、不懂拍摄技巧是不称职的，也无法调度、组织采访。我们主张，作为电视记者应该具备多方面的本领，起码对电视采访的基本手段、技巧要能够运用自如。也就是说，"采摄分家"作为具体工作分工是行之有效的，但并不排斥记者一专多能。

二、复杂的工作环节

电视记者的采访报道不仅在采集手段、思维方式、工作分工等方面具有个性特点，而且在工作环节上较之报纸、广播更为复杂。

一条新闻从发现线索到实地采拍再到编辑合成至最后播出，记者对每个环节都必须熟悉。有些电视节目，记者往往要参与每一个环节的工作。

通过对电视新闻特征及电视采访特点的分析，我们可以下这样一个结论：电视记者必须既能运用传统新闻采访报道规律，又要能够掌握电视新闻采访、报道的个性特点。

电视将记者带入了一个讲求技术采制手段、采访报道技巧、画面表现艺术的综合、复杂、多变的新闻报道境地。这一特点又使电视记者工作环节形成了独特方式。

　　电视采访看起来简单，实际非常复杂；电视报道常常非常简短，而制成成品却要经过许多环节；电视记者工作富有创造性，因而远无止境。

　　电视记者除了完成文字记者所做的一切采访工作外，诸如准备、提问、观察、写作等环节，还要亲自动手参与后期制作、编辑画面、混录合成等。如果亲自策划、主持节目，那么还要参与制定报道方针、构思节目内容和形式，并且亲自上屏幕报道播出。

　　一般而言，电视记者工作环节以前期和后期划分成两个阶段。图3－1展示了电视记者的工作环节。

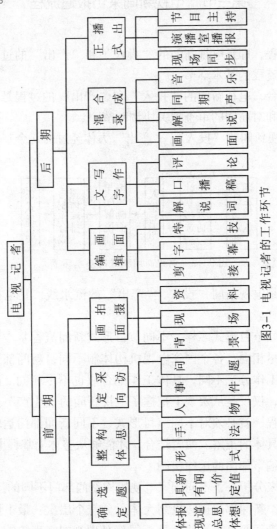

图3-1　电视记者的工作环节

上述图3-1清楚地告诉我们，电视记者工作环节集现代、多样、复杂于一体。

作为一个电视记者，对前期、后期两个阶段的各个工作环节都要能够熟悉，才能基本胜任工作。而要取得成绩、有所发挥创造，则要下一番工夫、花一番心血。新闻采访应是电视记者必须给予重视的，是通往成功之路的基石。在熟悉自己工作环节的同时，电视记者还要对编辑部门整个新闻报道流程有清楚的了解，这样才能通晓自己工作在报道中的作用以及怎样进行采访报道。

第三节　电视新闻采访报道流程

电视新闻的流程，即是电视新闻的"投入"和"产出"的过程。

一、电视新闻流程的基本环节

在不同的电视台，电视新闻的"投入"和"产出"的过程是相同的，所不同的是编辑部运作机制和对新闻的审查把关协调环节。

一般来说，电视新闻的"投入"、"产出"大体经过的几个基本环节，如图3-2所示。

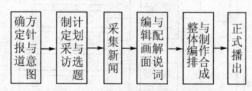

图3-2　电视新闻报道的基本环节

上述6个步骤是电视新闻"投入、"产出"的流水线，是电视新闻报道流程的基本环节。

当今，电视新闻节目形式多样，不同节目形式新闻流程基本环节虽然相同，但具体工作环节却不尽相同；各个国家电视机构体制不同，新闻部运转机制也不尽相同；新闻部门内部工作分工不同，具体工作配合故也不尽相同。因而，了解电视新闻流程的基本环节，仅仅是从宏观上把握了电视新闻的"生产"过程。若从微观上把握电视新闻的流程，就必须对不同节目形式、不同新闻部门运转机制、不同内部工作分工进行全面具体的了解。两者结合，才能够从整体上掌握电视新闻的流程。

二、电视新闻编审部门的运作机制

首先，我们先来分析一下不同国家电视机构新闻部门不同的运转机制。

在欧美等国家，新闻部门运转机制大体上分三个层次：最上层是由电视网或电视台的副总经理分管新闻事务；然后是新闻部经理、副经理统管各个新闻节目；最

后是各个节目组成的编辑部主任和副主任主管各自主办的节目。一般来说，新闻部门负责所有新闻性节目。

在我国，中央和省级电视台的新闻部门运转机制大体上分五个层次。以中央电视台为例，最上层是广播电影电视部副部长分管新闻事务，同时部级领导对电视新闻特别有影响节目也参与直接审查；然后是电视台副台长主管新闻；台级下面是新闻中心主任、副主任等统管新闻各个编辑部；中心下面是国内、国际新闻编辑部，然后是各个节目编辑组负责具体的节目。我国电视新闻部门运转机制是五个层次。此外，中央主管宣传和中宣部对电视新闻还有宏观上的指导。

国外有些官办国家性的电视网或电视台也不同程度地受到政府具体的管控，商业性的一般不受政府具体的控制，但要受到一定的法律条款的约束。

第二步，我们再来分析一下新闻节目编辑部具体工作分工。

美国等西方国家一般以具体的新闻节目组成编辑部。人员设置以节目为主轴，例如《CBS 晚间新闻》、《NBC 晚间新闻》、《ABC 晚间新闻》都是自成一体的编辑部，编辑部主任均是节目主持人。在人员设置工作分工上，同我国不同。他们的所有节目人员就是为这栏节目工作，其分工是节目制片人、总编导、主持人、记者、编辑、撰稿人、摄像资料员以及助理人员等。当然，有些节目主持人不一定是编辑部主任，这要视具体节目和主持人能力水平而定。

我国新闻节目内部人员组合有两种情况：一种是以节目为主轴，像中央台的《东方时空》、《新闻30分》、《经济半小时》的主持人、记者、编辑基本固定；另一种是固定时间的每日新闻节目，像《新闻联播》、《晚间新闻》、《早间新闻》，这些节目工作人员设置相对讲比较松散，分为采访部、编辑部、播音部。每个部门又分成不同的组，如时政组；日常采访组；联播组；晚间、午间、早间新闻编辑组。工作分工基本上分为记者、编辑、主持人、制片人、部主任等几个职别。

同国外比，我国电视新闻节目编辑部内部工作分工不如国外细。此外，他们的部门组合比较简单，我们比较复杂。

第三步，我们再来分析不同形式的新闻节目对电视新闻的具体处理方式。

总体上看，电视新闻节目形式主要分为两大类型：一是固定时间播出的每日新闻，美国分为早、午、晚、夜间新闻，我国已开办早、午、晚三个时间的新闻节目。这类新闻节目内容主要是动态性的新闻事件，故此又叫新闻联播型节目。联播型节目的新闻具体处理方式各个国家基本相同，都要从多种渠道获取新闻来源。一般情况下，分为前期、后期两大块工作，或叫"投入"和"产出"。前期的"投入"即是记者采访，国内、国外记者从不同地点采集新闻或不同场合做现场报道。后期"产出"即是选择编排、制作播出。第二大类型的节目是时事新闻节目、杂志型新闻节目、专题性新闻节目。这类节目通常每星期播出一次，节目内容相对讲具有一定深度，采访节奏比联播型节目要缓冲一些。节目工作人员在"投入"、"产出"过程中具体分工较细，但新闻来源主要是自己定选题，而不属联播型节目要从多种渠道获取新闻。制片人、编导、主持人、记者、编辑等人员一般都参与前期和后期工作。

以上从宏观和微观角度分析了电视新闻流程的基本环节和具体工作协调环节。作为电视记者，其采访活动必须同节目编辑部以及电视台整体节目传播紧密配合。因而，电视记者在加强自身业务修养的同时，还应时时关心编辑部整体工作运行。这也可以说是同文字、广播记者相比较，所考虑的事务较为繁多的具体体现。

本章参考书

1. 《中国应用电视学》（北京师范大学出版社，1993 年出版，第 17 章"电视采访"）；
2. 《电视报道的艺术》（北京广播学院出版社 1990 年出版，王纪言著）。

本章参考片

1. 《法国电视一台自我介绍》；
2. 大型纪录片《望长城》。

本章思考与练习题

1. 电视记者采访的个性特点表现在哪些方面？
2. 采摄分工对电视报道有什么促进作用？

第 四 章
日常采访的策划

【本章内容提要】

日常采访策划的 7 个侧重点是记者进行新闻采访工作的基本环节。其中准备工作、背景研究、设计问题又是正式采访前必不可少的重要步骤，应当特别重视。

策划，是围绕确定什么选题进行的多维性思维活动。

英国电视学家罗伯特·蒂勒尔认为："采访和许多艺术形式一样，是一种同时发生、多层次的活动。"

为了使采访工作进行得顺利，他主张记者必须首先搞清楚自己应发挥什么样的作用，他的作用能正当地发挥到什么程度。那么，记者应发挥什么作用呢？用一句话概括起来就是向公众报道事实。

记者怎样向公众报道事实？首先要取决于记者怎样采访，怎样将事实挖掘出来。

第一节　选择题材

选题题材是采访报道的前提与开端。

题材即是采访报道的题目或对象。

选择什么样的题材采访报道取决于编辑部的报道思想，记者掌握的新闻线索，以及记者凭借新闻敏感所做的判断。

一、报道思想

记者选择采访报道题材首先要明确报道思想。

1. 什么是报道思想

报道思想是编辑部在一定时期内或阶段内，为达到预期的新闻传播目的而制定的新闻报道的设想、意图。

报道思想一般包含一个时期的总体设想和具体的报道提示。

2. 报道思想的形成

总体报道思想是根据当前党和政府的方针、政策、中心工作、全局和实际情况，经过通盘考虑之后，综合制定形成的。

具体的报道提示则是根据总体报道思想确定形成的。

3. 报道思想是选题的理论依据

明确报道思想有利于记者从全局来考虑问题。

对记者采访活动来说，报道思想往往是选择题材的依据和出发点。它指明采访的方向、范围、内容、重点；同时也是判断客观事物是否具有新闻价值的参照及角度选择主题立意、报道构思的出发点。

需要指出，记者在采访活动中不可将报道思想变成框框，到处乱套，无论什么题材都生拉硬扯，要注意不要为了体现报道思想而强扭角度的倾向。

二、新闻线索

记者明确了报道思想，接下来就要考虑选题，具体选题主要根据新闻线索来考虑。

1. 什么是新闻线索

新闻线索就是新近发生和发现的或即将发生的新闻事实的简明信息和信号。

线索不等于新闻事实和报道。它的特点是比较简略、笼统，没有细节、过程，最多告诉记者一个片断或一个由头。

2. 新闻线索是选题的具体指向

线索的作用主要是告诉记者到哪里采访，帮助记者确定具体选题。

由于新闻线索比较简略，甚至一鳞半爪，有的线索还可能与事实有出入，因此新闻线索可能在采访中肯定，也可能在采访中否定。有经验的记者往往能够由小见大，追根寻源，挖掘出重要、完整的新闻事实。

3. 新闻线索的来源

新闻线索的来源比较广泛，概括起来有下述 4 个方面：

①来自于党和政府的文件、决议、指示和首脑负责人的讲话。这一来源主要可以使记者把握这样一些情况：当前政治形势，经济生活总的情况；政策动向和新任务；最近一个时期将要进行的事情。

②来自各种会议、简报、情况反映、报刊资料。会议有时本身就是新闻，有时在会上可以发现其他线索。简报、情况反映、报刊资料也是记者新闻线索的重要来源，记者经常可以从翻阅中发现值得进一步挖掘报道的事实。

例如《救活鸳鸯，换回外汇》是在 1979 年财贸大会上获取的线索。

③来自记者的耳闻目睹。记者看东西、听声音同别人要有所不同，对那些同新

闻报道有关的事都要用新闻嗅觉嗅一嗅。

例如，1981年上半年，上海两报和民主法制刊物报道的新闻事件：《工程师曹品芳全家全体自杀》的消息，就是一位搞新闻教学的教师在坐车回家经过徐家汇看到围观群众然后跳下车采访得到的，后来中央还做过批示。

④来自通讯员、观众的提供。通讯员、观众是记者永远不会枯竭的新闻线索来源。记者朋友多、生活点多，耳目就多，新闻线索就多。

北京晚报记者张沪经常采写到独家新闻，有些线索就是通讯员提供的。侯宝林被北京大学聘为教授这条新闻是通讯员打电话提供的线索。

美国《60分钟》节目平均每天收到观众来信200多封，其中三分之一报道线索是观众提供的。获普利策新闻奖的"格特案件"就是一位家庭妇女写信要求调查的。

第二节 价值取向

记者确认选题，要考虑新闻价值取向，即在报道中怎样体现新闻价值。

判断新闻价值是同记者的新闻敏感训练有直接关系的。

一、何谓新闻敏感

新闻敏感，是新闻记者的职业素养。

新闻敏感是记者对客观事实中新闻价值的发现与识别的判断能力。

具体讲，新闻敏感是记者对社会现象的洞察能力、对事物发展变化的反应能力、对新闻线索的辨别能力，以及对新闻事实的分析能力的集中体现。

西方新闻界称谓的"新闻鼻"、"新闻嗅觉"即是对新闻敏感的形象说法。

中外新闻界确认：新闻敏感是记者必备的职业素质。美国有限广播公司董事长斯坦利·哈伯德认为：什么人算做记者？一个有资格做记者的人是因为他在一所大学获得学位，这所大学证明他毕业于新闻专业吗？或一个有资格做记者的人，是因为他过去在某个地方做过记者吗？我认为并非如此。一个记者要想让别人承认自己真正胜任工作，就必须向别人证实自己确有新闻才干和新闻敏感。由于制作电视节目的时间有限，电视记者若求成功，必须具备真正的新闻敏感。哈伯德的这番话表明三层主要意思：有专业知识不等于具备新闻敏感；记者胜任工作不但要有新闻才干还要有新闻敏感；电视记者由于工作特殊性所必须具有更高水准的新闻敏感。

那么，什么是哈伯德所说的真正的新闻敏感呢？这就是准确的新闻判断力。

二、新闻判断力

前面我们阐述了新闻敏感是记者对客观事实中新闻价值的发现与识别的判断能

力。新闻判断力在采访活动中具体表现在下述几个主要方面：

其一，判断某个事实能否引起受众普遍关注的能力；

其二，判断同一事件的各种事实构成中哪个最重要，哪个次之的能力；

其三，判断某些看来不太显著的新闻线索是否可能引发出重要新闻的能力；

其四，判断已经报道的新闻背后是否还隐藏着值得深入报道的能力；

其五，在地方新闻或其他消息中发现适合于全国性新闻报道的能力；

其六，在全国性新闻中发现适合于地方新闻报道的能力；

其七，在一般性新闻中迅速看到特写、专稿新闻角度的能力；

其八，察觉、预感到一些将会成为新闻的预见能力。

综上所述，我们既了解了记者的新闻判断力在采访活动中的具体表现，同时也明确了记者的新闻判断力是决定什么新闻值得报道的能力。

在实际采访活动中，记者依据什么做判断呢？这就是新闻价值要素取向。

三、新闻价值要素及体现

我们知道，新闻价值是选择和衡量新闻事实的客观标准。

新闻价值观念产生于西方19世纪30年代的大众化报纸时期。当时报纸成为广为流传的读物，因此西方新闻学将读者兴趣作为新闻价值的试金石，围绕读者兴趣对新闻价值要素的构成进行了具体的阐述。下面我们对比较有代表性的新闻价值传统标准要素作一介绍。

新闻价值传统标准要素：

①兴趣——新闻能否引起读者普遍兴趣，记者判断事实时要考虑面对什么样的读者。

②影响——新闻能产生什么样的社会影响，记者判断事实时要考虑其影响程度。

③接近——新闻能否产生影响，引起兴趣同受众接近程度有直接关系，记者判断事实时要考虑接近性因素。

④及时——新闻必须要及时，否则成为旧闻。记者判断事实时要考虑时间因素。

⑤显要——新闻人物的显要程度往往能引起普遍关注，记者判断事实时要考虑人物知名度。

⑥异常——不寻常的事、重要创举都具有异常性，记者判断事实时可以参照空前、绝后、唯一这三者的因素。

⑦冲突——战争、罪犯、政治论战、竞赛等都包含程度不同、意义不同的冲突，记者判断事实时要考虑社会冲突这一因素。

上述7个要素作为传统的新闻价值标准反映出记者在判断事实所依据的尺度。需要指出的是，记者判断事实在新闻价值要素取向上的考虑并不是没有主次的，有些新闻可取向其中某几个要素，这几个要素中必然有一个是记者认为主要的取向。

随着新闻报道的发展变化，许多新闻已经不能用传统标准衡量其价值。比如，许多新闻往往不包含冲突，也很少猎奇，人物并不显要；许多新闻没有明确的时间。现今，传播媒介花许多时间、篇幅报道同人的生活紧密相关的内容，这些内容往往只具有接近性一个要素，这类新闻被称之为"生活方式"报道。

"生活方式"报道旨在告诉人们怎么办。例如告诉人们怎么消费、怎么保健、怎么调节生活，等等。用我们新闻界术语来讲就是贴近生活。

为适应新的变化，现代新闻学将传统新闻价值标准已浓缩、扩充，概括成更加简要的几个要素。

新闻价值现代标准要素：

最具代表性的现代新闻价值标准要素是"3 个 I 标准"（Impact、Interest、Information）。

①影响（Impact）——新闻对受众产生的普遍影响，不单纯指政治影响，对受众生活产生的影响往往是更能产生效果。记者在判断事实时需要考虑对哪些受众产生影响？是否会立即产生影响？直接影响有多大？间接影响有多大？

②趣味（Interest）——新闻对受众是否具有一定趣味。趣味并不是指俗不可耐、毫无意义的趣味，新闻趣味正日益向高级趣味发展。因此，记者判断事实时需要考虑向受众传播什么情趣的内容，既能让人们产生兴趣又能让人们有所回味。

③信息（Information）——新闻对受众能否提供有用的信息。信息包括各种信息，特别是同人们生活贴近的信息更能产生普遍关注的效果。记者判断事实时，需要考虑新的信息不仅是受众想知道的而且还应是受众应该知道的。

上述"3 个 I 标准"要素在一条新闻中可能全具备，也可能只具备其中一个、两个。一般来说，具备信息＋影响或信息＋趣味两个要素比较多。

对于电视新闻来说，还有一个可视性要素（Visual）。不言而喻，电视就是让观众看到新闻图像。由于电视新闻的可视性要素，有些广播、报纸采用的新闻，电视不能报道；有些广播、报纸只略提几句的报道，电视可能报道 30 秒或更长。例如，一场火灾报道，广播、报纸可以只报一个简要消息，而电视则要展现火灾现场，必要时可能做连续报道。

新闻价值标准从传统到现代的变化反映了新闻价值观念上的发展。其实，关于新闻价值要素构成历来都是新闻学最难下定义的，因此记者在判断事实时对于新闻价值取向也很难确立标准尺度。不过，传统的新闻价值标准要素和现代的新闻价值标准要素可以为记者判断事实提供具体的依据和参照。

一般来说，记者判断事实在新闻价值取向上往往注重某一要素能在新闻中突出地体现出来，而不是将所有要素全盘考虑进去，等量齐观。

四、新闻敏感的形成

记者新闻敏感集中表现为一种顿悟性思维活动。顿悟，即是创造性思维活动中极为敏锐的直觉、灵感。西方新闻界之所以称新闻敏感为"新闻鼻"，就是形象地说记者要有职业嗅觉。这种嗅觉近乎于人对外界的直觉感受一样，只要一碰触就能产生某种特定的感觉。

如此说来，新闻敏感似乎神秘莫测，难怪有些人认为它是与生俱来的。我们认为，新闻敏感不是先天的，但却同人自身特质有一定内在联系。智能低、理性不强、悟性差的人不可能在后天培养出新闻敏感。只有那些具有潜力表现出新闻才干的人才能够在后天形成、提高新闻敏感。我们前面提到的美国有限广播公司董事长斯坦利·哈伯德在其《电视与广播时代》一书中这样认为：一个人不可能在新闻学院学到新闻敏感。新闻学院可以使学生做好准备，将来在一家电台或电视台的新闻编辑部工作；学校教授学生掌握基本的新闻报道业务技巧，但掌握技巧绝不意味着已具备新闻敏感或新闻判断力了。哈伯德的论点说明新闻敏感并不是先天具有的，也说明新闻敏感不是靠别人教授能够学到的东西。那么，新闻敏感从何而来呢？结论是：依靠自己在新闻实践中培养、提高。

新闻敏感来自新闻实践，并不是说一个记者有足够年头的实践自然就具有较高敏感了。实践确实可以使人获得经验，但是对于一个记者来说必须有意识地在实践中培养提高新闻敏感，才有可能获得更大成功。

这种有意识的自我培养、提高应该如何进行呢？概括起来有这样一些方法可供参考：

①积累、研究——其对象是形势、情况、知识。美国一位资深电视记者巴巴拉·艾伦认为：一个有潜力的记者应该对市政府、对记者所在社区的实权人物、对支持所在地区的经济工商界人士、对你们学校及地方名人的各个方面都应熟悉；对人、政府、艺术、政治、教育、科学、社会和经济问题的有关知识的掌握要有一定深度和广度。一般认为，一个记者能把握形势、了解情况，具有知识就有了资本，这种资本好比奠基石作用于高楼大厦一样作用于记者的新闻生涯。大凡成功记者的成功报道都来自于较高的新闻敏感，而较高的新闻敏感则来自于坚实的基础，来自平时对形势、情况、知识的研究、积累。

②学习、比较——对象是失败的教训、成功的经验。美国《广播电视新闻报道写作与制作》一书，对于年轻记者如何发展新闻判断力做了这样的告诫：发展新闻判断力的最好方法之一是把那些老资格的新闻工作者的直觉同你的直觉相对比……。另一个基本通例——也是为了站稳脚跟——是从错误中吸取教训。人们常说，疏忽是敏感的天敌，敏感来自精细的比较。美国总统尼克松 1972 年访华前举行一次记者招待会，在会上他第一次使用中华人民共和国这个名称而没有用北京政府这个过去

的说法，在场的记者没有一个注意到这种变化，成为新闻史上的"奇闻"。

③思考、预见——对象是面对具体的客观事物。正确的新闻判断力是常常懂得什么时候对突发事件采取快速行动，而不是观望。称职记者是能够看到那些似乎会成为新闻的事件和背景，例如大兴安岭火灾的原因的深入挖掘，就是记者看到了新闻背后隐藏着更深刻的内容。人民日报记者艾丰在《新闻采访方法论》一书中指出：坚持不懈地、全神贯注地对带有新的信息的新的事实进行搜索和追踪，并对冒出这种事实的"生长点"和"临产状态"进行规律性的探索，以求预测新闻事实的发生。有一个新闻界熟知的例子，可以充分说明这个观点。1971 年 9 月 13 日，林彪出逃摔死在蒙古温都尔汗之后，首先是法新社驻北京记者在 15 日向世界报道了这一事件。这位记者从哪儿得知这一消息呢？没有任何人向他透露。他是根据平时对中国形势、情况的研究、积累，再通过他对北京当时一些"反常现象"的思考，终于判断挑起危机的当事人是林彪。这位记者用几年时间收集林彪的有关材料进行研究，在 1969 年中共九大召开时，他就已经猜测林彪并不是向当时人们以为的那样忠于毛主席。1971 年 8 月，毛主席接见某国领导人，林彪当时在场。但是，《人民日报》却一反常规，在头版上方发表了一张毛主席会见外宾的照片。在同一版下方，发表了林彪单独会见外宾的照片。这一情况引起他的注意，同时他联想到当时报刊上发表许多批修整风的报道，他预测中国共产党内要出大事。"9·13"事件发生后，他感受到北京紧张、神秘气氛，经过反复思考，他向外界报道中国共产党内出现了危机，而危机的挑起人可能是林彪。

这个例证可以说明新闻敏感的培养、提高是记者通过不断积累、研究、学习、比较、思考、预见才形成的。这 12 个字理解起来十分容易，但真正实践起来却并非易事。

虽然在学校课堂上是无法教授新闻敏感，但我们在理论上应该有明确认识，这样才能在日后的实践中有意识地去进行自我培养、提高。

第三节　采访准备

记者确定了具体选题之后，接下来着手进行的工作是具体筹划采访的部署，这一步可以看成是采访的战略——即周密的准备。

周密的筹划准备能够给予记者一种安全感，一旦出现差错或有所变化就会有足够的准备。

英国《电视记者工作》一书在阐述采访准备这个问题时特别强调指出：电视记者的采访在英国已经吸引了一些显要人物的兴趣。电视记者的采访风格虽然各不相

39

同，但是有一点是他们共有的，就是在采访前必须进行周密准备。中外新闻界有经验的记者在谈及采访成功的原因时，都毫无例外地强调准备工作的重要作用。

为什么采访准备如此重要？

首先我们要在思想上明确准备工作的作用。准备如同采访时怎么提问题，采访后怎么具体报道同样重要。一个记者没有适当准备就进行采访，好比一个没有领航员的驾驶员在开飞机一样。他们也有可能达到目的，但却要冒极大风险。盲目飞行毕竟不是达到目的的捷径，更何况要带来危险、失败的命运。

美国名记者埃·杰·利布林采访赛马骑术师埃迪·阿卡罗时第一句就问："你左脚的马镫比右脚的马镫高多少？"阿卡罗对这句提问的反应很热烈，利布林对采访对象及其职业的事先了解给了他一把打开话匣子的钥匙。

在电影《飘》重新播映之际，影星费雯丽抵达纽约机场后走进记者室，有一个记者第一句就问："请问你在《飘》电影中扮演什么角色？"这位《飘》电影的女主角轻蔑气愤地回答："我无意同你这样如此无知的人交谈。"这个记者由于事先对采访对象及其职业生涯不做任何研究而带来采访的失败。不仅如此，他的拙劣的提问还被作为新闻在《纽约时报》上登出，并且成为记者采访不做准备的反衬镜子。

中国记者黄钢采访李四光时，由于对李四光人物本身有所认识，但对其职业基本常识不了解，第一次见面谈话很不投机。李四光在谈话中一面谈一面还要对有关地质学问题进行解释，最后他送给记者一本《地质常识》，建议记者先看看，然后再采访。记者读过此书之后，同采访对象交谈起来果然十分投机。其采访的作品《亚洲大陆的新崛起》成为新闻界公认的佳作。

记者徐迟的报告文学《哥德巴赫猜想》曾在全国引起很大反响。他在采访陈景润前对陈景润本人做了许多侧面了解，并对数学基本常识、陈景润研究课题的术语等专业问题做了潜心研究。因此，在采访陈景润时没有遇到周折。

通过上述这些成功与失败的例证分析，我们完全可以领会到采访准备的重要作用。

概括地讲：采访准备的作用就是为了缩短主观意图同客观实际的距离。

那么，采访前需要做哪些周密的准备工作呢？

一、理论上的准备

理论上是盲人，行动上是瞎子，这是成正比的。提高采访报道水平决定因素是记者的理论水平。

美国 CBS《晚间新闻》节目主持人丹·拉瑟在一段时间内曾感到报道水平停滞不前，他向老资格记者美国新闻界公认的最有学识的约翰·钱塞勒讨教，钱塞勒建议他到哈佛大学去学习相关的理论。

有些毕业两三年的学生虽然专业技能很熟练，但却搞不出好报道，或将好题材

搞成一般化报道。主要原因就是理论水平上不去。

无论是年轻记者还是资深记者，提高理论水平都是个经常性的学习任务。因为记者面对千变万化的世界，每次采访面对的事物都是在变化发展过程之中的，即使一些老题目、熟悉的领域也是不断发展变化的。记者除了平时注意学习理论，还要针对具体采访的事实学习相关理论。特别是政治、经济、科学、艺术等理论，不掌握这些理论，就无法对这些领域内发生的新闻做水准高的报道。

二、政策上的准备

记者平时对国家、政府的大政方针政策要及时消化、领会，才能在报道中不迷失方向。具体到一次采访任务，记者还要对相关的大政策、小政策进行学习吸收。

在中国做记者，掌握政策非常之重要，否则轻则闹笑话，重则犯错误。

1991年全国好新闻评选时，与会的评委、新闻部主任填写了调查表。调查的内容有一项是关于近几年毕业生在实际工作中的能力。很多人都对学生政策水平偏低提出了意见。由此可见，政策水平也决定能否胜任工作，能否搞好一次具体采访。

三、情况上的准备

记者平时对社会情况注意研究是新闻工作的特别需要，前面在新闻敏感章节中已经阐述。

针对具体采访任务，记者要对相关情况有所了解，才能做到心中有数。

记者怎样围绕具体采访任务做情况上的准备呢？

这种准备是全面的，而不是局部的。它包括：

①历史情况——了解过去才能把握现在。

②现存状况——知道现在才能预测未来。

③未来趋向——预测未来才能认识现在。

④外在联系——清楚事物的外在相互联系才能认准报道定位。

⑤报道动向——了解相关宣传口径和过去做过的报道，才能寻找新的角度。

如果在采访前记者能够对具体报道题目的内在、外在情况进行充分了解，那么头脑中就会形成十分清楚的立体线条，准确把握具体运动的对象。

例如，空军报记者陈乃文对黄植诚驾机从台湾飞回大陆这一事件的报道，就是在进行大量情况准备后确定主题的。记者先从纵的方面了解32年来我们对起义行动怎样报道，然后从横的方面进行比较。过去关于起义报道都是在弃暗投明这个大前提下报道的，而现在却不能这样报。因为叶剑英关于统一祖国大业九条方针已经宣布台湾回归祖国将是和平方式，而不是武力。在这个大背景下，记者将报道主题确立为爱国主义行动。

这例证不仅说明情况准备的作用，也说明理论、政策准备的重要。

四、知识上的准备

记者采访范围广，因而知识面要宽。积累知识是记者的一项基本功。

当确定具体采访任务后，记者还要学习同采访题目相关的知识，特别是专业性强的知识。这种学习主要是从宏观角度上的知识准备，因为记者不可能对所有一切报道题目的有关知识钻深钻透。

埃德加·斯诺20世纪60年代重访中国采访周总理，一下子提了四十多个问题，长谈几个小时。临别时总理说，他是作为历史学家被接待的。斯诺说，历史学家、文学家都是优秀的记者。他举修斯府德写《伯罗奔尼撒战争史》和司马迁写《史记》作为例子，认为都是读万卷书、行万里路的硕果。

前边我们谈到黄钢采写李四光，徐迟采写陈景润在知识上所进行的准备都说明知识上的准备对于记者采访的重要作用。作为电视记者采访时间限度往往非常紧迫，正式采访拍摄时不能像文字记者那样针对某个不懂的专门知识进行必要询问，在屏幕前更不能就某个知识问题进行探讨，因此，采访前知识准备更为重要。

例如，北京电视台有个实习记者采访首都医院，就肝病医疗提问，当医生讲到有关病毒疾病医疗时，她问："什么叫病毒?"这样的提问给观众的印象是记者没有准备、没有常识。

五、心理上的准备

记者采访是双方建立在平等自愿基础上的社会交往活动。美国《新闻写作教程》一书"论采访"一章中指出：记者总是想收集情况，但能不能把情况弄到手，取决于3个条件，一是记者和采访对象的关系，二是提问的方式，三是采访对象愿意让你知道些什么。仔细分析，这3个条件确是能否把情况弄到手的前提。因此，记者在采访前心理上要有所准备，这个准备主要从3个方面考虑：

其一，估计采访对象合作的程度；

其二，估计可能达到什么样预期目的；

其三，估计可能会遇到的障碍。

记者采访是令人兴奋而又艰苦的活动。在采访活动中遇到人为的、自然的障碍是经常发生的。一些采访在出发前，甚至就明知去冒生命危险。如果记者在采访前心理上没有充分准备，采访时遇到困难就会产生消极情绪。

六、事物上的准备

事物上的准备似乎不能引起足够重视，但采访中因事物准备不充分因小失大的事屡见不鲜。《广播电视新闻写作与制作》一书提到，曾多次接到学生从新闻现场打回电话，说他们忘了带录像带。听起来有点可笑，但却是真的。

电视采访比文字、广播都复杂，事物上的准备尤为重要，采访前要一一准备妥当。事物准备包括哪些具体项目呢? 大体上是这样一些物品：纸、笔、机器设备

（必须检查运转是否正常）。此外，如到外地或特别地区采访，还要带好车票、飞机票以及服装保护用品。总之，临采访前一定把你必备的"行头"备齐、检查，做到万无一失。

以上从 6 个主要方面讲授了采访前的全面准备工作，下面我们探讨一下采访前如何确定重点。

第四节　确定重点

打仗要确定主攻点和突破口，采访也是一样要确定重点。

记者明确了报道思想，确认了具体选题，进行了全面准备之后，接下来就要确定采访的重点。确定采访重点主要是确定采访重点范围和确定重点采访对象。

一、重点范围

采访的重点范围就是采访的侧重点。

无论做什么报道都不能面面俱到，电视新闻更要注意重点突出。许多刚刚步入新闻记者队伍的年轻记者总是想尽量做得全面，生怕漏掉什么内容，或者觉得什么都重要。实际上，电视新闻的容量极其有限，是用时间上的分、秒来计算的。日常的每日新闻节目中的动态性新闻一般只有 1 分钟左右，一般的专题短则 5 分钟，长则 30 分钟，大型专题每一集长度也不过 30 分钟。一条新闻在 1 分钟时间里讲什么内容，必须有所侧重。即便是新闻专题，也必须集中围绕某个中心进行报道。

确定重点采访范围，可以事半功倍，反之，则会事倍功半。记者去采访前心中一定要明确采访的侧重点，下去之后才能目标集中积极主动地攻克"主攻点"，不至于眉毛胡子一把抓，盲目被动。

怎样确定采访侧重点？根据采访目的确定"主攻目标"。

较好的方法是首先对自己阐述采访目的，自己头脑中越清楚，采访越容易成功。如果自己说不清楚，那么就说明目的不明确；目的不明确，自然就难以寻找准确目标；没有准确目标，侧重点也就无法确定。

有些采访题目纯粹是探索性的，往往难以确定侧重点；有些人物专访要对广泛的题目进行交谈，往往难以确定主攻点。在这种采访中，记者不能局限在某一思路中。思路宽并不意味着漫无边际，记者可以根据探索性题目排列先后、主次。

二、重点对象

一般来说，采访对象应该是与报道事实直接有关的当事人、事件的参与者和目击者，或虽不是当事人，但却是了解有关情况的权威人物和知情者。

电视采访在采访对象的选择上有三种选择，一是定向选择；二是随机选择；三是阶段选择。定向选择就是事先确定具体人物；随机选择就是在现场、在大庭广众下临时选择；阶段选择，就是随着采访的深入，按照新的人物线索进行选择。定向选择注重代表性；阶段选择往往具有指向性；随机选择往往具有一定自由度。我们这里谈及的主要是定向选择。

采访前怎样确定重点采访对象？

原则是根据报道需要来确定。初学采访的人，易犯的一个毛病是常常局限于对上层领导机关或新闻宣传部门负责人物的选择，忽视对不同阶层、普通群众的选择。

我们主张，在条件允许的情况下，应该尽量从正面、侧面多选择一些采访对象。因为人们对事物的认识，常常受各种因素影响而各持己见，记者多听取不同观点、看法，可以防止片面判断事实。有些复杂事件采访访问对象选择常常是随着采访深入而不断进行选择，在采访过程中进行阶段性选择或采访当中进行确定。一般情况下，采访之前，都应该确定主要采访对象。电视采访还要确定选择哪些采访对象上屏幕。

记者采访批评性事件，最容易在选择访问对象中遇到障碍。记者确定采访什么人之后，一经预约就遇到"防线"，对方以各种理由推托不见。在这种情况下，记者可以采取从外围入手的办法，确定外围采访对象。记者在采访中被采访对象推托不见的情形并不少见，没有经验的新手可能会束手无策，有经验的记者在选择访问对象时就推测、预想对方合作的程度，并准备好相应对策。这个对策是从正面、侧面、中心、外围寻找线索，灵活选择。

第五节　背景研究

记者明确了采访目的，确定了采访范围，选择好采访对象，接下来就要进行背景研究。人民日报记者艾丰认为，搞报道常常首先从研究背景资料入手。他称背景研究是"为采访而进行的采访"，因为它是在明确了采访目的后有针对性进行的。1982年1月22日人民日报刊登的《水——让我们重新认识你》这篇文章，就是艾丰先从研究背景资料入手采写的深度报道。美国哥伦比亚广播公司最有影响的主持人沃尔特·克朗凯特在1952年为报道两党代表大会，用一春一夏时间研究美国政界要人的资料。他报道成功后自我总结时认为，不研究这些资料，报道就无法进行，更谈不上成功。

背景研究是采访的入手点。刚开始搞采访，研究背景往往停留在一般性了解的水平上，而不能做深入的思考。这是为什么呢？除了经验不足的原因，主要原因是在于对背景研究的目的和作用理解模糊，仅仅把背景研究看成是收集资料。二是对

研究材料的方法掌握不好，仅仅进行一般性浏览。

这里我们对研究背景的目的与作用，研究背景的基本环节进行重点讲授。

一、研究背景的目的与作用

研究背景的目的是什么？

用一句话概括，就是为了开掘报道深度。

研究背景的作用是：武装记者头脑，提高认识，增强洞察力，提供线索，消化吸收使用。

研究背景并不单单是为了在报道时使用背景，更重要的是武装头脑，分析、辨别、判断所要采访的事件和人物，提高认识能力。

西方新闻界将采访前记者对背景的研究称之为"家庭作业"，是记者必须完成的任务。

一般说，"家庭作业"包括对采访题目涉及的历史、社会、现实背景；采访对象个性特点及其职业特性；新闻事件及相关联的具体背景。如同学生的"家庭作业"，记者的背景研究工作是采访的重要环节，也是采访的基本方法之一。

下面我们重点讲授研究背景材料的基本方法。一般而言，掌握研究背景材料的基本环节也就掌握了方法。

二、背景研究的基本环节

当记者查找收集了大量的资料之后，该怎样对这些资料进行研究呢？一般来说要经过这样几个基本环节。

1. 广泛浏览

首先记者对面前的资料做广泛浏览，这一步可以看成是信息输入大脑的过程。比如，1979 年 12 月，世界拳王穆罕默德·阿里到我国首都北京访问。记者付溪鹏事先得知了这一消息，他十分有兴趣想采访阿里，但是他对阿里的个人生活一点也不知晓，而阿里又在北京只呆一天，采访他的中外记者将是一大群。付溪鹏知道能够接近阿里的时间一定非常有限，单靠访问、观察恐怕搞不成报道。因此，他就先从研究资料入手，跑了好几个图书馆，浏览了东南亚和港澳的一些杂志、报纸，得到了关于阿里个人生活和经历的许多背景材料，这些材料对于了解阿里是非常有用的。可以说，广泛浏览就是从不了解到了解的过程，这是研究资料的第一个环节。

2. 分门别类

广泛浏览了材料，众多信息输入记者大脑之后，第二步就要对材料进行分门别类。分门别类的过程是记者对材料定性研究的过程，就是说按照不同的属性进行规范化研究。

美国颇有名气的电视节目主持人巴巴拉·沃尔特斯素以采访人物著称。她的成功的秘诀之一，就是对有关采访人物的材料做定性的研究。一次，她为了采访影视

45

演员卡罗尔·伯内特，研究整理出 38 页有关伯内特的材料，并根据这些材料拟出 100 个探索性问题。她的这份研究材料，特别注意划分材料的类别，这里简化地把这份研究材料节录如下：

①时间履历表：这一栏沃尔特斯列出了对访问对象生活有直接影响的每个年代的日期，包括家庭成员的出生、离异等。

②儿童时代、家庭、教育：这一栏沃尔特斯援引了几家杂志和报纸曾披露的有关访问对象的背景，包括访问对象本人的谈话记录。

③生涯：这一栏沃尔特斯归纳了访问对象个人生涯中重要的起步和进展过程，也引用了别人的报道中的介绍。

④婚姻：这一栏沃尔特斯不仅研究了访问对象的婚姻经历，而且列出引用访问对象对婚姻、幸福、生活所持的观念，每一段话都注明出处。

⑤个人习惯：这一栏沃尔特斯研究了被访问者的饮食习惯、治病吃药以及身体情况。

这个分门别类的研究材料并不是一个流水账，而是记者从众多繁杂的材料中有选择提取的。我们对材料进行分门别类研究时要特别注意这个问题，不要不加选择地整理归类。

3. 综合分析

综合分析是辨认洞察事物意义，对材料进行质的研究过程，对材料进行有选择的分门别类之后，就应着手于综合分析。综合分析有助于记者增强洞察力，能够洞察事物的性质、意义所在，才能使报道切中要害，具有深度。

艾丰同志采写《水——让我们重新认识你》时，就是通过对材料的综合分析，确立了主题。他在综合分析过程中产生了几个开窍：一是人们对水的认识存在着误解，错把无限的循环当成无限的数量，而实际上水的数量是有限的。这个分析是提醒人们从理论上科学地认识水；第二个开窍是人们认为水便宜，所以节约不节约没什么关系。工厂要购置一套节水设备花的钱比省下的水费高出多少倍，所以许多工厂宁可费水而不购置设备。这个分析是指出价格上的不合理而造成水源的浪费；第三个开窍是水是没有东西可以代替的资源，没有水便没有生命。这个分析一方面提醒人们珍惜水资源，同时指出水源浪费、污染将会造成无法补救的后果。这三个开窍使艾丰同志获益匪浅，对以前的概念是一个大冲击。端正了认识之后，他有目的地选择典型单位下去观察、访问，然后又请专家审看。最后，写出的报道不但具有针对性、现实性，而且具有科学性。

对材料进行分析综合，对于提高认识是一个好办法。分析综合一般可以使记者获得判断事物的依据，得出较科学可信的结论。

4. 消化吸收

消化吸收是将死材料变成活材料的过程。消化吸收是研究资料最后一个环节。虽然研究材料的目的不仅仅是为了使用，但是却不能不考虑使用。怎样使用，方法之一是将死材料变成活材料，要将死材料变成活材料就必须将材料消化吸收。

在新闻报道中，经常要运用历史知识、时代背景、科学知识等材料来进一步解释报道的事实。特别是近年来比较提倡的深度报道、解释性报道中就更缺少不了背景材料。背景材料用得好，文章就有了力度。使用背景材料离不开记者在研究资料过程中的消化吸收这一环节。我们举一个例子来说明：

《中国建设》杂志社主编艾泼斯坦在社会科学院新闻研究所的一次演讲中谈到如何消化材料时，举了一个很有启发的例子。

一次，他写西藏问题，面对的读者对象是美国人、欧洲人。他准备写出西藏过去的奴隶社会与欧洲过去的状况对比。如何比较呢？他查找了百科全书、马克思的《资本论》。从中记下了有关农奴制和强迫劳役的描述。他还在一本关于中世纪的英文书中找到农夫和作者的对话，叙述农夫在没有人身自由的制度下辛苦劳动的情景。最后他又查找了13世纪一位罗马教皇的引语："农奴在干活，威胁使他惊吓，强迫劳役使他疲乏，鞭挞摧残他的身体，他的财物也被剥夺……"艾泼斯坦用这些材料告诉外国读者，西藏的过去正是你们已经抛弃的历史，为什么你们认为可怕的东西，到了西藏就变得如此美妙呢？你们还不如一个老教皇，因为他都不隐瞒奴隶社会的暴虐。这些事实材料比高声说教更有说服力。

艾泼斯坦举这个例证是对材料消化使用的很好范例。从中可以启发我们消化使用材料首先要弄清你所报道的事物的本来面目，再仔细咀嚼文字材料，最后选取说明问题的材料对号入座。消化使用资料往往是在采访的进行中或后一阶段完成，使用的材料同报道的主题贴切才有说服力。

5. 存储积累

最后，我们还需要讲讲研究背景材料同平时存储资料的关系。这里有两个工作环节：记者平时注意积累资料，采访时就能得心应手地查阅背景材料，这是其一。每次研究背景材料和采访后得到的材料要分类存储，不要随手扔掉，这是其二。

一个记者，要像电子计算机那样具有存储信息的技能，善于收集、积累研究资料。对平时和采访过程中得来的资料，要能随时整理分类、作出札记。"眼过千遍不如手过一遍。"存储研究资料是记者的基本功之一，在这方面西方记者给予极高重视，每人都有个"资料库"，什么事一旦发生，背景材料马上就出来了。"资料库"不能变成死档案，也不是一堆废纸，而应是一个即时"老师"。无论什么时候你要问这个老师，他总是能回答你。记者完成一次采访，都应把所得到的材料归纳整理，存储起来，不要采访完毕就丢掉。

第六节　设计问题

记者确定了采访的重点范围，选择了采访对象，进行了背景研究，在这个基础上便可以着手设计问题。

设计问题主要是为正式提问做准备，同时也有利于记者理清头绪，排除疑问，抓住关键。

一、通用原则

记者采访根据不同题目、不同对象设计不同问题，这一点是不言而喻的。但是怎样设计？设计问题时通常做什么考虑？遵循什么原则？这些问号都是要动一番心思，才能最后画句号。

一般来说，有这样三条原则是通用的。

其一，记者头脑中必须清楚，应该从访问对象口中得到哪些要点，用以阐明所报道的题目；

其二，记者必须有把握能够使提出的问题准确地传达给被采访者，防止对方对问题迷惑不解；

其三，记者提出的问题应该使观众一听即懂。相对来说，这一点尤为重要，但最易忽略。

上述三条原则是中外记者长期实践经验的结晶。遵循第一条原则，在设计问题时就会有明确目的，而不至于心中无数；遵循第二条原则，就会注意提出明确具体的问题，而不至于含糊不清；遵循第三条原则，就会注意使用简洁、通俗的词句，避免使用深奥晦涩的词句。

二、辅助公式

经验不足的记者提问往往缺少逻辑联系，老练的记者在偶然情形下也难免一时语塞。针对这两种情况，美国内华达新闻学教授拉鲁·吉尔兰德推出了设计问题的辅助公式——"GOSS"。这个公式对我们设计问题可以提供可参照的方法。

"GOSS"公式基于这样一种理论：

大凡制造新闻事件的个人和组织总是出于某种目的和目标（Goal）；并且总是面临或即将面临实现其目标的障碍（Obstacle）；新闻制造者已经找到或者正在寻找某种避开障碍的解决办法（Solution）；然后再返回目标，追问这一目标是在什么时候由什么人的意见而开始的（Start）。

吉尔兰德将这个辅助公式绘成示意图如图4－1所示。

"GOSS"公式可以提醒记者设计下列4个具体问题：

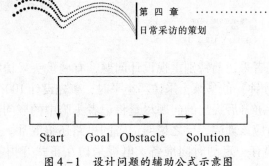

图 4 - 1　设计问题的辅助公式示意图

①目标——"你们要实现的目标是什么?"

　　　　　"贵组织的目的是什么?"……

②障碍——"你们遇到过什么难题吗?"

　　　　　"目前的阻力是什么?"……

③解决——"你们是怎样对付这些难题的?"

　　　　　"你们有解决矛盾的计划没有?"……

④开始——"这一设想是什么时候开始的?"

　　　　　"是根据谁的意见?"……

　　根据"GOSS"公式的提示,记者可以在事件性新闻采访中设计出比较具体的问题。这些问题不但具体,而且上下之间讲求逻辑;不但能把事情来龙去脉搞清,而且能够抓住关键性实质内容。这样提问要比说:"你的感想如何?"、"有什么体会?"、"你是怎么想的?"、"请介绍一下情况?"要具体、简洁、明确。

　　美国一些新闻学院的学生借助"GOSS"公式设计问题,认为易行易记,尚能奏效。

　　需要指出,"GOSS"公式只是设计问题的辅助公式,而不是万能公式。记者每次采访的题目、情形都是不尽相同的,因此不可能制定到处适用的公式。吉尔兰德教授明确告诫读者,这一公式只是设计问题的辅助。此外,当记者一时卡壳,它也可以助一臂之力。

　　三、总体设计

　　电视记者在采访前设计问题同文字记者有所不同,不但要考虑采访过程中提什么问题,而且还要考虑在屏幕前怎样提问。因而,电视记者对问题的设计必须是总体设计。

　　1. 屏幕后问题设计

　　记者在屏幕后采访的目的是搞清事实,问题设计可以根据访问时间、访问对象来确定问题多少及问题形式。

　　一般来说,记者同采访对象直接交谈时,提问方式可以灵活选择。但设计问题时应以问题形式一一列举拟定出来。

　　屏幕后问题设计可以围绕采访题目从多种角度来考虑。记者先将想到的问题一一列出来,较好的方法是多想多列。

49

西方许多著名记者采访前特别重视设计问题，有些重头采访要设计出上百个问题。例如美国《60分钟》的华莱士采访邓小平时，事先设计100个问题。

我们主张，设计屏幕后提出的问题尽量将记者头脑中的疑问都提出来。设计出问题后，记者的头绪应该理清，反之说明记者的思路还很混乱。通常，除突发性事件，一般采访任务都有一定的时间准备。电视采访在正式开拍前最好先进行拍前采访。

设计屏幕后问题多多益善，记者采用什么方式，设计什么具体问题，应根据具体题目确定。不过，有两条准则要遵循。

其一，讲求逻辑。

其二，分门别类。

记者设计几十个甚至上百个问题不能是漫无边际、毫无头绪的。较好的办法是按照事物之间的逻辑关系，分门别类设计问题。《空军报》记者陈乃文在1981年9月为采访黄植诚，第一次采访设计119个问题，第二次采访设计130多个问题。他将问题类分为：重点了解、详细补充、一般询问、需要核对等几大类别。

电视记者在采访前往往还要考虑上屏幕的镜头前提问。

2. 屏幕前问题设计

电视采访有严格时间限制，许多采访是分成若干片断在屏幕上出现的。这就要求记者设计问题时多考虑电视特点，这里有两条准则要遵循。

其一，准确具体。

其二，简洁口语。

多数情况下，电视屏幕前的采访都是简短的快速采访，记者提问时间极为有限，时间长度是设计问题时必须要考虑的因素。

由于时间限制，记者的提问不能含糊不清，也不能包罗万象。屏幕后记者可以提一些概括性问题，如"请你介绍一下基本情况"，"事情大概经过是怎么样？"这类问题，屏幕前则不能这样问。屏幕前提问主要方式是直截了当，问题必须具体、准确、简洁、口语。

怎样才能达到准确、具体、简洁、口语这个基本要求，也是最高标准。主要在于有没有抓住问题的关键。

《电视记者工作》一书作者罗伯特认为，设计3～5个合适的问题往往需要一天时间。这说明了什么？说明屏幕前问题设计必须做到万无一失。许多缺少经验的初学者，搞一段采访后，往往误以为电视采访十分简单，拍几个画面，提两个问题就可以了。实际上电视上的采访要能够达到一定水准，具有一定深度，形成自我风格是非常之难，可以称为是高、难、深的采访提问。

以上我们侧重对设计问题的原则和方法进行了重点分析。

最后还需要指出，设计好问题还要根据实际情况进行调整，不能变成框框。

第七节　拟定方案

电视采访之前怎样拟定具体方案？

一般来说，进行采访前，采访对象事先选择并确定上屏幕、出图像。那么就要拟定具体方案。如果采访题目较大，采访对象没有确定，那么就要拟定一个轮廓方案。

例如，采访春节期间市场或采访某个新闻人物。这类采访的事件和人物都很明确，采访方案可以具体化。

例如，采访人口问题、环保问题、减灾问题，题目较大，人物选择仅仅有个设想，找负责人或宣传部门提供线索。在这种情形下，可以拟定轮廓计划。

采访前拟定方案可以拟定两套方案，第一个如果遇到障碍，可以用第二个。

通常，采访方案由先期采访方案和正式拍摄方案构成。

一、先期采访方案

先期采访方案包括预约采访时间、部门、对象；索取资料；筹划正式拍摄。

二、正式拍摄方案

正式拍摄方案包括选择拍摄现场、确定报道具体形式、明确拍摄重点内容等。

西方新闻界将采访方案比作比赛计划（Game plan），以此提醒记者在采访前拟定方案要像比赛计划一样具体、细致，每一个项目都不能漏掉。

本章参考书

1. 《中国应用电视学》（北京师范大学出版社，1992 年出版，第 17 章"电视采访"）；

2. 《怎样当好新闻记者》（新华出版社，1980 年出版，美：杰克·海敦著）。

本章参考片

1. 1989 年全国电视好新闻获奖节目《神兵天降八千三》；

2. 《从大量农民工进城看城镇青年就业意识》；《我国钢产量突破 6000 万吨》。

本章思考与练习题

1. 背景研究具有什么作用？
2. 设计问题的三条基本原则是什么？
3. 记者的判断力在采访中有哪些具体体现？

第 五 章
现 场 观 察

【本章内容提要】

怎样进行观察采访是本章的重点学习内容。学习观察采访应从3个方面着手：一是培养观察力；二是掌握观察方法和技巧；三是提高分析、判断力。

当记者确定了选题，进行了周密筹划之后，就要到现场采访。记者采访主要运用的基本采访方法是直接观察与口头访问。

在多数情况下，记者采访往往是边观察边访问。我们为了讲授清楚、条理化，分别阐述观察与访问。

第一节　观察采访的形态

观察采访就是记者亲临新闻事件的现场，通过眼睛观察事件的发展进程，事件所处的特定环境以及事件引起的结果，从而获得第一手材料。

电视新闻是形象画面的报道，现场观察采访更具有重要作用。

一、观察是全感采访

不言而喻，观察即是用眼睛采访。

用眼睛采访就是通过眼睛发现、挖掘新闻事实。因而，记者的观察采访不是简单的观看，而是通过眼睛观看，由观看产生感觉渐近到感知，由感知触发思索，由思索引起联想、比较，最后做出判断。基于这样一个认识事物的过程，我们称现场观察是全感采访。

全感采访的目的和作用是什么呢？

1. 全感采访的目的

简单概括起来，全感采访的目的是：

①为了真实、准确地描述新闻事件的基本现场环境；

②为了生动、具体地再现现场气氛和细节；

③为了逼真、形象地揭示人物特征；

④为了客观、公正地披露新闻事件的发生、发展及结果。

2. 全感采访的作用

归纳中外记者的经验，全感采访的作用是：

①增强新闻的实证性。直接观察是记者获得第一手材料的最有效途径。第一手材料在新闻报道中的作用不言而喻，它具有切实可信的说服力，人证、物证一一俱在，给人以最大程度的可信感和实证性。

我们熟知的美国记者埃德加·斯诺在 1936 年 7 月进陕北苏区，考察 4 个月，写下了《西行漫记》。书中用大量第一手材料介绍了陕北苏区的人物、事物，为西方世界所关注。斯诺采访有一特点：从未亲眼目睹的事情他是不愿写的。

②增强报道的感染力。新闻报道中的千篇一律、平淡无味的原因是多种多样的，缺少现场感是其重要原因之一。记者通过直接观察则可以抓取活生生的有声有色的细节，从而可以增强报道的感染力。

③获得判断事实的依据。记者亲临现场可以验证第二手材料。在记者阅读了文字材料和倾听了别人转述的事件之后，有时会发现基本事实不够完整，支离破碎；或者令人迷惑不解，存有疑问。遇有此类情况，亲临现场观察往往可以获得判断事实的依据。我国著名记者范长江曾亲自细心观察，揭开传说中的"倒流水"之谜。

④触发记者的情感，增强责任心。记者采访到现场和不到现场感受大不一样。激动人心的场面会使记者产生激动、兴奋的情感，从而激发创造性的灵感、报道的冲动；令人痛心悲愤的场面会使记者产生悲壮的义愤，从而增强本职工作的责任心，憎恶黑暗、揭露丑闻、赞扬光明、坚持真理。

二、观察的方式

根据中外记者及新闻学家的研究与实践，我们可以将直接观察的方式大体归纳成 4 种形式。

1. 参加性匿名观察

在这种形式中，记者成为他观察的一群人或某个场景的一员，匿名观察，从而不影响被观察者的活动。比如，《北京青年报》有个记者为了采写监狱里犯人的情况，经有关部门允许，身居牢房，同犯人生活在一起，体验观察其活动。20 世纪 60 年代美国曾出版过一本畅销书叫《像我一样黑》，该书作者约翰·格里芬是个白人，为了深入了解黑人生活的状况，他用药物和化装术改变了自己皮肤的颜色，看起来同黑人没有两样。然后，他到美国南部几个种族歧视最严重的州去旅行，混在黑人群体中，亲身体验感受观察黑人受到的待遇。这种不暴露身份的参加性观察在日常

采访中是不多用的，一般只在特殊情况下采用。然而，这种观察却常常具有不可替代的作用。中央电视台《万家灯火》节目中的小栏目"体验"第一期即是采取这样的方式。记者亲自坐在轮椅上体验残疾人生活以及所到之处周围人对残疾人的态度，社会不同场所对残疾人出入是否提供了方便，等等，使人观看之后，产生较为强烈的感受。

2. 参加性非匿名观察

在这种观察采访中，记者同采访对象一道进行相同的活动，但是不是匿名的，而是亮明身份，一边体验感受一边观察。比如，采访清洁工人，记者同被采访者一起扫马路、清厕所，体验观察其活动。新华社记者郭超人在 20 世纪 60 年代初为采写中国登山队员攀登珠穆朗玛峰的新闻，亲自同登山队员一起登上 6600 米的高度。亲眼看到珠穆朗玛峰中的神秘而壮丽的自然景色，深深感受观察了登山队员的生活，为生动报道我国登山队员征服世界第一高峰创造了很好的条件，比较准确、生动地反映了《英雄登上地球之巅》的壮举。

在电视报道中，有许多带有冒险性的活动需要记者亲自去体验、参加，同时拍摄采访。例如，科学考察南极、北极、南沙群岛，等等，中央电视台都派出记者进行报道。由于记者参加了活动，报道出来非常生动、具体、感人。

3. 非参加性公开观察

在这种观察形式中，记者到现场，亮明身份，留在现场以观察者角度来观察事件的发展。同前两种方式相比，这种观察是完全纯粹的观察，记者不参与事件的任何活动。在日常采访活动中，此种方式用得最多。

4. 非闯入性秘密观察

西方新闻界把这种观察比喻为是"藏在角落里的老鼠"。举例来说，美国有个记者，曾亲自偷偷数垃圾箱里的威士忌瓶子，从而证明某个城镇居民并非不嗜酒。这种秘密的观察方式在比较特殊情况下可以起到一定作用。1986 年秋，《经济参考报》记者姜在忠在北京托运行李时，发现不法分子趁托运行李人多，敲诈旅客的行径，他还发现行李托运处内部为不法分子开方便之门。在行李托运处守口如瓶和不法分子十分提防的情形下，姜在忠采取了秘密观察的方式。他亲自观察证实了行李托运处内部同不法分子相勾结，坑害旅客，索取高价。他连续写了内参和公开报道，引起铁道部领导重视和社会上的极大反响，促使北京站行李托运处纠正不正之风，打击了不法分子的敲诈活动。

非闯入性秘密观察的结果表现在屏幕上往往能引起观众的兴趣和关注，但是也容易引起一些争议。因而，记者采访时要十分慎重地运用这种方式。

上述 4 种直接观察的方式在记者观察采访活动中要根据不同情况采取不同方式。需要指出，采取秘密观察方式应该慎重一些，注意职业范围内的界限。有些不成熟

55

的记者喜欢采访涉及个人生活的新闻，一不小心会侵犯人权，西方新闻界曾有记者跟踪观察或秘密躲藏某处窥测个人生活情景，这种作法是不讲道德的，也是侵犯人权的，我们应引以为戒。

三、观察与判断

观察采访最有效的方法是边观察边判断。作为电视记者到现场观察采访，必须随时判断怎样将你观察到的东西变成文字和画面。

记者在现场观察迅速判断的能力往往体现着记者成熟的程度。记者必须判断哪些东西能够构成画面，哪些画面在新闻中最重要，怎样用文字描述在画面上无法表现的东西。

那么，记者在现场如何观察？如何判断？我们知道，电视新闻非常简短，不可能将记者用眼睛观察到的所有东西容纳进去，为此必须删掉某些事实和细节，保留主要事实和有意义的细节。这就给我们提出了较高要求：细心观察、判断准确。

北京电视台《点点工作室》节目有许多选题是从现场观察切入的，记者根据现场事物进行分析、点评，这类节目要求记者观察要仔细，判断要准确，否则容易失误或停留在事物的表面。

记者在观察、在采访中，抓取什么样的事实是同表现的报道主题密不可分的。因而，在观察前不妨先自问一下对将要观察的事件怎样表现，你期望能怎样表现。因为每个人对事物的观察都有自己的方法，角度不同，感受往往不一样。记者的判断应力求客观、准确，因而只有把握事物的全部意义，才能抓取到有特色的事例。1979年全国好新闻作品之一《周末一条街夜市受欢迎》的作者安源生较好地把握了事物的意义，因而抓取了有特色的事例来表现主题。

"11日晚上，骤雨初歇，凉风习习。南京山西路各商店职工精心组织的周末一条街夜市里，商品琳琅满目，人群熙熙攘攘，顾客们在选购商品。一位老教师去买到一张波浪式折叠椅后，又走进茶香飘逸的茶座，高兴地对人说："这样的夜市布局合理，我们可以挑挑拣拣买件合意的商品，真是便民有方，生财有道啊！"

观察与判断在采访中是相互促动的一对因素。老练的记者在现场采访一着眼便能入木三分，所谓一着眼便入木三分就是对观察与判断能力极强的形容。

在日常采访中，记者应该有意识地训练观察与判断力。

首先，可以问问自己想要观察什么？

其次，再问问自己期望看到什么？

最后，将观察的感受与判断自我叙述一番。

人们往往喜欢观看自己想看的东西，这是人们的正常举动。然而，作为记者必须克制这种倾向。同一事件的目击者可能对观察的事物做截然不同的叙述，这在现实生活中并不是没有的情形。然而，作为记者必须做出同客观事实相一致的判断。

第二节　怎样进行观察采访

优秀的记者应该同优秀的作家一样成为一个优秀的观察家。原新华社社长穆青认为，一个人身上最灵敏的器官是眼睛，有些记者却偏偏不会使用眼睛采访。如果讲"十八般武器"的话，眼睛就是最锐利的武器。可是，有的记者却不用它。下面我们着重来阐述怎样观察，即怎样在现场抓取有价值的事实。

一、抓取最有特色表现主题的典型事例

有些现场观察采访场面很大，内容丰富多彩，令人眼花缭乱。记者在观察中要能够看出名堂来，要能够抓取最有特色的情景，判断什么是有特色的事实材料用以说明烘托报道主题。举例来说，1980 年 1 月 13 日，北京北海公园举行化装溜冰表演。当时北海公园刚刚开放不久，游客很多，在冬季里搞化装溜冰表演还是比较新鲜的活动。美联社驻北京记者对此进行了采访，消息的导语是：今天是星期日，北京的龙穿上了冰鞋。接下来在消息的主体里突出地报道了冰上耍龙灯这个节目。记者为什么抓取这样一个典型事例呢？因为这个节目在记者眼里最有特色。龙是中国的象征，不但有特点，而且表现主题。

上海电视台在报道全国简化字总表发布的消息中，集中采拍了南京路等地段马路两旁商店的不规则简化字招牌，非常形象和生动，对表现主题起到烘托作用。

二、抓取具有新闻价值的生动细节

在记者的观察采访中，能否抓取有新闻价值的细节，是对记者观察能力是否敏锐的检验。现场场景往往复杂多变、稍纵即逝，缺少经验的记者往往容易被表面的现象吸引住，忽略了细节的观察。怎样观察抓取细节？我们先来分析两个例子。

1980 年 3 月《人民日报》连载我国著名作家、曾作为《大公报》记者采访第二次世界大战的老记者萧乾所写的《美国点滴》，文中有一段描写定向爆破一幢大楼的情景，完全是通过眼睛观察得来的。下面截取几段细节描写部分：

"……多巧，宴会厅坐落在这奇景的正前方，相当于电影院中央的前七八排。

……紧跟着一股蘑菇云就遮天蔽日地朝半空滚滚升起，活像银幕上的世界末日。十来分钟后，尘埃落尽，躺在那里只剩高高一堆废墟。

……那座灰楼的每块砖好像同时都裂了缝，驯顺地、有条不紊地在我们面前酥了，散了，瘫了下来。"

在上述描写中，萧乾先交代了观察的位置。一般说，观察的位置不同往往观察结果有差异。因而观察中要想不漏掉细节，看清细节，首先要选择合适的位置，理想的角度。接下来具体描述，着墨不多，但却给人留下形象、逼真之感。作者下笔

57

写了天上的蘑菇云之后，转笔便写地下的废墟，然后回过头又转述"每块砖好像都裂了缝……"作者着眼三处细节，便把定向爆破这个当时我国人民尚不了解的神奇般的技术展现出来。萧乾先生是一位大手笔，然而他的逼真描写是同他的观察入微分不开的。

细节观察是中外记者都十分注重的采访能力。美国《电子新闻写作》一书作者丹尼尔·格雷夫认为："没有一个人会注意在他或她周围发生的一切事情。如果这样做，就会事倍功半。一个出色的记者，往往选择一些值得研究的目标加以观察，而放弃另外一些目标——这是他们观察的诀窍之一。出色的观察家绝不会让一个事件吸引住他的全部注意力。相反，他会用眼睛环视，用耳朵去倾听。他停下来，集中注意观察一些细节，然后再转向另一个细节。这些细节，记者事后是不可能再观察到的，因此一定要一次成功。抓不住有意义的细节，就成不了一位精细的观察家。"丹尼尔的话，不仅讲述细节观察的方法，而且指出细节观察的重要。那么，优秀记者在实际采访活动中是怎样观察、表现细节的呢？我们大家熟知的《震撼世界的十天》一书作者美国著名记者约翰·里德是这样描写"柏林巷战"的：

"城内的烟尘几乎使人窒息，而且如此浓密，以致红军的突击队在白天也须使用电筒。"

约翰·里德没有写坦克隆隆，大炮轰鸣，火舌四射，却着重写了一个细节，即"红军突击队在白天也须使用电筒"。这个细节完全可以让人们清楚战斗激烈的程度。这样的观察，就比一般的场面观察高出一筹。

三、注重观察人物活动和特征

现场的气氛除了场景烘托外，主要靠人物活动来表现，不能靠堆砌形容词。对行动的描写，比对其他方面的描写，更能考验记者的观察力。

《新闻记者》杂志曾刊登我国新闻界前辈彭子冈回顾采访毛泽东1945年赴重庆谈判的情景。当时彭子冈是在《大公报》工作的秘密党员。如何处理只能有几百字的消息？如何破除国民党长期歪曲宣传毛主席形象呢？彭子冈以为应该描述得朴实自然，让读者看了可亲可信。于是，在文章中用了一段人物动作描写——当毛主席被张治中接到他家有着讲究的广漆地板的客厅当中，由于拘束而打了一只盖碗，并加了一句评述："他好像是一位来自乡野的书生。"今天看来这一笔，不但没有损害领袖人物形象，而且自然可信。但是彭子冈同志却因此在1957年"反右"和"文化大革命"中遭到多次批判。过去在极"左"路线的干扰下，记者采访一些有领导人物参加的活动，往往只注重领导人物说了什么，而忽视观察领导人物的举动。以往这种做法在各级新闻机构报道各层领导人物活动中都存在，近年来已有很大改变。

注重观察人物动作，还要注重观察人的特征，力求把人物个性揭示出来。《震

撼世界的十天》一书中作者对列宁的观察就做到了这一点。请看下面一段描写：

"……正是八点四十分，雷鸣般的欢呼声和掌声告诉人们主席团来了，伟大的列宁也在他们中间。一个矮胖的、有着大的凸出的额和宽肩膀的人物。小眼睛、大鼻子、宽而仁慈的口形和沉重的下颌，面孔修得干干净净，留着过去和将来都很有名的小胡须。穿着破旧的衣服和按身量来说稍长的裤子。他一点不像人民的偶像，而只是一个普通的受人敬爱的人。……一个非凡的人民领袖，一个纯靠理智的领袖；他不做作，不向感情让步，坚定不屈，没有一些触目的癖好，但却有一种用简单的话语来解释最深刻的思想和分析具体形势的本领。"

作者仅用200多字就把一个人民领袖列宁的形象、个性、作风、领袖才干活灵活现、分寸得当地揭示了出来。作者后边的几句评价完全来自对领袖列宁革命活动的观察，不做深入观察是无法作出如此深刻、准确、恰如其分的评价的。前边对列宁特征的观察也是非常细心的，如同一幅人物画像。面部的每一个有特点的部位都观察得十分仔细，刻画得也十分逼真，让人看了，一个活生生的列宁形象便立在眼前。

上述两个例证都是观察领袖人物的采访活动，其方法和道理对于观察各种人都是适用的，包括各级领导者和各阶层人物。电视报道对人的活动和特征往往用镜头表现，不必用解说词进行描写。不过，记者如果观察不到，也就不会去拍摄。从某种程度上讲，电视记者的观察力对于画面拍摄的好与差起着直接作用。

四、全景观察、宏观透视

在新闻报道中，有些重要的现场活动、情景还需要展现整体场面，这就要求记者进行全景观察、宏观透视。前面我们讲述的三个部分都是选取不同角度、微观透视，现在我们再来举例分析说明全景观察、宏观透视的必要性。

1980年5月14日，《人民日报》刊登了记者黄炳钧的文章《谒铁托墓》，此篇文章用全景观察的方法，展现了一幅群众瞻仰铁托墓地的真实写照。我们来看看其中对铁托墓及周围环境的观察：

"……记者站在徐徐前进的人流中，队伍是那么长，但却是那么安静……

整整走了一个小时，才拐到乌日策大街。队伍从这条街的十一号进去，在身穿蓝色军上衣，深色军裤的铁托卫队前走过。这里松柏挺立，间杂着梧桐树、白桦树和其他各种树木，草坪一片翠绿。人们走在铁托散步时经常走过的林荫小道上，前面就是那个著名的花房。这是一座正方形的建筑物，周围是浅米色的砖墙，屋顶两边扁平，中间是呈三角状突起的一个透光的玻璃顶棚。花房四周是铁托种的数百株玫瑰。

墓地入口的两旁插着降了半旗的三色国旗和党旗。穿过双重绛红色的帷幕，前面是白色灰纹大理石铺的底面，上面放着相同大理石的棺椁，'约瑟普·布罗兹·

铁托，一八九二——一九八〇'几个字灿灿夺目。它的四周种有各种菊花、蝴蝶花、鲜红的团花和其他许许多多不知名的花草。两旁用玻璃隔开的房间，里面放了他的办公桌、沙发、装满着书籍的书架，还有一些工艺品。中间玻璃门外是一个阳台，今天放满了各国、各政党、各国际组织的领导人送的花圈……

悲痛的人流沿着回廊前进。在铁托灵前，有的深深鞠躬，有的举手敬礼，有的掩面痛哭……"

黄炳钧的上述描写是全景观察的结果，没有出色的观察，便没有如此细致的表现。全景观察同细节观察并不是矛盾的，只有通过宏观透视才能把握全景，环视了全景才能寻到细节。全景观察并不是指仅着眼轮廓，而是通过各个不同细节来勾勒、表现整体。因而记者的观察往往是宏观和微观的结合。我们再来看看1975年美国哥伦比亚广播公司记者布鲁斯·邓宁对最后一批撤离南越的越南难民做的现场报道：

"我们尽力迅速让他们登上飞机。他们正往舷梯上爬。人群像潮水般涌过来，要想阻止他们是办不到的。一些人在舷梯上被挤倒。他们正在把十几个人送上飞机。他们……哦……被挡住了。我们的飞机周围都是人群。我不知道我们怎样才能走出人群。我们尽快让人们登上了飞机。妇女和儿童却被抛在后面。飞机四周都是带孩子的人，妇女们站在那，挤不上来。但是男人们却以最快的速度爬上舷梯。我们把三四个孩子和十几个妇女送上飞机，就是这么多。他们挤坏了舷梯的栏杆。飞机发动了，但人们仍试图爬上舷梯。有些被摔在跑道上。在我们后边被抛下一大群人。飞机在加速，已经起拉。机身下垂，我们让人们到前面来。这架飞机将在最艰难的跑道上起飞——起飞了。我们，机舱里的男人在欢呼。但我认为这并不是什么值得欢呼的事情，那些被抛在后面的数以千计的妇女和儿童本应被送上飞机。可是在飞机上的妇女和儿童却少得可怜。我们现在已经在飞翔的空中。这是我在越南的最可怕的一次经历。"

邓宁的报道是边观察边叙述同步进行的。他叙述简洁生动，用口语短句描述了现场的全景：人群争先恐后地涌向飞机的舷梯；妇女儿童被抛在后面；危险的起飞；飞机上得意的男人。我们看到，每一处观察都有远有近、有全貌、有细节。记者能够在如此危险混乱的情况下镇静地描述现场、报道事件的过程，没有较强的观察、判断能力是很难做到的。

第三节　观察采访的范围

在记者日常的新闻报道中，有许多事件发生在特定的场所，记者采访必须到现场观察。

　　归纳起来，记者直接观察采访大体有下述一些范围：

　　一、突发事件

　　火灾、车祸、水患等突发性意外事件，都需要记者亲临现场观察。这类事件一般有两种情况：一是突然发生，现场持续时间短，转眼即逝，如车祸等。有时记者很难立即赶到现场，在这种情况下，记者最好还是到事发现场看一看，观察一下事件引起的后果。二是突然发生，但持续时间较长，如持续燃烧的大兴安岭火灾。这类事件记者赶到现场时间较充分，一般应该在现场观察事态的全部发展过程。

　　二、预知的会议

　　国家政府部门和各种团体每年都要召开一些会议，除特殊紧急会议，记者往往事前拿到会议通知或听到一些信息，届时到会议现场观察采访。

　　三、纪念活动和仪式

　　重要纪念日、盛大节日、纪念活动以及各种仪式的举行均选择在固定场所进行。这类事件报道必须亲临现场，目睹事件的全部过程。

　　四、体育比赛

　　国内外重大体育比赛都跟随着一支记者队伍，他们用眼睛搜寻着每一个有新闻价值的细节。一般来说，大到国际、国家，小到地方团体，凡是体育比赛报道都要求记者到现场观察。

　　五、文艺表演

　　不同类型的文艺表演、各种等级的比赛报道，都离不开再现现场的场景。

　　六、军事报道

　　军事演习、实战场面的报道，必须通过直接观察，才能做出使观众看了如临其境的报道。

　　七、工程建筑

　　长江大桥、葛洲坝工程等有重大意义的工程建筑以及有地方特色的各种工程，必须要事先观察实体，才能进行现场报道。

　　八、历史古迹

　　新发掘的历史古迹，如秦始皇兵马俑这类的选题，记者一定亲眼目睹才能具体采拍报道。

　　九、自然风光

　　游记、观光报道都离不开对自然风光的采拍，只有亲自观察才能选好角度、拍摄到有特点的画面以及采访到有内容的活动。

　　十、市场行情

　　新闻报道常常涉及市场行情，记者只有到商店、菜场、夜市才能捕捉到典型事例。

以上 10 个方面是记者在日常采访活动中的具体观察范围。除此以外，记者还应学会观察生活中的事物，善于用眼睛捕捉新闻。

本章参考书

1. 《中国应用电视学》第 17 章；
2. 《采访技巧》（中国新闻出版社，1985 年出版，美：约翰·布雷迪著）。

本章参考片

中央电视台《东方时空》节目"时空报道"栏目。

本章思考与练习题

1. 为什么说观察采访是全感采访？
2. 观察采访的作用与目的是什么？

第 六 章
口 头 访 问

【本章内容提要】

　　对于记者来说，口头访问是最基本的采访方法，也是获得事实的基本手段和技巧。因而，要对访问的特点和提问的艺术进行深入的研究。

63

　　口头访问是以交谈或问答的方式获得新闻事实的采访的基本方法之一。

　　访问，是记者获取事实的主要途径。在日常采访中，大约有四分之三的信息来自于记者的口头访问。一位名叫安·贝克的美国记者认为：你确实能够从个人的观察中，从会议中或者讲话中看到、听到一些信息，但是75％的信息、观点、事实来自于同别人的交谈。无论怎样，访问在记者采访工作中占据四分之三的重要位置。初学采访，往往误以为访问艺术仅仅体现于记者的提问技巧之中。实际上，要获得访问的成功取决于访问艺术涉及的诸种因素。

　　根据中外记者长期采访经验积累，记者在访问中能否把事实搞到手主要取决于3个条件：一是同采访对象的关系；二是记者提问的水平；三是访问对象愿意向记者透露些什么。这3个条件因素就是口头访问艺术涉及的主要因素。第一个条件因素是要求要把握访问特点，因为访问不是单向的，而是双向的交流与合作，所以记者同访问对象关系是决定访问成功的因素之一；第二个条件因素是要求记者掌握提问艺术，即提问的方式和技巧，因为记者不开口事实难到手，所以记者提问水平高低是决定访问成败的又一因素；第三个条件因素是要求记者研究采访心理，因为记者采访要同各种人打交道，每个人接受采访的心理都各不相同，所以采访对象在什么样的心理因素支配下接受采访对于记者的访问能够达到什么样的程度起着一定的作用。

　　下面我们就根据这三个条件因素对记者访问的要求来探讨访问特点、提问艺术、访问心理。

第一节　访问的特点

口头访问的特点即是双向交流与合作。因为访问不是单向式的采访过程。

一、双向交流与合作

记者访问是以交谈和问答的方式进行人际交流，这种交流又超出个人范围，在社会中产生影响。记者代表的不是个人而是新闻机构，采访对象是作为社会现象的代表接受采访，双方活动的结果受到社会的关注。因而，访问无法凭借单方面的努力进行，记者不能单向提供信息，采访对象也不能单向透露信息，信息的披露只能是双向交流的结果。

在记者的日常采访活动中，口头访问主要采取两种方式：一种是一对一的个别访问；一种是一对两个以上的集体访问。这两种方式多数情况下以面对面直接交流形式进行，此外，还可以利用电话进行不见面的电话访问，或者利用卫星进行面对屏幕的访问。然而，无论是面对面的直接交流，还是不见面的电话交流，或是超越空间距离的卫星电视访问，都是记者同访问对象之间以问答或交谈方式进行的双向交流。

有时候，记者通过直接观察或研究材料还能够凭借单向努力完成某些报道任务。例如，1946年10月6日对第二次世界大战战犯的纽伦堡审判，在场采访的特许记者不能提任何问题，只能用眼睛看、耳朵听。即使这样，记者们仍然写出了精彩报道。但是，对于口头访问这种采访方法来说却不能凭借记者单方面努力完成采访任务。必须凭借双向交流才能达到目的。双向交流就要求记者和访问对象双向合作，双向合作要求记者既能打开访问对象大门，又能打开访问局面。

二、怎样促成双向交流与合作

1. 打开访问对象的大门

记者在请求采访约见时被采访对象拒之门外或推托不见的情形并不少见，没有经验的记者常常会束手无策，老练的记者则会想出各种对策，打开访问对象的大门。可以说，打开访问对象的大门，使访问对象接受采访是访问双向交流过程的前提条件。

我们知道，记者同访问对象关系是平等的，记者不能强迫对方接受采访。可行的对策是：一不要怕碰软硬钉子；二要锲而不舍耐心主动；三要因势利导讲究策略。

1979年五届人大二次会议召开之前，新华社记者杨建业接受了采访马寅初先生的报道任务。当时，马寅初先生重病住院，记者先给马老家打电话请求采访约见。马老的次子马本初接电话时态度非常冷淡，无意接受采访。他在电话里气冲冲地对

记者说："二十多年来，马寅初不是早已被人们忘记了吗？你来干什么？"记者听到这些话尽管心中产生某种不快，但仍耐心解释说明前去访问并无他意。在记者耐心请求下，马本初勉强同意前去家中访问。前两次记者到马老家都遭到了冷遇，马老家属根本不允许到医院访问马老本人。记者感到采访任务有可能落空，但又不甘心。为什么马老家属持这种冷漠态度呢？杨建业根据手头掌握情况进行了分析。

当时马老已 98 岁，头脑清楚，能说话，也能看点东西，但就是不愿谈。原因是未对他本人落实政策，公开平反，恢复名誉。一个人、一家人含冤 20 年，心里怎么能没有气呢？他们讲点气话是可以理解的。记者分析之后，消除了自己的不快，决心不因受到冷遇而放弃采访。他研究了 20 年前批判马寅初的文章和马老当时的公开声明。同时又了解到一些群众写信给中央办公厅要求为马老平反，中央负责同志也指示有关部门研究。杨建业决定先将自己了解到的马老家人的心情和群众的意见写成内参反映到中央，很快中央批示为马老平反，恢复名誉。记者为此感到振奋，增强了面访马老的信心。不久，记者听说统战部副部长李贵要去医院看望马老，便抓住机会一同去了医院见到了马寅初本人。后来记者再请求采访约见，马老的家人表示特别欢迎。马老长时间握住记者的手，一再说万分感激，终生难忘。历尽沧桑的百岁老人，泪流满面，激动得放声大哭。杨建业先后写了有关马寅初先生的一系列报道，都得到了马老及家人的通力合作。马老的《新人口论》出版后，还派他的孙女专程送书给记者，记者成了马老及家人所信赖的朋友。

2. 打开访问局面

当记者打开访问对象大门，访问对象同意接受采访之后，记者就要设法打开访问的局面。接受采访只是得到初步合作，并不等于访问成功，因为访问对象接受采访的程度会受到各种因素影响。美国新闻学家麦克道格尔认为：当记者同能够为他提供情况的人联系上之后，他可能失望地发现，对方不愿同他合作到他所期望的程度。也许这个人不愿得罪官员或流氓，宁愿明哲保身。也许是他不愿暴露自己的无知或者透露商业或个人计划方面的消息。也许怕记者歪曲他的原意而不愿深谈……然而，记者的义务是始终如一的。在这种时候，记者的人格和诚恳的态度足以使他开口。麦克道格尔的经验之谈说明了什么呢？说明记者采访会经常面临难以应付的局面，然而记者的义务又是始终为报道事实真相而进行采访，因此必须要打开访问的局面。

怎样打开访问的局面？

根据中外记者的经验，有 4 条可行对策：

①善始善终取得信任。取得信任并不一定是让采访对象完全信赖记者，因为有些采访注定是在双方存有"敌意"的情形下进行的。许多批评报道，或观念对立的采访，采访对象不可能信赖记者。取得信任对于记者来说就是设法使采访对象信任

自己的报道能力，自己作为记者的职责和义务。也就是麦克道格尔所言诚恳的态度和人格。

②寻找沟通双方感情的触发点。所谓沟通双方感情的触发点就是指能够引起感情上波动、共鸣、兴奋、一触即发的触点。由于访问对象的职业、性格、年龄、文化、阅历不同，各种人同记者打交道在感情上都存在一定距离。这种距离的近与远往往决定谈话的深与浅。记者采访是受时间限制的，若要在较短时间内缩短双方感情上的距离，较好的办法是选择一条捷径，即寻找沟通双方感情的触发点。

③学会同各种人打交道。记者职业是同人打交道的职业。有经验的记者之所以能同陌生人初次相见就能有话说，说得来，见面熟，就在于具有同各种人打交道的能力。记者访问在大多数情况下是同陌生人打交道，然而却要如同老熟人那样交谈，这是访问的特点也是访问的难点。世界上大凡成功的记者都有一个共同特点——广交朋友。他们善于了解人、善于研究人，因此在采访中能够根据不同的人采取不同的对策。

④练就坚韧不拔的闯劲。美国记者安·贝克说：作为一个记者，你真的必须得有闯劲。如果你腼腆，那么就很难打开局面。同人打交道，在会议结束后追上官员们获得信息是重要的，但这是很难的。为什么安·贝克认为打开访问局面不是轻而易举的呢？因为记者访问是在各种不同场合进行的，访者采访的对象又是各种各样的人。访问对象接受采访的程度会受到各种因素影响，出于各种考虑他们可能只回答记者的一部分问题，回避另一部分问题。因此，记者要想打开访问局面必须练就坚韧不拔的闯劲。

下面我们分析埃德加·斯诺前夫人韦尔斯当年在延安访问毛主席时是怎样打开访问局面的。

1937年，韦尔斯作为《密勒氏评论报》驻北平记者到西安准备赴延安采访。在一个深夜她摆脱西安国民党势力蓝衣社特务监视，化装从窗户跳出住地逃离西安到达延安。到达延安的第二天早上，毛主席和朱总司令一同来看她。

毛主席说："欢迎你到延安来。"

韦尔斯说："我知道你的故事。因为我丈夫斯诺写了你的故事，是我给他打的字。"

毛主席听了会心地笑起来。韦尔斯立即从笔记本中取出一张照片，对毛主席说：

"我早就从这张照片上认识你了。这是斯诺给你照的。我从西安跳窗户出来时，只带了两样东西。一样就是你的照片，一样是一盒口红。你知道，一盒口红对美国年轻的妇女是多么重要，几乎什么都能贡献出来，而口红是不能丢的。所以，你也就不会诧异了。"

诙谐的话语逗得主席和总司令哈哈笑起来。

毛主席接过那张戴着红军八角帽的照片，眯着眼睛笑着说：

"我从来没有想到，我的照片会这么好看。"

从这开始，双方感情上的距离一下拉近了，谈话格外融洽起来。

韦尔斯对毛主席说："我在延安看到你，看到一位中国革命的领导人，就仿佛在美国的一个村落里看到华盛顿一样。"

毛主席点点头笑道："我知道美国的华盛顿这个人。"

韦尔斯又说："不过，我读过斯诺写你的传记，仿佛更像林肯的传记一样，而不像华盛顿。"

毛主席说："我知道林肯，也喜欢林肯这个人。他颁布了解放黑人奴隶的宣言，胜利地进行了一场影响深远的资产阶级民主革命。民有、民治、民享这个口号就是他提出来的。"

韦尔斯笑道："而你是要解放全中国人民的。"

这次清晨的会见是韦尔斯在延安漫长的采访序曲。由于韦尔斯一开始就点到了沟通双方感情的触发点，因而双方感情距离很快便缩短了。韦尔斯的第一句话目的是告诉毛主席她虽然是第一次见到毛主席，但却不是陌生的，因为她曾为斯诺写毛主席的传记打过字。这样的交代就使毛主席对她的态度不同于对待一个对毛主席一无所知的人那样。接下来韦尔斯拿一张照片给毛主席看，并说她把这张照片看作为最珍贵的东西。话说得很风趣，使双方感情进一步融洽。第三步韦尔斯三言两语道出了她对毛主席的评价，拿毛主席同美国的华盛顿、林肯做了比较。这样一方面说明她本人已经对毛主席的革命活动有所研究，让访问对象清楚地感觉到她对对方活动抱有极大兴趣，从而证实双方在同一触点上的双向共鸣。另一方面引起毛主席对她本人的信任与重视，说明她并不是一个走马观花出于好奇看看热闹的年轻外国女子。韦尔斯明白，只有在访问对象重视记者的来访并信任其诚意与能力的情况下，访问对象才能同记者进行深入的交谈。

在韦尔斯同毛主席的清晨会见的这段交谈中，我们看到，韦尔斯始终以一种积极主动状态打开访问局面。如果韦尔斯说上一些客套话，毛主席也将是客气地尽宾主之礼。那么双方就会客客气气，不但在感情上存在距离，谈话话题也会有所局限，也就打不开访问局面。

在西方新闻界，将打开访问局面比喻为打破坚冰。有一位美国记者一次采访关于青少年酗酒习惯的问题。她选择一个初级中学副校长想了解有关的情况。她问这个副校长，在他的学校是否也有这类难题。对方吞吞吐吐回答说，如果我们有这类问题，我们将自己解决应付它，我们将不在报纸上讨论。采访对象非常疑虑，不耐烦地告诫记者，不允许使用自己的名字和学校的名字。记者告诉他：青少年酗酒这是社会现象讨论，并不影响学校声誉。如果学校重视这个问题，证明学校对青少年负责任。副校长最后改变了态度，允许记者登报并同记者进行了深入讨论。

在实际采访中，难以应付的局面主要有下列几种：一是气氛拘谨紧张局面；二是勉强合作应付采访的局面；三是愿意合作但回避某些问题的局面；四是无意合作但无法拒绝进行自我开脱的局面；五是打官腔玩弄官僚手段局面；六是深思熟虑牵着记者鼻子按其自己思路交谈的局面。凡此种种，对于记者访问来说都是比较棘手的。对于新手来说，是访问开端遇到的第一道障碍。因此，打开访问局面好比打破坚冰一样，需要记者有闯劲、有方法、破冰而入才能下网捕鱼。

第二节 提问的艺术

作为一个记者，必须学会怎样提问题。

记者提问是一门艺术。提问是检验记者逻辑思维、判断事物、应变能力及口头表达能力的最好尺度。

第一个来中国讲新闻学的美国新闻学家阿伦森认为，提问的艺术就是这样一个问题，记者怎样才能使访问对象讲出能够写成一篇报道的新闻事实来。如此提示十分概括，听起来简单易懂，但在实际采访中怎样开口提问，提什么问题才能让访问对象讲出事实则是非常复杂而难以掌握的。故此，将提问称之为一门艺术。

提问艺术的特征蕴含于记者的创造性采访活动中，往往是不能一目了然的。因而，学习掌握提问艺术首先应对提问艺术的构成进行探讨。

记者提问艺术构成包含多种基本要素：我们侧重分析阐述提问基调、提问方式、提问技巧和提问规则。

一、提问基调与思想方式

思想方式对记者提问的基调、角度有着决定性的直接关系。任何有意识的活动都是在一定思想支配下进行的，记者的提问也不例外。记者的提问存在着两种思想方法：一种是先入为主的形而上学；另一种是唯物主义的辩证思维。要学会辩证思维的思想方法必须排除先入为主偏差。

1. 先入为主与反差现象

提问的目的在于得到有价值的新闻事实。任何一个记者都期望访问对象能够明确回答问题并说出有分量的内容。然而，访问对象的回答并非都能构成新闻。记者时常会遇到这样的情况：对方的回答不能达到记者所期望的程度。有时，记者的期望越热切，对方的回答越没劲头。这种反差现象往往同记者在指导思想上的先入为主有直接关系。下面的例证或许会说明问题。

体操运动员马艳红是第 20 届世界体育锦标赛高低杠冠军。1980 年在美国举行

的哈特福德国际体操邀请赛中，她从高杠绷杠转体180度接前空翻落下时未能站稳，未完成动作。高低杠是马艳红的拿手好戏，这个动作未完成是出乎意料的。原因是她不习惯比赛使用的杠，国内训练时用的杠较硬，而那里的杠较软。马艳红失落后，马上要参加平衡木比赛。她沉着冷静、稳当地取得了好成绩。一位现场记者在采访马艳红时做了下述提问：

记者："小马，对于高低杠的失利，是否给你带来一些思想负担？"

马艳红："没有呗。"

记者："你其他项目都和大家差不多，有信心再夺冠军吗？"

马艳红："有呗。"

记者："你难道就没有什么思想顾虑？或者压力、波动？"

马艳红："哎呀，中间才间隔20分钟，哪有那么多想法，前一个失败了，争取下一个好呗。"

记者："你一上场，观众席上连台湾省来的华侨都喊：'马艳红，加油！加油！'人不多，声挺响，你听见了没有？"

马艳红："我一点也没听见。"

这个例证是一个比较典型的在先入为主的观念指导下采访的反差现象。从提问过程中，我们可以窥见记者的意图，即想当然认为马艳红失落后产生思想压力，而后想到祖国的荣誉激起必胜信心。记者一再追问，是期望能够上升到思想高度，然而却事与愿违。

先入为主所带来的反差现象是端正采访指导思想的一面反衬的镜子。从1958年刮"共产风"到"文化大革命"十年动乱，新闻报道中一些形而上学色彩是同先入为主指导思想有关联的。

今天，这种色彩虽已淡化，但却没有杜绝。这就提醒我们在提问过程中时刻防止先入为主思想的侵入。

2. 辩证思维与差异形态

提问过程中正确的指导思想应该是运用辩证思维的方法，把握具体运动着的客观对象。

辩证思维方法运用到提问过程中，就是通过寻找差别和变化提出问题，这个过程是记者通过概念、判断、推理等思维形式发挥作用并表现出来的。为阐述清楚，我们不妨分析一下前边采访马艳红的例证。

首先，记者应该在头脑中产生一个概念，即马艳红的失落是意外差错，因为高低杠是她的拿手好戏；接着记者应判断马艳红没有因高低杠失利而产生思想负担，因为平衡木的成绩已经证明；第三步是推理，记者要推断出造成差异的可能原因。最后，记者根据比赛中出现的意外事件提出问题："未完成高低杠比赛动作的原因是什么?"这是观众所关心的问题,也是马艳红想告知外界的问题。

在客观物质世界中,任何对象都是具体的,都是包含着多样性规定的。不包含矛盾和差异的客观对象是根本不存在的。因此,寻找差异现象是提出针对性问题的"钥匙"。

二、提问方式与变换选择

记者的提问方式是提问艺术构成外部形态的体现,我们可以从提问方式的形成与选择来把握其特点。

记者提问的方式有两种:一是开门见山、直截了当;二是漫谈引导、迂回深入。

①开门见山、直截了当——即选择与报道题目紧密相关的话题,单刀直入提出问题。

②漫谈引导、迂回深入——即选择与报道题目关系不大,但却是访问对象感兴趣的话题漫谈,然后逐步引入正题。

为什么记者提问采取两种方式?其依据是什么?用途何在?究其原因,其一在于记者在访问中会遇到各种不同的人,有的人习惯接受记者的提问,有的则感到紧张、不适应,因而对不同的人要采取不同的方式;其二在于记者报道方式不同,有的必须直接提问,有的可以进行漫谈;其三在于访问的时间限制不同,时间紧迫只能开门见山提问,时间宽松,可以迂回深入。

直截了当与漫谈引导的提问方式因其方式不同而起到不同的作用,然而采取两种方式提问的目的却是相同的:就是为了获取有价值的新闻事实。

选择提问方式的原则是灵活应用的。在记者日常采访中,有时交叉运用,有时分别采用。这就是说,提问方式选择的原则虽然是灵活运用的,但选择的范围却具有一定的规定性。分析这个规定性才能回答为什么交叉运用,又为什么分别运用。

1. 直截了当方式选择的规定

特定的报道方式规定记者必须采用开门见山、直截了当的提问方式。比如,广播、电视上的演播室专访,特定场合的现场转播采访、新闻发布会、记者招待会上的即席提问等形式均要求记者单刀直入提出问题,以求得到迅速、明确的回答。这是因为这类特定的报道方式有着严格的时间限度和特有的形式,记者要在有限的时间内挖出有价值的新闻。不过,在演播室、现场转播正式提问采访前,记者可以同访问对象闲谈几句,这样双方可以在感情上进一步接近。

对于习惯接受采访、不回避记者提问的访问对象,也可开门见山提出问题。

2. 漫谈引导方式选择的规定

时间性不太强,不受固定场合和特有报道方式限制的访问可采取漫谈方式。例如持续一段时间的社会调查、对某些人物及事件的评价、反映性报道等都可通过闲聊方式了解情况。

对于情绪紧张或有意回避记者提问的访问对象要采用迂回深入的对策。比如，美国记者怀特·汤姆森在前总统尼克松无意接受采访的情形下，选择尼克松最有兴趣的话题——足球——致使尼克松回答了记者的其他问题。

十分清楚，不同的提问方式具有不同的作用，只有变换选择、灵活运用才能达到方式与目的的融合，从而创造出提问艺术的和谐形态。

三、提问技巧与创造发挥

提问技巧是提问艺术构成的最重要的组成部分。提问技巧是记者利用特定的方法和能力，表现或传达记者的特定构思的手段。从某种程度上讲，提问技巧还包含着记者的创造性劳动。在提问技巧的形成过程中，创造力在人们尚未意识到的情形之下，早已发挥着作用了。

既然提问技巧包含着创造价值，那么技巧的运用就不是被动的、消极的、模仿的，而是主动的、积极的。成功的提问、高超的技巧在于记者的主动性得到了充分发挥，得到了主动的实现。记者不是处于被动地位、不是接受，而是主动创造，他能够左右提问、掌握进程、驾驭被访问对象。

1986 年 9 月 2 日上午，美国哥伦比亚广播公司《60 分钟》节目主持人迈克·华莱士在北京专访了中央顾问委员会主任、中央军委主席邓小平。正式提问前，华莱士同邓小平有一段精彩的对话，华莱士在对话中巧妙地表露了他的意图。对话节录如下：

华：我把今天同你的交谈看成是一次非常难得的机会，因为像你这样的人物，我们记者不大容易得到专访的机会。

邓：我是一个普普通通的人。

华：我希望我们在一起的一个小时对你是有趣的。

邓：我这个人讲话比较随便。因为我讲的都是我愿意说的，也都是真实的。我在我们国内提倡少讲空话。

华：你有没有接受过一对一的电视采访？

邓：电视记者还没有。与外国记者说的比较长的是意大利的法拉奇。

华：我读了那篇谈话，感到非常有趣。法拉奇问了你不少很难回答的问题。

邓：她考了我。我不知道她给我打多少分。她是一个很不容易对付的人。基辛格告诉我，他被她剋了一顿。

华：是的。我采访过法拉奇。但我也问了一些她很难回答的问题。

这段采访前的三言两语的对话，至少表白了华莱士的 4 个意图：第一句对话表明他对此次专访的重视。老练的华莱士深知只有在访问对象确认记者确有诚意并非常重视访问的情况下，才能得到对方的信任，进而达到双向合作。第二句话道出他的希望并表白了他的专访没有刁难的成分。因为他素以硬性采访著称，对美国政界

71

首脑经常进行咄咄逼人的提问。第三句对话显示他的专访邓小平是开创性的第一次电视一对一专访，这在某种程度上提高了此次专访的新闻价值。最后的对话用意在于引起邓小平对他本人的重视，因为他曾向难以对付的法拉奇提出过难以回答的问题，说明他本人也不是等闲之辈。

这段对话分析充分证实记者在提问过程中创造力的作用。虽然华莱士采取的是漫谈方式，但每句话都是有意图的。

作为记者，高超的提问技巧应该达到这样一个标准，即能够积极主动地为实现特定目的进行创造。

当记者得到访问对象的初步合作——接受采访之后，可能发现对方合作的程度不能达到理想的程度。有些人可能或许只顾回答记者提出的一部分问题，而回避另一部分问题；有些人也许担心记者曲解或不能完全理解他所持的观点，而不愿涉及更深一层的意想；有些人也许有某些顾虑，而不愿对某一事件表明看法；有些人因受到外部压力而不肯透露真相；有些人因为谦虚谨慎而不愿谈及个人的成绩……大凡遇到上述情况，都使记者感到棘手。记者若要弄清事实真相，寻得各种思想观点的实质，只能凭借提问技巧。

记者提问技巧的高低不仅直接关系到提问构思、报道意图的表现，使其思想观点、新闻价值得以具体化，从而影响报道的水平高低，而且，提问技巧本身也包含着创造性劳动的结晶。具体地讲，记者提问技巧的发挥体现于针对不同类型的访问对象采取的对策上，这诸种对策又依靠语言表达的形式来实现。

中外记者在长期采访实践中，摸索积累了多种多样的提问技巧。从某种程度上讲，技巧的运用是因人因事而异的。记者怎样灵活地提问，怎样提出有分量的问题，或者怎样巧妙地用提问方式将信息引出来，这其中确有许多技巧在起作用。

归纳起来，下述 8 种技巧可以提供给我们在采访中作为参照。

（1）充当对手，展开讨论

此种对策适用于观点、思想采访。

（2）抛砖引玉，唤起回忆

此种对策适用于人物专访。

（3）探索寻问，留有余地

此种对策适用于比较敏感性问题采访和关于个人生活的采访。

（4）声东击西，旁敲侧击

此种对策适用于批评性报道采访或揭示社会问题报道采访。

（5）恰当肯定，给予理解

此种对策适用于成就、经验报道。

（6）提出疑问，澄清事实

此种对策适用于有争论的事件、人物采访。

（7）接住话茬，深入追问

此种对策适用于了解细节、顺藤摸瓜的深入采访。

（8）分门别类，主次分明

此种对策适用于复杂事件、调查报道的采访。

四、提问规则

中外记者在长期采访实践中，摸索积累了多种多样的提问技巧。从某种程度上讲，技巧的应用是因人因事而异的，而提问规则却是记者要遵循的共性规律。

1. 准确清楚，切忌含糊不清

记者提问所表达的意思一定要含义准确，表达清楚，这是最起码的要求。如果记者提问含糊不清，词不达意，采访对象就会处于迷惑不解的境地。

美国《创造性采访》一书中列举了这样一个例子：

记者：我想首先提出有关你个人和个人之外的一些问题。您知道，对于公众来说谈及这些问题很重要，至少是有趣的。公众有必要了解各种各样的确实的信息。如果人们清楚了您所描绘的那个时代的环境和你在儿童时代所经历的各种遭遇，他或她将理解有关人生观的问题，以及……

采访对象：那么你是要问我是在哪长大的啦？

记者：是的。你知道这是很重要的。对于……

采访对象：1932 年 6 月 10 日我出生在 Sandusk，Ohio。我是一个抑郁的孩童。作为一个孩子我最清楚的记忆是第二次世界大战。看在上帝的分上，为什么你刚才不提问题呢？我们是不是继续谈论这个题目？

这个例子告诉我们记者提问绝不能含糊不清，准确清楚是最基本的要求，含糊杂乱无章的问题往往得不到明确的回答。

2. 讲求逻辑，切忌思路混乱

如果提出 4 个逻辑上没有联系的问题，得到的回答则一定是支离破碎的，甚至连事件的来龙去脉也弄不清。《人民日报》1990 年 5 月 12 日的这篇答记者问，问题非常有逻辑性。

公安部出入境管理局负责人答记者问

我国公民因私出国人数逐年增加

新华社北京 5 月 11 日电　公安部出入境管理局负责人近日就我国公民因私事出国情况，回答了新华社记者的提问。

问：公民出境入境管理法施行以来，我国公民因私事申请出国的人数有多少，出入境管理部门批准了多少？

答：《中华人民共和国公民出境入境管理法》是第六届全国人民代表大会常务委员会第十三次会议于 1985 年 11 月 22 日审议通过的，公布后于 1986 年 2 月 1 日起施行。随后，国务院又批准并公布了公民出入境管理法的实施细则。4 年来，公安机关出入境管理部门对于我国公民因私事申请出国，做到了依法受理、审批，执行的是比较好的。公民因私事申请出国的人数逐年增加，被批准出国的人数也逐年增加，获得前往国家的签证实际出国的人数逐年有所增加。1986 年公民因私事申请出国的为 80828 人次，当年被批准出国的人数为 77064 人，占申请人数的 95.3%；1987 年申请出国的人数为 118074 人次，批准数为 107297 人，占申请数的 91%，比上年批准出国人数增加近 40%；1988 年申请人数为 244243 人次，批准数为 212182 人，占申请数的 86.9%，比上年批准数增加 97%；1989 年申请数为 248689 人次，批准 238301 人次，占申请数的 95.8%，比上一年批准数增加 11%。我国公民出国人数的增加，说明我国人民与世界各国人民的友好往来增加了，也是执行开放政策的结果。

问：从你介绍的情况看，没有批准的人数也不少，是什么原因？

答：这个问题，要作些说明。从绝对数字看，没有批的申请人数还不少，实际上不是这样的。公安机关出入境管理部门依照法律规定，对有未了结刑事、民事案件等情形不能离境，不批准出国驳回申请的，实际上只是极个别的，只占申请人数的 0.2% 至 0.7%。其他的都是因为申请手续和提交的证明材料不完备或者不符合法律规定或者提交的证明材料有疑点，也有少数申请人不是在常住户口所在地申请出国，公安机关出入境管理部门对这类申请人采取了退回申请材料的办法，不是不批准出国。如 1988 和 1989 年，有些公民申请去个别国家的学校学习语言，由于提交的外国证明材料是买来的，或者由于不能确认有否该外国接受学校等原因，公安机关出入境管理部门就退回了申请材料，没有批准的人数有不少是属于这种情况。被退回材料的申请人，当申请手续和证明材料齐全时，仍可继续申请，同样可以得到批准。实际上，被退回申请材料中的不少人，后来又再次申请并获批准。但是，我们是按照申请人次统计，没有统计退回申请材料的人数，所以这个数字就显得大一点。

问：经批准出国的公民已经出境的有多少？

答：我国公民因私事申请出国，公安机关出入境管理部门批准发给护照后，还要向外国驻中国的大使馆、领事馆申办签证，只有在获得前往国家入境签证之后，才能进入目的地国家。近几年来，我国公民获得外国签证已经出国的人数，逐年有所增加，但与批准出国的人数相比比例不高，差距还很大。1986 年，我国公民获得

外国签证实际出国的人数近 4 万人，占当年批准出国人数的 51%。1987 年实际出国人数为 53995 人，是批准出国人数的 50%。1988 年出国人数为 128354 人，是批准出国人数的 60%。1989 年出国人数为 132727 人，是批准出国人数的 55.7%。从 1986 年到 1989 年，经批准出国持有护照而未获前往国家签证，没有出境的尚有 28 万多人，是 4 年批准出国总人数的 45%，这些人由于没有获得外国签证，未能成行，这也说明要取得外国签证是不容易的。

问：去年的政治风波之后，公民因私事申请出国的批准人数是否有了变化？

答：前面已经讲了 1989 年公民因私事出国的申请数、批准数和实际出国人数。今年 1～3 月，公民因私事出国的申请人数，仅北京、上海两市为 19512 人次，和去年同期申请人数基本持平，批准数为 15085 人，比去年同期批准数增加 20%。

问：最近听说，有些人获得了外国签证，在出境时受阻，是什么原因？

答：确有其事。大约有百余人在出境时受阻，未能成行。原因是个别国家驻华大使馆给发的签证出现了不正常情况。我国公民是申请前往目的地国探亲，而个别国家违反申请人意愿，却给予"庇护"签证或另纸移民签证。这是违反国际惯例的做法，也是对我国公民人格的歧视和侮辱。对这种不友好的行为，任何一个主权国家都会反对的。

另外，最近一个时期，我们还发现少数国内公民用高价买外国护照、证件，有不少是外国假护照、假证件，企图持用这类证件出境。这种违反我国出入境管理法的行为，我们是反对的，不仅不能出境，而且要依法查处。我国公民出国，要依合法途径办理有关手续，千万不要上当受骗。

在这个报道中，记者提出了 5 个问题，可谓是层层深入，一环扣一环，逻辑思维非常清楚。

3. 讲内行话，防止话不投机半句多

任何学有专长的人都感到，同他的专业领域一无所知的人交谈，是件索然寡味的事。科学家、音乐家、作家、政治家以及有名望的人，往往轻视那些对他们的活动不甚了解的记者。俗话说，到什么山唱什么歌。对于记者来说，就是要会讲采访对象的语言，对访问的人及从事的活动一无所知便前去采访是一种危险的尝试。

4. 具体明白，切忌笼而统之

记者访问如果提出笼统较大问题，对方往往很难回答。例如采访教育部门负责人，如果问：请你谈谈对教育问题的看法，对方往往感到茫然，或者回答时讲些笼而统之的官话、套话。如果记者将问题具体化则能够使对方既不好回避问题又能提供具体的情况。记者可以问这样几个问题：目前教育面临的主要难题是什么？是经费问题呢？还是师资短缺、外流？或是其他困难？你认为解决这些困难应该从哪些方面努力？目前采取了什么措施？今后有什么打算？记者可以根据采访意图将问题

75

分类，比如：中小学教育、大学教育、专职教育。教育问题是一个全社会关注、同每个家庭都有关联的问题，因此记者提问还要视不同采访对象提出恰当问题。你不能向一个普通家长问师资外流这样的问题，你也不能向一个普通教师问教育经费预算问题，记者要根据采访意图选择不同的对象，提出具体问题。

记者在提问过程中，一定注意问题不能太大。例如，全国科学技术奖励大会期间，有位记者采访陈景润，开口就是：请问 $1+1=2$ 这道题在数学上是什么样的难题？陈景润说，这个问题太大了，几句话怎么能说清楚呢？世界氢弹之父泰勒有一次在机场举行记者招待会，有个初出茅庐的记者这样提问"可否请您解释一下相对论与现代空间时代的关系？"泰勒回答说："我怎么解释呢？爱因斯坦用了13年时间才确立了这个公式。"

5. 先易后难，不要引起关系紧张

一般情况下，记者提问往往先提出容易回答的问题，尖锐问题往往在后边提出来。除开记者招待会、新闻发布会等特别形式，先易后难的规则是记者在大多数场合提问所遵循的规律之一。《创造性采访》一书中关于采访应用一章专门就提敏感性问题采访了一位有10年采访经验的记者，这位记者认为：我试着在采访过程中的最后时刻提出这类问题。我常常先提出一些容易的问题，让他们轻松地回答，使他们的情绪松弛下来，然后在最后再击中要害。

6. 宽窄结合，切忌生搬硬套

宽窄结合方法是灵活运用开放式提问和限制性提问。

开放性提问就是从一般问题过渡到具体。给对方一定的伸缩余地和灵活性。例如，问黑人有没有受过歧视，他们可能不愿直言不讳地答复你。如果问："如果你是白人你现在会做什么工作？"这样问就不那么涉及个人，对方听来不那么咄咄逼人。采访对象在回答开放性提问时无意中透露的情况，往往比他本人意识到或有意透露的情况还要多。

假设体育记者采访一位正在物色有培养前途的新手的教练。记者想知道他当天在现场上看中了哪个运动员，但这个教练回避具体问题。于是记者从另一个角度提问："你挑选运动员的条件是什么？""你认为今天出场的运动员中有没有人具备这些条件？""哪个运动员可以归入这一类？"记者从一般问到具体，一直问到水落石出，开放性提问带有探索性，比较有伸缩余地。

1986年9月，美国《纽约时报》女记者、国际事务专栏作家刘易斯来中国采访。她到了四川重庆，想了解工厂实行厂长负责制，党委和党委书记还起什么作用，是不是意味着党委权力缩小了，对此党委书记是什么态度。她这样问一位党委书记："如果你自己能够选择，你是否愿意当厂长，还是愿意当党委书记？"

限制性提问是缩小谈话范围，集中在某一件事上，希望搞清楚细节，得到具体

明确答复。

如果记者采访一次会议，不是生硬地问："你认为会议开得怎样？"而是问："在会议中你了解到什么重要情况？"

如果记者采访一个学校，不是冷冷地问教师；"请对你们校长管理能力作出评价？"而是问："你们校长善于听取别人意见吗？""每个教师都有明确的工作职责吗？""对教师的工作如何考核？"

限制性提问就是提具体问题，问得具体得到的答复也是具体的。

在采访中提问是采取开放性还是限制性方式主要根据采访对象的实际情况以及记者想要达到的目的而灵活掌握。有经验的记者善于随机应变，当机立断，宽窄结合。

上述6个方面是提问技巧中的基本规律，无论记者采访什么样的事件和人物都要遵循这些规律。可以说，这6个方面是对记者提问的基本要求也是较高的标准。

第三节　访问中的听、看、想

77

口头访问是记者问、听、看、想四者结合的有机采访活动。提问是关键，听、看、想同样重要。

一、聚精会神地听

访问要求记者精神高度集中，全神贯注地倾听对方的回答。否则很容易发生致命的问题——没有听清访问对象说了些什么，什么重要，什么不清楚，什么不对头。

初出茅庐的记者有时只顾准备提出下一个问题，考虑怎样措词，以致没能注意到访问对象，因为他的漫不经心停止不语了。记者在访问时必须要竖起两耳倾听每一个回答、每一句话、每一个观点、每一个细节。否则无法向谬论提出疑义；无法澄清含糊不清的问题；无法抓住话头、补充提问。

记者不但要竖起自己的耳朵，而且要带着读者、听众、观众的耳朵倾听。对记者来说明白清楚的问题对读者、听众、观众并不一定也明白清楚，记者应该排除其中的障碍。

二、细致入微地看

西方有位心理学家经过多次实验，证实"谈话过程中自然流露出来的体态和面部表情，并不是出于无心的偶然活动……而是具有口头未能表达出来的特殊传感意义。"很多记者在访问中对此观点有深刻体会。很显然，访问中需要记者察言观色。

观察什么？如何细致入微地观察？

（1）观察对方说话的方式

包括表情、手势、神态、语调。这些因素往往体现人物的鲜明个性。

（2）观察对方对访问的反应

是紧张、激动，还是兴奋、高兴，是烦躁不安，还是滔滔不绝。这些都可以表明访问对象对问题所持的态度。

（3）观察对方的外表

包括外貌、身材、服饰。这些可以体现访问对象的外部特征以及个人生活特点。

（4）观察对方所处的环境

包括他拥有的财产、室内的装饰、户外的地理位置。这些可以衬托人物的生活习惯、爱好。

三、时刻不停地想

访问是一个艰苦的脑力劳动过程。在整个访问中，记者的大脑要转个不停，就像装上马达开动的机器一样。

想什么？如何怎样去想？

（1）围绕着事件想

当对方向记者叙述一件事的时候，记者应该想事件的开头、经过、结尾是否完整，细节是否具体，数字是否确实可信，发现有漏洞、疑问，应立即澄清。

（2）围绕着观点想

当对方提出了一个观点、一条经验，记者就要认真思考这个观点是否正确，是否具有科学性，该经验是否符合客观实际，有什么普遍意义。

（3）围绕着主题想

提炼形成主题的最好时机是在采访之中，记者在访问中应时刻注意挖掘新鲜、生动、能够说明深化主题的事实。

（4）围绕着写作想

想着写作，就会及时分析消化材料，产生灵感。有时一句有特点的话就是一个好的开头，某个独到的思想或许就是一个鲜明的主题。

（5）围绕着报道方式想

特定的报道方式有着特定的时间、篇幅、形式的限制，记者必须通盘考虑形式内容的有机结合。

第四节　集体访问的要求

集体访问是记者以问答或交谈的方式同两个以上访问对象进行交流，以便获得新闻事实。通常，称之为开座谈会。

集体访问往往采取两种方式：

一是记者根据某一特定选题，约集一些有代表性的人物开座谈会，并以座谈会的方式报道；二是记者为了掌握事实，选择一些同报道题目有关的人进行座谈，不以座谈会方式报道。

一、集体访问的长处与短处

（1）集体访问的长处

相对来说，集体访问可以互相启发，集思广益，展开讨论，提供线索，核实材料，使记者在有限的时间内完成采访任务。

（2）集体访问的短处

由于集体访问要同时牵动好几个人在同一时间座谈，因而给访问对象的日常工作造成"干扰"；又由于几个人坐在一起在有限时间内发表见解，因而不易做到畅所欲言；还由于几个人对某一件事或人的看法不可能完全一致，因而容易引起矛盾或出现僵局。

（3）什么选题适合开座谈会

较轻松的软新闻，如谈一部电影的创作过程、谈对某个新事物的看法等宜可采用；国内外不涉及敏感的政治问题的选题，如西方股票涨跌、人口与计划生育等也可采用。

（4）什么选题不适合开座谈会

复杂事件、批评性报道、敏感问题不宜采用；对有争议人物的评价，处于发展阶段尚不完善的经验性典型单位也不宜采用。

分析了集体访问的长处与短处，可以告诫我们在采访中要慎重采取开座谈会的方式。

二、集体访问要注意的问题

①座谈目的要明确，最好围绕一个中心。

②座谈人数不宜太多，最好是三五个。

③事先最好讲明座谈的主要目的和重点范围。

④座谈时间不宜太长。

⑤直接上广播、电视的座谈会，事先应进行预约采访。

⑥准确引用人物语言，避免张冠李戴。

过去，由于毛泽东同志在《农村调查》序言中曾断言："开调查会是了解社会情况简单易行而又忠实可靠的办法。"因而在很长一个时期，新闻界盲目地不加分析地把开座谈会看作是最好的采访方法。事实上，记者的调查研究并不完全等同于一般的社会调查，它是一种特殊的调查研究。即便是进行一般社会调查，也要看调查什么问题，复杂的问题开座谈会往往是调查不清楚的。

1961 年 4 月，刘少奇同志在《关于报纸宣传工作》的讲话中就说过："现在的调查研究不那么容易。现在的情况，和毛主席当年在湖南作调查研究时情况不同，比那个时候调查恐怕更困难一些。现在常常遇到这样的公社，这样的大队，他们护短，生怕你发现他们的缺点。你去调查，他们有一套办法封锁消息，不让你了解到真实情况，搞一套假的给你。有多少大队，家丑不怕外扬，不怕告状，给你讲好的，也讲坏的？这样的单位恐怕不多。"当年刘少奇到湖南长沙县天华大队调查，之前中央调查组已在此调查了一个多月。调查结果，得出两种相反结论。刘少奇同志提出对公共食堂 8 条不好意见，中央调查组则提出数条好的意见。为什么呢？中央调查组主要采取的是开座谈会方式，刘少奇同志则是走家串户单独访问。

刮"共产风"时期，干部强迫命令，浮夸虚假，造成不能取信于民的严重后果。再加上"文化大革命"的极"左"路线影响，人们不敢公开讲真话。多年来的社会惯性作用，致使许多人无意之中习惯讲空话、大话，还有人出于某种目的讲假话。在变化多端、复杂的社会环境下，记者采访绝不能滥用开座谈会的方式。现在电视上的讨论节目多采取座谈方式，形式活泼。所要注意的是，讨论题目要能够吸引观众，富有社会意义。

第五节　采访对象心理探索

探索访问对象的心理主要考虑哪些因素？最有效的方法是考虑访问对象为什么接受采访？为什么愿意合作？为什么通力合作？又为什么不接受采访？为什么不愿意合作？为什么仅仅是初步合作？为什么完全不合作？

根据中外记者的经验和理论上研究，我们列举一些具体理由来探讨采访对象心理。

一、愿意合作的心理因素
①获得认可和宣传。
②发布自己的消息。
③希望成为一个教育者。
④需要阐明立场或消除误解。
⑤影响或给人们留下印象。
⑥愿意尝试新颖的体验或自我膨胀。
⑦期望能流芳百世，名扬四海。
⑧对著名记者来访的重视。
很显然，上述这些愿意合作采访的心理因素主要出自对方自我需要以及对记者

的信任。记者同访问对象的交流是有目的、有意识的人际交流活动。多数情况下，访问对象都不是盲目接受采访的，尽管在采访中也会碰到麻木的采访对象，但那只是极少极特殊的。记者对愿意合作的采访对象心理进行分析，有助于在访问中保持冷静头脑。没有经验的记者常常对不合作采访对象感到头疼，对合作采访对象十分庆幸。有经验的记者对不合作和合作者都十分留意，尽量让不合作者接受采访，冷静对合作者的言语做出准确判断。

二、不愿合作的心理因素

①对记者的动机表示怀疑。

②对记者处理复杂信息能力缺乏信心。

③对记者能否给出正确答案没有把握。

④对记者代表的新闻机构不信任、没有好感。

⑤没有时间。

⑥害怕或担忧。

⑦紧张发憷。

⑧谦逊慎重。

上述不愿合作的心理因素主要是对记者动机能力不信任或外在压力而产生的。无论是什么原因，不愿合作对记者来说就是一种消极因素。记者访问应消除被动因素，促进积极因素。

三、不同类型的采访对象

记者在长期采访实践中，会遇到各种各样的采访对象。时间长了，有头脑的记者会慢慢积累总结同人打交道的经验，他们往往判断准确，入木三分。那么，记者在采访中大体上同哪些类型的人打交道，并且采取什么方法使采访获得成功呢？

1. 不善言谈的人

记者在采访中常常会同不善言谈的人打交道，最好从他们生活中引出话题。

2. 夸夸其谈的人

这种人就是平时我们所讲的张嘴就来爱讲过头话、没谱的人，记者在采访中要对采访对象的话特别留意，最好从侧面进行核实。

3. 情绪紧张的人

记者对情绪紧张的人首先要消除紧张情绪，注意使用对方语言谈话，特别是记者的态度要平易近人。

4. 谦虚谨慎的人

这种人往往不愿透露自己的成就，记者可以从外围入手，然后根据了解的情况，从具体事例谈起。

5. 情绪兴奋的人

这种人往往比较健谈，扯开了收不住，记者要在恰当时机以婉转方式当机立断引入正题。

6. 自我表现的人

西方新闻界称之为自我膨胀，对于这种人记者不能在采访中表现出反感，要特别注意这种人上镜头时是否会产生令观众嘲笑的效果。

7. 有所顾虑的人

对于这种人记者只能凭借诚恳态度和人格取得合作。

8. 朴实诚恳的人

这种人是比较容易采访的人，他们对自己讲的话无所顾虑。

9. 爱打官腔的人

这种人是比较难以采访的人，记者要能够抓住时机，抓住采访关键点，能够发现问题。

10. 说大话、空话、假话的人

许多假报道、夸大性报道来源都是这样一些人提供的，记者在采访中一定要特别小心，分辨事实，探明真相。

以上我们归类分析了不同类型采访对象，那么针对不同对象，记者采取的具体对策应该是灵活的。

记者在采访中，要对人感兴趣。中外一些名记者在研究采访对象心理方面颇下工夫。对一些比较重要的专访任务，他们更加小心谨慎，想尽办法接近采访对象，争取采访机会。对待一些重大事件采访，他们对采访对象的选择非常重视。在美国，还专门分派出预约记者，他们的任务是，为电视报道找到适合采访的对象。许多记者的经验证明，选择恰当访问对象并得到通力合作，采访的成功就有了前提保证。

四、选择恰当采访对象

一般来说，选择的访问对象应该是与报道事实直接有关的当事人，事件的参与者和目击者，或虽不是当事人，但却是最了解有关情况的人。

一次采访活动应该选择多少访问对象？

对此不能有死的规定，应根据报道需要来确定，原则是把事实弄清楚。

初学采访的人，易犯的一个毛病是满足于一两个人的访问。我们主张，在时间、条件允许的情况下，尽量多访问一些与新闻事实有关的人。因为人们对事物的认识，常常受各种因素影响而各持己见，如果听到一点就报道，容易造成报道的片面性甚至失实。即便是人物专访，记者采访几个周围的人也是有益无害的。有些复杂事件采访或许要选择几十个甚至上百个人访问才能弄清事情的原委。美国《华盛顿邮报》记者伍德沃德和伯恩斯坦为披露"水门事件"真相，曾经对几百人进行访问。

记者在采访活动中，特别是采访批评性事件，最容易在选择访问对象上遇到

"防线"。某些有严重问题或冒牌的先进单位，往往指定人选让记者采访或设置障碍阻挠记者接触了解真相的人。1958年刮"共产风"和"四人帮"横行期间，那些夸大的、失实的报道除了记者在认识事物、判断事实上的失误外，恐怕在选择访问对象上受人牵制或局限在小范围内也有直接关系。今天，我们应该记取这些历史的教训。如果在选择访问对象上遇到"防线"，一定要保持冷静的头脑，迎难而上，冲破"防线"。

本章参考书

1. 《中国应用电视学》第17章；
2. 《风云人物采访记》(新华出版社，1988年出版，意：奥里亚娜·法拉奇著)。

本章参考片

中央电视台《东方时空》节目"东方之子"栏目。

本章思考与练习题

1. 提问的两种基本方式在应用过程中如何具体把握？
2. 为什么说提问是一种创造性劳动？

第 七 章
新闻采访的手段与方式

【本章内容提要】

　　本章阐述了 15 种采访形式，这些形式在实际工作中起到积极作用，特别是一些新的技术手段不断渗透到电视采访之中，例如，同步采访、卫星采访、演播室专访等形式，不但成为一种行之有效的采访方式，而且成为一种报道方式和节目样式。

　　不同场合、不同情况下发生的新闻要采用不同手段、不同方式采访报道。总括起来，记者采访大致采取 15 种不同方式，它们是：等候采访、跟踪采访、调查采访、书面采访、即席采访、电话采访、航空采访、磁带采访、演播室采访、卫星电视采访、预约采访、补充采访、体验采访、合作采访、同步采访。

　　记者采访的各种方式是随着记者的新闻实践经验不断丰富和新的技术手段的不断渗透而发展扩充的，任何一种形式都具有自身的特点与效果。采访的各种方式同采访的基本方法是什么关系？采访的各种形式是指采访的具体方式而言，采访的基本方法是采访的主要手段。每种形式都离不开基本方法的运用，每个基本方法都依靠各种形式来施行。

第一节　等候、跟踪、调查、书面、即席采访

一、等候采访

等候采访就是记者事先预知或预测即将有新闻发生，提前到特定场合等待采访。通常，等候采访在下述两种情况下进行：

1. 事先预知必有新闻发生

这类新闻大多是非突发性事件，其种类约有 3 种：一是重大会议或活动举行之前，发起者向外界先透露出信息，一般告知准确日期，记者拿到通知或得到线索，

为不误时机事先赶到特定场所以准备采访。比如,党的十三大召开之前,400多名中外记者云集北京等待采访。二是某些新闻事件发生前已显露出特别迹象,表明必有新闻很快发生,记者不能测定准确日期,只能事先赶到特定场所等待采访。比如南斯拉夫总统铁托病危的消息传出后,世界各地的200多个记者涌入贝尔格莱德,等待采访铁托逝世的消息。第三是某些新闻人物和领导人的移动性活动,人物起程、到达等往往要记者事先等候在车站、机场以及活动地点进行采访。比如世界拳王阿里抵达北京前,许多记者守候在机场等待采访。

2. 记者预测可能有新闻即将发生

同前一种相比,记者事先并没有得到准确信息或已有明显迹象,而是凭自己的新闻敏感预测可能会有新闻发生。记者为抓住时机,事先到特定场所准备应付突然会发生的新闻。这类事件常带有突发性,有经验的记者往往能在这种情况下搞出独家新闻。

1945年5月,联合国在美国旧金山开成立大会。重庆大公报社长、中共秘密党员胡霖以"无党派"身份参加了中国代表团。他是采访过第一次世界大战的老记者,估计在那个历史时刻会有意外新闻发生。他给正在随美军第七军采访抢渡莱茵河的萧乾拍了急电,要他火速返旧金山等候采访。

萧乾到了旧金山住在皇家饭店,同胡霖保持密切联系。一天,胡霖告诉他,当晚苏联代表团要举行宴会招待中国代表团,可以不必找胡,自由活动。正当萧乾快入睡时,电话铃突然响了。胡在电话里急着说:"你务必马上来,马上来,一切见面后说。"萧赶到时,胡霖正候在大厅门口,气喘喘地说:"刚才莫洛托夫向宋子文敬酒碰杯时给我听到了,翻译出来说:欢迎中国派代表团到莫斯科来签订中苏互不侵犯条约。我赶紧装着上厕所出来给你打电话。"萧乾马上直奔大西洋海底电缆电报局,给重庆大公报发急电,几小时后成为轰动中外的独家新闻。

显而易见,在预知或预测即将有新闻发生的情况下,事先不等候采访,就容易失去时机。等候采访并不是一种轻松劳动。记者经常在烈日下、严寒下、风吹雨打下,不分昼夜地等。此外,等候采访的事件一般都发生在特定场所,现场转眼即逝,人物来也匆匆、去也匆匆。这些都给记者采访带来一定难度,同时也提出了特别的要求。

等候采访对记者有下述两点特别要求:

1. 坚持不懈、耐心等待

等候采访常常碰到意想不到的变化:会议推迟、火车飞机晚点、试验出障碍……遇到这类情况记者要有持久耐力,不能一走了之。

20世纪50年代,武钢出第一炉铁水时,电台的记者在炉前等了大半夜,铁水还没出来,比原定时间拖延了几个小时。工人和技术人员意见发生分歧,争论异常

85

激烈。记者没有因此离开现场，在困倦疲劳的情况下继续等候。到了下半夜，意见统一，铁水出来了。记者不仅亲眼目睹了激动人心的场面，而且还录了音。假如记者一走了之，那么就错过了这个难逢的机会。虽然事后也可以发消息，但是实况音响却无法补录，记者的激情也是很难产生的。

2. 眼观六路、耳听八方

等候采访有时众多记者一拥而上，把人物团团围住，争先恐后提问。多么机灵的记者也不可能每次都能靠上前、每次都能提问并得到回答。因此，要求记者能够借助别人提问来充实自己的报道。有时候，记者只能进入某些场合，不能进入另一些场合。这时记者一定要等在不能进入场合的外边，并想方设法从能够进入特别场合的人那里了解情况。

付溪鹏采访拳王阿里时，靠等、看、听、问写出了《世界拳王在北京》的报道。请看部分摘录：

12 月 19 日上午 11 时许，一架银燕降落在首都机场，带来了一位不寻常的客人——美国黑人拳王穆罕默德·阿里。他一走进机场休息室，马上被中外记者包围起来。

"欢迎你来做客，可惜你只能在中国逗留一天，时间太短了。"中国奥委会副主席宋中对阿里说。

"时间虽短，总不会什么东西也吃不着吧?"阿里风趣地说："我早就听说北京烤鸭的名气了。"

"是的，吃了北京烤鸭，会使你更有力气，在拳坛上取得更大成功。"

"太好了，不仅是北京烤鸭会给我力气，友好的中国人民会给我更大力量。"

下午 3 时许，阿里参观故宫……

下午 5 时许，邓小平接见阿里……

邓副主席请阿里抽烟。阿里微笑着谦让说："拳击运动员是不能抽烟的，抽烟会使人容易疲劳。我将来为中国训练运动员，第一件事就是不准他们抽烟。"

"幸亏没有让你来训练我，要不我也不能抽烟了。"……

付溪鹏在前边引用的宋中同阿里的对话是在无法靠近访问对象的情况下费力倾听到的；邓小平接见阿里时记者没有在场，是事后从翻译那里采访出来的；阿里参观故宫时，记者事先等候在那里，在提问机会极少的情况下，主要用眼睛观察。

二、跟踪采访

跟踪采访就是顺着新闻事件的发展过程，穷追不舍尾随采访，这类新闻事件多是正在进行中的活动。

通常，跟踪采访在 4 种情形下进行：

①持续一定时间的新闻事件；

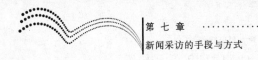

②游动性的群众活动；

③新闻人物或领导人多地点换场所活动；

④范围大、头绪多的复杂事件。

跟踪采访是常用的采访形式，特殊情况下，是唯一有效的方式。跟踪采访往往时间节奏快、记者要马不停蹄地进入运动状态。

1985 年 1 月下旬，诺贝尔和平奖获得者、印度修女特里萨到北京访问。中外记者紧紧跟踪特里萨的行踪，进行了为期 3 天的跟踪特里萨新闻采访的竞争。

20 日下午 4 时 40 分，特里萨出现在首都机场候机大厅，早已等候在这里的记者群立即涌上前去。接待人员为保证这位老修女的休息，把记者挡在机场休息室外面。只得到一点只言片语的中外记者都不肯罢休，候在休息室门外，等特里萨出来准备上车时，记者们上前提问，硬是把特里萨拖住了几分钟。

次日上午 9 时，特里萨本人尚未到达中国天主教会和中国天主教神哲学院所在地前，跟踪她活动的电话铃早已响个不停，许多记者要求爱国会工作人员证实特里萨是否会见了爱国会成员并要求提供下一个活动内容和时间。这些要求被婉言拒绝后，记者们并不泄气，早早地候在天主教堂门口。当特里萨在天主教堂庭院内从车上下来时，记者们又冲上前去。在短短的通往天主教堂会客室的便道上，合众国际社记者手持录音机连珠炮式的提出 6 个问题。

特里萨每一个活动地点和内容事先都没有准确提供给记者，记者们凭着"三寸不烂之舌"追问不止，才得到零星的线索。

下午 2 点，新华社记者在香山转了好半天，才寻到特里萨下一个活动地点——北京市香山橡胶制品厂。不一会儿，美联社和路透社记者也找来了，他们是凭着多方询问和一张北京市交通图找到的。

22 日上午，中国残疾人福利基金会副理事长邓朴方与特里萨会见。新华社、中国新闻社、《中国日报》都派出了记者。可是由于新迁会址，外面未挂牌子，记者们费了很长时间寻找地址。有的心灰意懒，悻悻而去。最后当中国记者终于走进会客厅时，令他们吃惊的是，美联社记者已先到一步。片刻，路透社、合众国际社记者也陆续赶到。

特里萨在北京访问 3 天，中外记者跟踪 3 天，每一次都处在刻不容缓的状态下。由此可见，跟踪采访是相当讲求时效、节奏较快的采访形式。记者必须急中生智、不辞劳苦、眼亮腿快才能适应不断变化的环境，抓住不断延伸的线索，得到切实可靠的事实。

三、调查采访

调查采访是一种深度采访，适用于复杂事件或处于发展阶段争议较大的事件。西方记者把调查采访喻为侦探式采访。

调查采访一般采取先把网撒开，从外围入手的办法。当捕捞到大量情况后，再集中到关键点上进行突破性调查。

调查采访一般时间较长，很多时候还会遇到阻力和危险。西方电视新闻界特别注重调查采访，认为调查采访最能考验记者各方面的能力。我国新闻界也十分强调记者要有调查研究基本功。同西方记者比较，我国记者在调查采访活动中，对政策实行、新出现情况调查采访较多，西方记者则对发生后的有疑点事件以及复杂的社会内幕调查采访较多。

怎样进行调查采访呢？

首先要能够发现问题。比如说，调查采访当前农村实行生产责任制的情况，记者头脑里起码应该装着几个问题：已经实行的政策是否符合国情？已经实行的政策有哪些不完善？政策实行中有哪些偏差？针对新情况应该提出哪些建议？脑子里装着问题，下去就会发现问题。

其次是要能够判断是非。记者调查采访到大量情况，最后总要得出结论，结论可以用事实说话，也可以用自己的判断推论。怎样下结论，要凭记者的判断能力。第二次世界大战后期，美国在日本的广岛、长崎扔了两颗原子弹。一时，关于原子能的科技报道成了热门题材。英国记者波来克特没有停留在一般介绍性的报道上，而是花三年时间深入调查，终于在1948年出版了《恐惧·战争和原子弹》一书。书中以充分事实，在西方世界第一个指出：美国使用原子弹轰炸日本，在军事上对战胜日本法西斯是没有意义的，其真正的战略意图是迫使苏联按雅尔塔协定对日宣战。这个结论轰动了整个西方世界，当时的美国国务院也不得不承认它是正确的。

一般而言，调查采访的结果往往能对政府修改政策提供依据，对一些颠倒的事实予以纠正，对模糊不清的复杂情况理出头绪。进入20世纪80年代，新闻竞争正朝着高速、高质、高度的趋势发展，深度报道成为在新闻竞争中取胜的关键因素之一。调查采访是深度报道的前提保证，是颇能奏效的采访方式，我们应给以重视并加强实践。

四、书面采访

书面采访是记者以书信形式将问题写下来，寄给或面交采访对象，然后根据对方的回信或面谈进行报道。

书面采访是伴随着职业记者产生而出现的较早的采访方式，今天仍然在沿用。

书面采访的好处有3个：

①可以节省时间和经费开支；

②可以在双方见不到面的情况下进行采访；

③可以在双方有语言障碍时，进行准确的提问，减少口头翻译过程中的误差。

书面采访的形式有两种：

其一，是以书面形式将问题写下来，送交被访问者，待被访问者看后再进行面谈。这种形式多用于政治或学术观点与思想采访，特别是在双方有语言障碍时，先将问题写下来可以做到措辞达意上的准确无误。

1956年，美国著名广播记者爱德华·默罗在仰光采访周恩来总理时，周总理要求先看问题单，默罗列出了20个问题送交总理，总理回答了其中的10个问题。

斯诺当年在延安采访毛主席时，事先也是将问题列出来，递交毛主席，然后待毛主席看后又进行面谈。

其二，是以书面通信方式，将采访报道意图、要问的问题写下来寄给被采访者。此种方式适用于较轻松的题目，如异国观感、往事的印象等，一般不宜涉及敏感问题。

近年来，我国一些报纸上刊登的有关留学生来信谈所在国印象及留学生生活等内容的文章，有的就是编辑记者同他们以书信往来形式索得的。

西方记者还常以书面通信形式采访报道较大范围、较大题目的事件。但是这些事件大多是时间性不强，回答起来能够振振有词。因为他们选择的采访对象都是对采访的问题了如指掌，有所研究或同其个人有关联的。举例来说，20世纪40年代后期美国畅销书《美国内幕》的作者约翰·根舍为了收集着眼全美社会的素材，给当时48个州的州长去信书面采访。他提出3个问题请他们回答：您州与其他各州有何不同？您州对整个国家作过什么贡献？您从政的动因何在并自认为有何主要成就？48个州长中有47个做了答复。根舍足未出户便得到了大量素材。

书面采访既有简单易行的一面，又有保险系数不大的一面——可能得不到答复。为此，书面采访要注意下列一些问题：

①说明采访意图；交代清楚自己的身份；告诉对方他的回答会起什么作用，以引起对方的重视；写信之前对采访对象作必要的了解。

②问题要言简意赅；问题与问题之间应留有空白，供对方填写回答之用。

③给对方一个答复日期，但不能硬性规定，而要以商量口气定一个期限。

④写清对方和自己的地址以免误投；随信附上一个贴有邮票和自己地址的信封，供对方回信使用。

⑤如有问题需要面谈，请对方及时联系，联系方法必须写清，打电话或写信。

五、即席采访

即席采访多用于记者招待会上的采访。

记者招待会起始于美国总统罗斯福执政初期，后来在肯尼迪时代又将电视转播引入记者招待会。从此，记者招待会成为高效率的现代化新闻采访。记者招待会不仅吸引了新闻界，而且引起全社会的注意。近年来，我国党和政府部门较为重视利用记者招待会形式回答中外记者的提问，这个形式很受群众称赞。

记者招待会的即席采访非常能反映一个记者的水平。可以说，记者招待会是记者比武的战场。若要在强手成群的记者席中占有一席之地，就要练就一手即席采访的本领。

通常，即席采访在下述情况下进行：

①国家政党、国家政府部门要宣布某项重大决策或外交活动时，由要职人员举行记者招待会，与会记者将事先得到通知，届时到会采访：一般来讲，具有世界影响的国策和活动招待会规模就较大，本国记者同外国记者同时进行采访。比如，十三大期间，新闻报道的突破就是以记者招待会形式结束了过去党代会半封闭形式的报道。会议期间召开8次记者招待会，引起国内外的关注，同时也成为非常吸引观众的报道方式。

②国家对于世界关心的本国事务需要解释说明时，由具有一定权威的人召开记者招待会：比如，审判"四人帮"前，司法部门和中央领导人举行了记者招待会。中国刚刚提出四化建设时，国外对此十分关注并存有很多疑团。为此，邓小平举行记者招待会，回答记者提出普遍关心的问题。

③国家领导人出访时，常在访前和访后举行记者招待会。一般随行记者和所驻国记者届时参加采访：比如，邓小平访美结束后，在美国举行记者招待会，回答了记者们提出的中美关系、中苏关系以及对世界重大事务所持态度等问题。

④有特殊影响的人物，需要解释与本人有关的重大事件时，由本人举行记者招待会：比如，李宗仁回归祖国、西哈努克在国内动乱后来到北京、黄文欢离开越南到中国等，这些人物都举行了记者招待会。

⑤国家政府部门公布与国计民生有关的统计数字时，也举行记者招待会：比如国家统计局每年都要公布当年的各项预算、支出情况以及国民收入数字。

即席采访不同于其他形式，众多记者坐在一起当场提问，采访对象是共同的目标。

怎样在记者招待会上即席采访呢？

①直截了当将问题一次提出：记者招待会在时间上有严格限制，因此记者站起来后最好直截了当将问题一次提出，注意问题不能太多，3个左右为好。同时即席提问必须要表达清楚，因此，要有出众的口才。

②借助别人的问题充实自己的报道：在一次记者招待会上，每一个记者不可能轮番地问许多问题，所以他必须借助别人提问来充实自己的报道。

③听到新的重大新闻，应立即发稿，不要等会开完再做全面报道。

④学会综合概括：记者在招待会上涉及问题较多，记者必须要能够综合概括。

目前，中外记者招待会上的即席采访已经形成了新闻时速和质量上的竞争局面。广播、电视新闻媒介利用传播功能优势往往先将招待会实况直接转播。通讯社、报

纸面对这种挑战，改变过去全文发稿的做法，突出要点并开始注重解释分析、提供背景。这种高强度竞争对记者在招待会上的即席提问提出了更高的要求。即席提问是对记者洞察力、判断力、反应能力、口头表达能力等综合能力的检验。

第二节　电话、航空、录音、同步、磁带采访

一、电话采访

电话采访是现代化采访手段。1982 年美国出版的《广播新闻写作报道》一书，将电话采访列为广播电视记者的特别要求之一。

1. 电话采访的优势

（1）跨越空间

这是电话采访的显著特点。当记者想同一个访问对象面谈遭到拒绝，或因为地理距离相距甚远，没有经费前去面谈时，利用电话则可以跨越空间进行采访。记者不但可以在本国内进行电话采访，还可以跨越国界进行越洋采访。

比如，香港歌唱演员张明敏在 1984 年来北京演唱了"我的中国心"之后，非常受青年的喜爱。可是有一阵谣传说张明敏在香港遇到车祸已经身亡。《北京青年报》记者为了弄清事实，在当时见不到张明敏的情况下，给张明敏挂长途电话。张明敏在电话里请记者帮助消除谣言，并透露他准备要来北京度蜜月的消息。记者在不能同访问对象面谈的情况下，得到一条人们普遍关心的新闻。

记者采访或许会被访问对象拒之门外，但是访问对象对持续不断的电话铃声却不能完全不理睬。西方记者经常在被拒绝当面接受采访之后利用电话完成采访。

（2）节省时间

不言而喻，电话采访最能节省时间。正是这种实用而又讲求速度的特点使电话采访成为记者常用的采访形式。当记者必须采访一个关键性人物，而时间又非常紧迫，亲自去面谈已经来不及，这时电话采访就显示出其优势了。

美国记者西奥多·欧文认为，电话采访对写综合报道来说是一条非常有效的途径。一次，他采写几名在国外负伤的飞行员的报道，从一位在纽约的飞行员那里了解到另一位在华盛顿养伤的飞行员姓名，由于采访任务紧，他没有时间到华盛顿去，就给这个正在住院的飞行员打电话采访。正巧，他旁边躺着另一个飞行员，欧文从电话里也采访了他。通过这个飞行员他又得到另一个在阿拉巴马的飞行员地址。欧文就这样通过这种连锁信息，利用电话采访了 8 位飞行员。

除了超越空间、节省时间两个优势，电话采访还有一些其他好处。比如可以使访问对象轻松自如地谈话，因为他看不见记者记录或摄像，情绪不会紧张。然而，

电话采访也存在一定的局限和不足。

2. 电话采访的缺陷

（1）容易造成听觉上的误差

如果电话线路出毛病，记者同访问对象双方可能都听不清对方的话，或许会所答非所问。另外，有些语音语调上的相似字眼可能不易在电话里辨别清楚，以致造成失实。有个美国记者在 20 世纪 60 年代初因语音相似，将民权运动领袖詹姆斯·麦雷迪斯头部中弹轻伤而误听为头部中弹命丧。

（2）获得材料有限

电话采访难免因材料有限而落空。有时记者只能得到百分之五十的有用材料。《纽约时报》记者约翰·阿普尔一次创造了一天打 100 个电话的记录，其中 25 个电话的回答是：具体情况不详。

除了以上两个缺陷外，电话采访还不能获得亲临现场目睹、面谈的生动效果。

通过分析电话采访的优势与缺陷，我们可以在采用这一方式时注意选择访问对象和报道的题材。一方面要能够利用电话，一方面也不能完全求助于电话。

3. 电话采访遵循的基本规则

（1）交代身份、讲明意图

电话采访首先要交代自己身份，注意不仅要通报新闻机构名称，而应将自己姓名、身份一起告诉对方。然后讲明意图，消除对方疑虑。

（2）准确记录、核实要点

电话采访前记者应将问题单、有关材料和记录本准备放好。记录时最好在所提问题下面记录，以便对号入座，有些关键性要点最好再核实一遍。比如说某人丧生，记者最好追问一句是死了吗？这样就可以避免语音上的误差。

（3）提问简洁、语气平和

电话采访最忌问题啰嗦，谈吐不清。此外，对方单凭记者声音来判断记者是否可以信赖。因此，记者千万注意讲话口气，一定要平稳和气，不要急促高调门。

（4）录音要争得对方同意

现在，中外许多编辑部里的电话附带录音系统。如果要录音，特别是若要在电视节目中使用声音，必须争得对方同意。

（5）致谢与回音

打完电话千万不要只说一声"好了"、"完了"，而要以礼貌方式表示感谢。最后采访完毕是否报道、怎样报道都应给对方一个回音。

二、航空采访

航空采访是利用现代交通工具的采访方式，有时还是唯一有效的采访方式。

航空采访有两种形式：

（1）随机采访飞机内人的活动

比如付溪鹏采访拳王阿里时，在阿里从北京取道上海飞往香港的途中，跟机采访到上海，利用了极有限的机会。人民日报记者陈树荣、徐建中乘飞机采访广东全国人大代表、政协委员，写出了报道《蓝天畅谈 鹏程万里》。我国自制的"运七"飞机首航的报道，也是电视记者随机采访的。

（2）随机采访地面的活动

这种形式有时是特殊情况下唯一可行的采访途径。比如，第二次世界大战中的柏林大轰炸，记者们只能在飞机上俯瞰战斗的情景。美国往日本投放原子弹时，《纽约时报》记者威廉·劳伦斯是唯一获准随机采访轰炸长崎的记者，他的采访报道后来获得普利策奖。

航空采访在经济发达国家，已经相当普遍，这主要因为航空采访可以不受地理环境的限制。比如，在澳大利亚广播公司，新闻编辑部备有好几架直升机，随时准备出动采访突发事件，航空采访已成为该公司新闻采访的特点之一。日本在20世纪60年代开始也对大场面报道采用航空采访方式。

航空采访有其长处：可以扩大活动范围、开阔视野等；但也有其短处，噪声大、不够安全，世界上有不少记者因随机采访而丧生。另外，有的低空采访，还给地面活动带来了干扰。1965年4月，日本琵琶湖畔举行马拉松赛，飞机掠过地面时所卷起的灰尘，影响了长跑运动员的行进。为了防止类似情况发生，日本新闻协会编辑委员会制定了《关于航空采访规则》，规则指出：利用飞机采访、报道，随着机种、架数的增加和采访方法的多样化而复杂了。……请特别注意下述两点：①不搞给采访对象造成麻烦和妨碍活动的采访和报道；②为了确保安全，要避免危险飞行。规则中还对高速机、低速机先来后到的飞机回旋方向都规定了较细的规则。这些规则说明，航空采访在日益普及中正在不断改进、完善。

目前，我国电视界在有些重大报道中也采用航空采访方式。就电视航空采拍而言，不但是一种行之有效方式，而且还扩大了视野和空间。

三、录音采访

录音采访是随着录音机日趋小型化而日渐流行的现代化采访形式。最初，录音采访仅仅是广播记者特殊的采访形式。如今，录音采访已成为各种类型记者采访的常用形式。录音采访被西方记者称为新的浪潮，录音机如同打字机、电话一样成为记者采访的必备工具。

录音采访自问世以来，虽然已被广泛采用，但是中外新闻界都对此种形式产生过争论。有人认为使不得，有人认为很好用。究其原因，是由于录音采访也如同电话、航空等现代化采访形式一样，一方面带有自身的优势，另一方面也带有一定的局限。此外，还有一个采访对象对于新形式的适应与不适应的问题。为此，我们有必要分析一下录音采访的长处与短处，以便正确得当地运用这一形式。

1. 录音采访的长处

（1）具有清晰的真实感

引入到广播报道中的录音访问以及电视屏幕上的录音访问可以给听众、观众最大限度的真实感，这是电子采访的优势所在。现在，文字记者也创造了一种录音访问记录的报道形式。他们认为，对于有争议的问题写长篇的系列文章会使读者产生许多疑问。读者可能会认为记者曲解了采访对象的原意，或者记者根本就没有经过采访而发表个人的观点。如果用问答体录音记录形式报道则可以让读者深信不疑。1972 年美国总统竞选期间，《华盛顿邮报》记者海恩斯·约翰逊和戴维·布洛德在采访中广泛地使用了录音机，写出了大量的录音访问记登在报上。海恩斯·约翰逊说："现在的人们普遍对报上的说法持怀疑态度。只要你就某个有争议的问题发表了一系列文章，就会发现来自与你观点不同的读者的强烈反应，甚至不相信你曾到过现场。因此，我们通过录音采访来作报道，就是为了给读者一种'不管我信与不信，那人所说的确实如此'的感觉。"

（2）节省记录时间

不言而喻，用录音机采访可以节省记者用笔记录的时间，改变边记录边提问的方式。节省了记录时间，这样一方面可以使记者更有效地利用时间多提问题，一方面可以尽快结束采访进行报道。

（3）避免漏记与误记，保证引语来源的准确

用笔记录难免出现漏记、误记的现象，录音采访可以避免这种现象发生。特别是遇到有争议的引语使用时，录音可以万无一失地证实引语的准确来源。

（4）在无法做记录场合发挥作用

有时记者在宴会、餐桌上进行席间采访，如果做笔记就破坏了环境气氛，这时录音机就可派上大用场；在人声嘈杂的场合采访，一群记者争先提问，问题一个接一个，记者要往前挤着提问，不能做记录，这时伸出话筒就可以助记者一臂之力。

2. 录音采访的短处

（1）易使访问对象感到紧张

录音采访对于不习惯接受录音的访问对象来说容易造成神经紧张，以至于张口结舌，导致采访失败。西方新闻界称这种现象为"话筒恐惧症"。

（2）整理录音耗费时间

虽然录音采访在采访时可以节省记录时间，但过后整理时却要花费一定时间，有时要听上几遍才能整理出有用的材料。

（3）容易造成谈话的中断

有时当访问对象正谈得起劲、正谈到节骨眼上时，录音磁带用完了，记者只好

让对方停下来翻转或换上新的磁带。这样必然会给对方的情绪造成某种影响，甚至使对方草草结束谈话。

（4）分散访问对象的注意力

录音采访可以使记者集中精力，但却容易使访问对象分散精力。话筒、机器的转动声音都会吸引对方的注意力。

分析了录音采访的长处与短处，我们可以对录音采访有一个比较全面的认识，以便在实践中灵活使用这种形式。

现在，微型袖珍录音机的出现可以使记者将话筒和机器放置在口袋里、本子里等不被访问对象发现的地方进行秘密录音。秘密录音是否违背了职业道德呢？我们认为不存在这个问题，秘密录音就同偷偷记录一样是记者采访的技巧。一般说被采访者接受记者采访就表明同意记者进行报道，所以记者录音不录音都不涉及侵犯被访问者的权利。但是，需要指出的是，如果记者录音之后准备用到报道之中，最好要得到对方同意。

四、同步采访

同步采访是指采访、报道同时进行而言。采访、报道同步化是电子新闻采访区别于报纸新闻采访最显著的特点。

采访、报道同步化的优势有二：一是快；二是真切。快在于采访报道同时进行，真切在于有现场感。这种传播速度与效果的优势最早是在第二次世界大战时期得到证实的。

早期的广播新闻完全沿用报纸新闻的模式，确切说是重复报纸新闻的内容。第二次世界大战的爆发给广播提供了充分显示其优势的机会，西方许多国家的记者利用无线电短波，从现场进行了采访、播报同步化的报道，从而开创了广播新闻采访、报道同步化的方式。这种方式不但使广播先于报纸得到了许多重大新闻，而且由于它给听众带来的现场感，使得广播新闻备受欢迎。可以说，第二次世界大战中广播记者同步采访开创了广播新闻的新局面，从而使广播进入"黄金时代"。

同步采访对于电视记者来说是必须掌握运用的基本技巧，也是难度较大的高档次采访。同步采访是衡量记者新闻敏感、观察判断、叙述分析、口头播报能力的最好尺度。

在世界广播电视新闻史上，最有影响、最优秀的同步采访记者当首推美国哥伦比亚广播公司（CBS）的爱德华·默罗。默罗在第二次世界大战中创造了战地采访、报道同步化的楷模《这里是伦敦》。他的报道极大地促使当时保持中立的美国政府和人民领悟到战争的实质，同时他的报道在形式上发挥了广播的优势，从而确立了广播新闻的地位。下面我们分析默罗在"二战"中的同步采访报道的几个片断，从中可以领略默罗独到的报道风格，也可以进一步清楚同步采访对记者的特别要求。

默罗从 1940 年 8 月开始《这里是伦敦》的现场广播。他以平静而富有感染力的声音、细微独到的观察,准确生动地描绘了"不列颠战役"。下面是他对伦敦大轰炸的一段报道:

"我站在屋顶上,俯瞰着伦敦全城。此刻万籁俱寂。为了国家和个人的安全起见,我不能告诉你我现在说话的确切位置。……我想大概不出一分钟,在我们周围附近就会听见炮声了。探照灯此刻正向着这一边移动。你就会听见两颗炸弹的爆炸声。听,炸弹响了!我想过一会儿,这一带又会飞来一些弹片。弹片飞过来了,越来越近了。

飞机还是飞得很高。刚才我们也听到一些爆炸声,——又响了,那是在我们上空爆炸的。早些时候,我们似乎听到许多炸弹落下来,落在附近几条街上。现在我们头顶上就是高射炮弹的爆炸声。可是附近的炮又似乎没有开火。探照灯现在几乎射向我们头顶上了。你们马上又要听到两声爆炸,而且是在更远的地方,听,又响了!声音是那么冷酷无情……"

这段报道是默罗站在英国广播公司大楼顶上进行的同步采访报道。从中我们可以看到在战火纷飞随时有生命危险的情况下,默罗沉静的叙述、机智的判断、敏锐的观察确实是不同凡响。默罗不但成功地刻画了千变万化的战争场面,而且成功地抓取了典型事件和细节。

1945 年 4 月,默罗从德国发出同步报道,对一直令人难以置信的德国集中营进行了披露:

"请允许我告诉你们,你们看见了什么,听见了什么……我想告诉你布痕瓦尔德这个地方,此地位于离魏玛约 4 英里的一个小山丘上,这里是德国最大的集中营之一。

现在,请允许我以第一人称向你们报告。在我周围是一群不幸的人,男人和孩子们伸出手来抚摸我;他们衣衫褴褛,身上只剩下几片破布。死亡注定要降临在他们中的许多人头上,但他们用眼睛微笑着……

当我们走进院子时,一个男人倒下死了。另外两个人——他们一定是 60 多岁了,向厕所爬去。我看到了这情景,但我不想描述它……

有两排尸体像木材一样堆起来。他们骨瘦如柴。一些尸体皮开肉裂,……我试着尽力数这些尸体,共有五百多个男人和孩子躺在那里。"

从这个片断中,可以看到默罗在同步采访报道中独到的观察能力和准确的表达能力。第一段交代集中营的地理位置;第二段描述了一群不幸的人,对衣服和眼睛的描述令人们感到难言的悲壮;第三段选取两个老人和一个刚刚倒下死去的男人,暴露集中营的惨无人道;第四段描述了两排尸体,并且提供了数字,进一步揭露集中营的罪恶行径。

默罗的同步采访是美国广播电视新闻学生学习的教材。通过以上分析，我们可以十分清楚同步采访对记者来说是一个难度较大的技巧。除了作为一个记者应该必备的判断、观察等能力以外，还有其独特的要求，这就是：

（1）必须要有出众的口才，这是同步采访必备的条件之一

口才出众并非是指音调多么纯正，音质多么动听，而是指口头驾驭语言的能力。对于记者来说，同步采访是在现场随事件同步进行的，不同于发表演说有充分时间准备，并且有提纲和稿子在手。同步采访往往没有充分时间准备，因此，口头表达要求就更加高一层次。口头表达在一定程度上反映记者的思维能力和判断事物的速度。

（2）形成富有个性的报道风格，这是同步采访对记者的又一特殊要求

由于同步采访是采访报道同时进行，所以对记者来说其难度较一般采访要大。默罗的风格可以用8个字概括：沉静、庄重、克制、准确。他的采访报道既不失去尊严又不呆板僵硬；既避免冲动又做到毫不夸张；表达婉转而有力，杜绝使用大肆渲染、狂热无度的语言，而使用简洁生动的语言，用口语而不啰嗦，形容贴切。每一个有独创精神的记者，都应该形成自己的风格。

五、磁带采访

利用录音磁带作为中介进行采访是一种现代化采访形式。西方记者采用此种方式较普遍，许多记者用磁带采访取代了书面采访。

一般情况下，记者在一盘盒式录音带上录上一段话和一组问题，然后寄给采访对象。采访对象收到磁带听完录音后，在磁带未录音的一面作出回答后再寄还给记者。

由于盒式录音磁带价格越来越低廉，使用范围越来越广，给磁带采访创造了有利条件。磁带采访有两个较突出的优点：一是可以使访问对象无拘无束地不受干扰地回答问题；二是便利省时。磁带采访适用于时间性不强的采访。对于较深刻的思想观点采访，磁带采访比较适合。学者、政治家往往不愿意别人打断他们的话，因而长时间地论证正好可以用磁带录音。此外，较轻松的题目也适用于磁带采访。美国记者约翰·布雷迪曾用寄送磁带方式进行过环球性采访。他发表的关于弗兰克·西纳特拉演唱节目的文章就是将磁带寄送到英国、南美、澳大利亚、日本等地的对西纳特拉演唱有特殊爱好的录音收藏家手中，然后根据他们的回答写出报道。他认为，磁带采访事先最好写信或打电话同采访对象联系一下，然后在对方同意下再寄磁带，这是对采访对象尊重的表示。

第三节　演播室、卫星电视、预约、补充、合作采访

一、演播室采访

演播室采访就是把采访对象约请到演播室进行面对面采访。这种方式是电视记者不同于文字记者采访形式之一。

演播室采访多用于人物专访。在做这种专访时，主要应注意以下几个问题：

1. 事先指导

经常上广播、电视的采访对象往往熟悉此道，往往不用事先指导。但从未上过广播、电视的采访对象，则需要指导，以使他们消除紧张情绪，表现得自然一些。

西方新闻界做过这样的试验：记者如果手里什么也不拿，仅仅同采访对象交谈，这个人就会表现得比较自然；当记者拿出笔记本记录时，对方稍微表现出慎重；记者把对方拉入演播室，坐在麦克风前录音时，对方谈吐就很紧张；记者如果打开摄像机，对方则低下头，眼睛斜视或下垂，甚至手脚僵直，语调变调。这个试验告诉我们，做演播室专访首先要使访问对象放松情绪。一般情况下，记者事先把访问的范围、程序告诉对方，让对方对这种采访方式有个大概的了解，以便求得良好合作。

2. 掌握时间

做演播室专访，记者必须掌握好时间限度，因为专访往往是实况直播。在 4～5 分钟内，记者既要准确、及时、精确地完成一次采访题目，又不能使人感到慌乱急促。如果是直播，一定稍为提前一点时间结束，超过原定时间，将会给下一个节目带来麻烦。

因此，记者必须做出一个确切的估计，在规定时间内能够得到多少所需要得到的东西，从一个问题转向另一个问题需要多少时间。记者也可以同被访问人商定，用一个不太引人注意的信号表示时间已到。在掌握时间限度的同时，还要注意不要过早结束采访，不要低估在几秒钟内也能说几句话。

3. 设计问题

演播室专访一般都是围绕某个题目在一定时间内完成采访，所以事先一定要把问题设计好。

二、卫星电视采访

随着直播卫星电视技术的发展，一个标志着更加现代化的采访方式出现了，这就是卫星电视采访。卫星电视采访可以在超越空间距离的情况下在电视屏幕上进行面对面采访。这种方式比电话采访又前进了一步。电话采访双方见不到面，卫星电视采访则可以通过屏幕进行面对面采访。这种方式我们在我国春节晚会上已经看到

北京的主持人同上海等地的主持人的对话。在电视发达国家，这种方式正在不断地被采用。20世纪90年代初，美国广播公司主持人和前苏联国家电视台评论员共同主持美苏双方领导人电视对话就是利用这种方式进行的。法国电影明星饰演佐罗的阿兰·德龙来北京访问时，法国电视台通过这种方式进行了采访。

卫星电视采访，要求记者具有临阵发挥的能力，不但能在有限时间内把有价值的新闻从访问对象口中掏出来，而且要能随机应变，临场发挥。

三、预约采访

预约采访是随着新闻竞争日趋激烈而出现的一种采访方式。目前，在西方电视界已成为一种不可缺少的采访形式。

进入20世纪80年代，新闻竞争达到白热化，每当有重大新闻发生，各个电视台都设法找到能够对新闻事实发表见解的人上电视发表意见、提供背景。由于这项工作在新闻报道中占有很大的比重，因而导致了职业记者的进一步分工，产生了预约记者（亦称预约导演）。在我国，这些预约采访的工作仍然是记者同时兼做的。

预约采访的任务是设法找到同新闻事件有联系的适合上电视发表意见的人物。同时还要撰写人物简历、进行事先预约采访、观察对方态度、判断对方能够发表什么样的意见，达到什么样的效果。此外，还要负责安排交通工具并到指定地点迎接预约的客人。这一切都是在分秒必争情况下进行，因而只有机智敏捷、擅长交际、不辞辛苦的人才能胜任。

在美国大型电缆电视网工作的预约记者，一人一天必须得找到18~25个预约客人。他们的工作相当紧张，个个都是同各种人打交道的能手。在印度总理英·甘地遇刺事件发生时，美国广播公司于半夜获得这一消息，立即决定抢在早晨新闻播发前，在《夜间新闻》里编发一个反映性报道。高级预约记者斯蒂芬·刘易斯好不容易用电话找到一位哥伦比亚大学教授，说服他马上起床来电视台。刘易斯估计教授可能找不到演播室，于是跑到路口两眼紧盯着来往车辆。教授果然走错了地方，刘易斯眼疾手快，一把抓住教授，拔腿就跑。两分钟后。教授出现在电视屏幕上。这是西方新闻媒介播出英·甘地遇刺的消息两小时半后发出的第一个电视反映性报道。

西方一些大广播公司的早、午、晚各档新闻节目都离不开预约记者。预约记者是节目主持人的得力伙伴。他们永远随身带着人名地址通讯录，里面写满了几乎所有各类问题专家们的家庭地址和电话号码，他们视这个人名录为"生命线"。若遇到那些委婉拒绝上电视的人，他们往往纠缠不休，千方百计说服对方。

四、补充采访

顾名思义，补充采访即是在记者正式访问之后，发现有些问题还有疑点需要核对，有些细节、数字还存在疑点，这时记者可以利用电话进行补充采访，在时间允许情况下也可以再去面谈。

99

五、合作采访

早期记者采访基本上采取独立采访形式，记者之间很少合作采访。为了发表独家新闻，记者们往往互相封锁消息。后来随着新闻报道不断深化，有些复杂事件，重头报道，一个记者已不能独立完成，所以就出现了合作采访的方式。合作采访一般由两三个人组成采访小组或更多的人组成报道班子进行。

合作采访能够从各个不同角度来共同报道一个事件，可以避免漏掉有价值的新闻事实。

合作采访要求记者有合作精神，共同使用材料，发挥集体智慧，不能搞消息封锁。现在合作采访成为一些重大事件采访的有效形式。在有些情况下，记者之间的合作，从同一新闻媒介的合作发展到同一国家的合作，甚至超越国家界线进行国际间合作。可以说，新闻竞争产生了合作采访，合作采访又使竞争加强了深度。

本章参考书

1. 《实用广播电视新闻学》（北京广播学院出版社，1989 年出版，"新闻采访"部分）；
2. 《西方新闻界的竞争》（新华出版社，1985 年出版，美·约翰·霍恩伯格著）。

本章参考片

1. 美国《60 分钟》节目；
2. 《48 小时》节目；
3. 《20/20》节目。

本章思考与练习题

1. 电视同步采访的优势是什么？
2. 调查报道采访的发展趋势是什么？

第 八 章
记者的职业道德

【本章内容提要】

记者职业道德的核心标准是：尊重事实。围绕这个核心标准，对记者的职业作风、报道原则、责任心、品德修养提出了具体要求。从某种程度上讲，记者职业道德的核心标准也从一个侧面体现着记者工作的职业特征。

101

新闻记者在今天被视作有地位的专门职业，是同记者的采访活动对人类社会产生的影响相关联的。

在过去很长一段时间，记者职业意味着是一种自由不羁的工作。在西方，早期的新闻编辑部杂乱无章，充满了气味、吵嚷。角落里有闲散的记者打牌，办公桌旁甚至有醉汉拿出酒瓶狂饮。当时，众所公认，记者仅仅是热爱传奇故事的人物。而现在，新闻编辑部早已发生了历史变迁，新闻的生产过程从采集到传播都发生了戏剧性变化。在现代新闻编辑部里，电脑替代了手动打字机，电传机替代了电讯、电报传递。新闻记者按动键盘写稿，已经取代了笔和墨水。在受众眼里记者已不是那种手拿笔和本的精明人了，而是手持麦克风对着话筒说话的不平常的人物。记者被邀请参加宴会，被认为是席间的重要人物，或至少是最有趣的人物。在往昔，记者是不会被邀请参加宴会的。今日，许多记者成为知名人士；成为政治家的顾问，甚至智囊；少数记者进入政府担任要职；也有些记者成为明星人物，成为被采访报道的对象。调查美国水门事件的《华盛顿邮报》记者鲍勃·伍德沃德和卡尔·伯恩斯坦都成了最有名气的世界性新闻人物。他们采写的披露水门事件的书《总统的人马》被拍成电影《惊天大阴谋》。好莱坞巨星罗伯特·雷德福和达斯廷·霍夫曼分别扮演两位记者。伍德沃德和伯恩斯坦本人则在电视上抛头露面，参加了一个介绍好莱坞影星的电视节目。

记者的社会地位无可争辩已经坐上上乘之席。有人说，记者拥有的受众比世界上任何传教士、教师或政治演讲家都要多。据美国权威的《赫德森代华盛顿新闻媒介联系人名录》记载，到 1981 年，在华盛顿的新闻记者和编辑共有 3266 人，但是他们在世界范围拥有的听众、观众、读者都超过这个数字的 1000 倍。显而易见，在今天这样一个即时通讯时代，记者的采访活动对社会之所以产生越来越大的影响，不仅是由于新闻本身传播速度加快，还由于传播范围扩大。受众比以往任何时候都多，记者对时代的影响越加广泛和深入。

记者职业确有着诱人之处，但也充满危险和困难。记者采访最大的难点在于必须在有限的时间内对纷繁复杂的事件做出及时的判断、选择、反应。记者要在瞬间记录今天的历史，他们必须在截稿前或就在事件进行之中做出判断，而不同历史学家那样可以有充分的时间沉思默想，考证研究。记者不可避免地可能在判断事实上出错。因此，大凡成功的记者往往都是最精明、最敢于冒险而又最小心谨慎的人。无论时代发生什么变迁，无论技术手段多么进步，作为记者，始终要充分发挥自己的聪明才智，用清醒的头脑来观察、判断、选择、报道新闻，可以说这是记者职业的基本要求，因而记者采访活动必须遵循记者职业道德。

第一节　记者职业道德的内容规范

记者职业道德是记者新闻活动的行为规范与准则。一个优秀的记者，不仅要具有较高的采访写作水平、敏锐的新闻嗅觉，而且还必须具有良好的职业道德。从某种程度上讲，良好的职业道德是一个合格的新闻记者的先决条件。

记者职业道德的内容包括：指导思想、品德修养、立场态度、工作作风、事业心、责任感等。这些内容规范是依据新闻记者的职业活动特点而确定的，每一方面都有其一定标准。具体来讲，记者职业道德的核心内容是尊重事实，这是贯穿于记者新闻活动的指导思想。记者的立场、思想作风、工作态度、事业心、责任感都围绕这个核心而发挥作用，离开了这个核心，诸种职业道德标准就没有着眼点，失去了目标。记者要尊重事实，就要客观、公正、全面、真实地报道新闻；而要做到客观、公正、全面、真实，则必须坚持正义、追求真理、热爱事业、献身事业、不辞劳苦、百折不挠、不为虚荣利禄所羁缚、不受社会恶风邪气所熏染……记者实事求是报道新闻就是对人民负责、对历史负责。

第二节　记者职业道德的体现形式

记者职业道德在表现形式上，一般通过"记者守则"、"记者信条"等形式体现

出来，其特点是具体、适用、针对性强、易于实践与检验。20 世纪 20 年代初期，美国等西方国家开始较系统地制定记者道德准则，到 70 年代末，世界上已有 60 多个国家制定出记者道德守则。1981 年我国中宣部新闻局与中央新闻单位共同商拟了《记者守则》（试行草案），这是新中国成立以来我国新闻工作者第一个成文的记者职业道德守则。

纵观中外新闻界对记者职业道德的要求，我们发现，记者职业道德准则有一定的沿袭性，早期制定的规则在今天仍然是适用的。这说明新闻记者的活动是具有共同规律的，这个规律一方面表现在记者的职业道德受社会公认的社会公德的制约；另一方面表现在记者职业道德受新闻事业自身特点的规定。表现在形式上，国际上大多数新闻机构确认记者职业道德最重要的是：客观、公正、真实、庄重、向读者负责、保持正直和独立、保守秘密、保护消息来源、尊重他人名誉、不得接受贿赂，等等。这些细则规定了新闻记者必须要具有较好的道德修养。

需要指出，记者职业道德虽然因其自身的规律形成了为世界新闻界共同接受的准则，但是在具体履行准则过程中，不同社会道德原则对记者的影响和约束是不同的，不同的记者因其观点、立场不同，报道事实的角度、态度也是不同的。从这个意义上说，记者职业道德也受到不同社会道德标准的影响。在阶级社会里，记者道德标准的施行在不同程度上体现着不同阶级利益的要求。一些西方国家虽然有明文规定不允许过多过细地报道犯罪、凶杀、色情的细节，但是由于他们的新闻业一味追求利润，他们的报纸、电视、杂志上这一类的报道仍然是占有相当比重，甚至成了污染社会风气的一大公害。由此可见，记者职业道德对社会有着密不可分的直接作用，如果违背职业道德操守，必将对社会造成不良的影响。

新闻传播每日每时都在不断反映运动变化着的世界，影响着社会各个不同阶层的人，享有"社会道德天平"之称。故此，新闻记者的职业道德是取得职业资格的先决条件。

第三节　培养提高记者的职业道德

培养提高记者的职业道德起码要作 4 个方面的努力：一是记者职业道德法规的约束；二是新闻机构的监督；三是新闻教育的熏陶；四是记者自身修养的加强。

一、道德法规的约束与新闻机构的监督

记者职业道德法规的约束和新闻机构的监督是对记者遵守道德操守的强制性控制手段。

目前，世界上许多国家都将记者道德诉诸法律形式，以约束记者的越轨行为。

新闻法规一方面保障记者的权利,一方面也约束着记者的违法行为,同时也为受到诽谤、侵犯的公众起到法律上的保护。美国哥伦比亚广播公司今年上半年辞退了较有名气的体育解说员吉米·斯奈德,原因是斯奈德发表了侮辱黑人的评论。斯奈德在电视上公开说:"黑人是最好的运动员,这是因为在奴隶制时代主人养育了他们的结果。""早在南北战争之前的奴隶制时代,主人们就曾把强壮的黑人男子和女子弄到一起,好让他们生育强壮的后代。"① 斯奈德的言论引起捍卫人权组织和各界人士的强烈抗议。电视网为维护声誉将他辞退,同时声明斯奈德的意见不能代表电视网,这个例证说明,新闻记者道德法规的施行必须要有新闻机构的配合才能更有效力。新闻机构按照记者道德标准监督检查记者的行为,把记者道德作为衡量记者是否具备职业资格的尺度。

二、新闻教育熏陶与自我修养加强

新闻教育熏陶对培养提高记者职业道德有着潜移默化的作用,自我修养的加强是培养提高记者职业道德的主导因素。

对新闻记者进行职业道德教育,首先应使其了解新闻记者工作的特点,对其职业道德基本准则有一定认识。一般刚刚进入新闻记者队伍的人,往往处于主体意识不强、自觉性不高的阶段,因此,必要的职业道德教育是一项重要的工作。南斯拉夫、日本、英国等国都十分重视新闻记者的入门教育,其中职业道德是最基本的内容,也是最高的要求。

伟大的物理学家爱因斯坦提出:卓越人物的道德品质,可能比单纯智力上的成就具有更大的意义,智力上的成功,在很大程度上依赖于性格的伟大,这一点往往超出通常的认识。培养提高记者职业道德最根本的是加强自我修养。在我国新闻史上有许多"宁为玉碎,不为瓦全"的品德高尚的记者,在他们身上都体现出较高的自我修养。著名的前辈记者邵飘萍拒绝奉系军阀张作霖以 30 万元阻止他报道其倒行逆施的要求,最后死在张作霖手下。他在其著作《实际应用新闻学》中讲道:"……故外交记者精神上之要素,得品性为第一。所谓品性者,乃种种新闻记者应守之道德,贫贱不能移,富贵不能淫,威武不能屈,泰山崩于前麋鹿兴于左而志不乱,此外交记者之训练修养所最不可缺也。"② 邵飘萍的话,是竭力提倡加强记者自我修养的至理名言。

综上所述,我们可以十分清楚地认识到:记者职业道德法规是对记者行为的法律约束;新闻机构的督查是对记者是否具有职业资格的监护;新闻教育熏陶是对记者树立职业道德的灌输;新闻记者自我修养的加强是确保记者遵循道德操守的根本

---

① 木华辑:《名解说员因侮辱黑人被辞退》,载《中国电视报》,1988 年,第 10 期。

② 邵飘萍:《实际应用新闻学》,北京《京报》馆 1923 年版,摘自《外交记者之资格与准备》一章。

保证。因此，培养提高记者职业道德应该有主观、客观两方面的相互促动、相互渗透、相互作用，才能取得完善的效果。

本章参考书

1. 《实用广播电视新闻学》新闻采访部分；
2. 《无冕之王》（新华出版社，1985 年出版，美：戴维·哈尔伯斯坦著）。

本章参考片

1. 中央电视台《焦点访谈》节目；
2. 沈阳电视台《法庭传真》节目。

本章思考与练习题

1. 记者职业道德的体现形式表现在哪些方面？
2. 怎样培养提高职业道德？

第 九 章
电视新闻写作的演变过程

【本章内容提要】

　　本章侧重阐述了电视新闻的含义及其演变过程，这两个方面对于初学写作的人来说是必须要知晓的。因为学习写作的前提是把握好电视新闻特性，然后才能发挥写作技巧。

　　电视新闻写作同文字、广播新闻写作相比，既有共性的一面，又有较大区别，因而有必要知晓其演变过程。

　　首先，学习电视新闻写作，必须要了解电视新闻的含义。不了解电视新闻的含义，就不能很好地把握电视新闻写作的规律，运用不好电视新闻写作的技巧，进而也就不能搞好电视新闻报道。

第一节　什么是电视新闻

　　对于受众来说，电视新闻即是从电视上看到的报道；广播新闻即是从广播中听到的报道；报纸新闻则是从报纸上看到的报道；通讯社新闻则是通讯社发出的报道。实际上，受众的直观理解已经在概念上对四大新闻媒介的新闻有了明确的区分。但从专业角度对电视新闻的含义这样理解就过于简单，失之笼统。那么，我们怎样来理解电视新闻的含义呢？

　　《辞海》的解释是：电视新闻即"新闻电视片"、"电视纪录片"。它是通过电视摄影、记者采访、镜头设计、拍摄、剪辑、写解说词、配音而成；可以系统地、形象化地报道事物的发展过程。

　　《当代中国广播电视》一书的解释是：电视新闻是现代新闻报道手段之一。电视新闻与报纸新闻、无线电广播新闻的概念大致相同，差异在于它的表现形式和传递方式。报纸以视觉（文字和图片）作为它的媒介，无线电广播以听觉（声音）作

为它的媒介，而电视则具有视和听的双重效果，使观众有高度的现场感。

《广播电视简明词典》的解释是：电视新闻是以电子技术为传播手段、以图像声音为符号，对新近发生的事实所作的报道。电视新闻是各种报道形式的总称，是电视节目的骨干和主体。

上述几个概念都兼顾了电视新闻的特点及功用，都有一定的合理成分。但是，在表述上仍然有所疏漏。对电视新闻的含义做一个明确的解释，在文字表述上应该高度概括，在含义上应该完整准确。因此，我们首先要对新闻的定义有一个准确的理解。

对于新闻的定义，我国历年来比较一致地采用陆定一在 20 世纪 40 年代提出的"新闻是新近发生的事实的报道"这一提法。尽管也有一些不同的表述，但大体概念是相同的。对于报纸、通讯社来说，这个定义是比较贴切的。但对于广播、电视来说，这个定义有所欠缺。因为广播电视不但能报道新近发生的事实，而且能够同步报道正在进行的事实。因此，新闻的定义应该随着现代新闻的发展进一步修正引申，新闻定义加进正在进行的事实的报道这个成分才比较完整。新闻是新近发生的或正在进行的事实的报道——这个定义既适用于报纸、通讯社，也适用于广播、电视。

对新闻定义有了明确概念，我们再回过头来理解电视新闻的含义。

《辞海》上的解释是对电视新闻报道形式及采制环节的简单介绍。严格地讲，提法不准确。说电视新闻即是"电视新闻片"、"电视纪录片"，不但过于笼统，而且含义模糊。"电视纪录片"形式不只限于新闻报道，还可以用于风光介绍、历史展示。《辞海》1979 年修订重印，从时间上看，中国电视实践正处于恢复发展阶段，对电视的研究比较薄弱。因此，《辞海》上对电视新闻的解释有所偏差是可以理解的。

《当代中国广播电视》的解释对电视新闻同报纸、广播新闻做了比较，认为在概念上三者大体相同，只是电视新闻的传递方式和报道形式有所不同。这样说并没有错，但是不具体，表述也没有达到高度概括。

《广播电视简明词典》的解释比较具体明确。既表述了电视新闻传递又概括了电视新闻的表现形式，同时也融进了电视新闻的功用。不过，它忽略了电视新闻不仅是对新近发生的事实的报道，而且对正在发生的事实也能同步报道，这恰恰是电视新闻最具说服力、最能产生效果的优势之一。此外，文字符号在电视新闻中也起着传达信息的作用。特别是电视文字广播、电视报纸、电视杂志等形式均是将文字转换成流动文字画面形式的信息传递。

通过对比分析，我们再对电视新闻的含义给以比较完整、准确的综合概括。

电视新闻——是以现代电子技术为传播手段，以活动图像、声音、文字为符号，对新近发生的和正在发生的事实的报道。

这个概念有三层含义：

其一，电视新闻的传播手段；其二，电视新闻的表现形式；其三，电视新闻的功用。

把握了这三层的含义，也就把握了电视新闻的基本特点，同时也明确了同其他媒介的区分。

同电影新闻纪录片相比，虽然两者都是以活动图像、声音、文字为符号，但是电视新闻能够远距离传送、接收，电影则做不到，因而被取而代之。

广播新闻做到了远距离传送、接收，也能够同步报道，但是却不能提供活动图像、文字。

同文字新闻相比，无论在时效上还是在传播范围上，电视新闻显而易见地占有优势。

通讯社新闻在现代社会同样采用现代电子技术传递，其速度过去难以想象。但是它还要经过一个转换过程，通过广播、报纸、电视媒介传播出去。这样无论在时效上，还是在新闻取舍上都受到电视的挑战。

第二节　电视新闻报道与写作渊源

电视新闻写作同电视新闻报道的演变紧密相关。就文字、广播新闻而言，先于电视写作积累了丰富的经验，这就使得电视新闻写作得以借鉴新闻写作的共性规律。然而，电视报道自有其自身特点，写作的发展自然以报道演变为依托。

电视新闻的演变既是一个在短时间内迅猛变化的惊人历程，又是一个多种因素相互促动、相互影响、相互催化的复杂过程。说其惊人，是因为它的历史短、变化快、影响大；说其复杂，是因为它的采制、传播比之其他媒介更为依赖现代电子技术的发展。因而电视新闻的演变不但具有挑战性，而且富有戏剧性。

展现电视新闻演变的完整轮廓，必须对促动电视新闻发展变化的诸种因素进行综合分析，才能勾勒出主体线条。

从采集手段、制作环节、报道手法上看，电视新闻的演变经历了下述发展变化：

由胶片拍摄到 ENG；

由"分割式"到"并行剪辑"；

由录像到直播；

由不定期播出到开办固定节目；

由单一形式到多种手法；

由模仿到自成一体。

从时间流程上看，电视新闻报道的演变经历了这样几个发展阶段：

萌芽时期——20 世纪 20 年代末至 30 年代末；

幼年时期——20 世纪 40 年代中期至 50 年代末；

成熟时期——20 世纪 60 年代初至 70 年代初期；

飞跃时期——20 世纪 70 年代中期至今。

从传播范围及影响上看，电视新闻的演变形成了世界性关注的潮流。

从远距离单一定向传送到区域范围传送；

从国家网络到全球辐射。

一、第一幅真实事件的活动图像

根据《美国广播史》记载，早在 1876 年，英国漫画家乔治·杜莫勒就曾在一个壁炉架上展示出一场体育比赛的活动图像。他不但利用英国科学家约瑟夫·柏于 1873 年发现的硒元素具有的光电作用原理折射展现了图像，而且还利用电话传送了声音。杜莫勒展示的图像可以说是世界上最早的新闻事件活动图像。但是，它不是我们今天意义上的电视新闻，今天意义上的电视新闻是指远距离传送、接收的新闻。然而，杜莫勒的画面却使我们惊奇地发现，世界上最早活动图像展示的竟是新闻事件。而在 52 年之后，电视第一次远距离传送的图像也是新闻事件，而且恰恰也是一场体育比赛。今天，电视报道体育比赛已成为一种世界性关注的潮流，体育节目成为广受欢迎的节目。可见，电视发展之惊人，电视新闻报道从发展到自成一体，其变化又是怎样一个过程呢？

二、初试阶段的报道与写作

在电视新闻报道尝试阶段，写作的发展滞后一步，其原因在于当时的报道基本上是实况转播。

我们知道，"电视之父"英国工程师贝尔德于 1922 年利用尼布科夫盘、透镜、钾光电管等技术率先进行电视发送和接收设备的研制试验。1924 年，他完成了几米之内短距离的图像传输；1925 年，研制成第一架机械电视接收机；1926 年，同时进行电视传送与接收的试验；1928 年，他又成功地进行了英国伦敦到美国纽约之间的 1500 英里远距离传输，这一举动被认为是电视试验划时代的突破，展示了电视利用无线电进行远距离传播的前景。富有戏剧意义的是，这次传送的内容同 52 年前乔治·杜莫勒展示的第一个活动画面的内容一样也是一场体育比赛。美国《纽约时报》连续报道了这一壮举，一时间英国埃普索姆赛马大决赛的电视转播本身成了惊人的新闻。次年第一代机械扫描电视机在英国诞生，电视传送图像可以面对受众了。英国便着手进行试验性电视广播。9 月 30 日，公开播送电视节目，首先在节目中播放的是新闻人物电子管发明人弗莱明的讲话。

从 20 年代初到 1935 年第一座电视台正式诞生，电视图像传送、接收以及声音调配的试验先后在英国、美国、日本、前苏联、法国、德国这几个国家开展起来。在电视试验阶段，新闻事件和新闻人物就作为电视传播内容以活动图像形式出现了。1927 年美国进行室内实验性电视广播，联邦商业部部长赫伯特·胡佛在电视上露面。28 年室外转播得以发展，电视报道了气象预报、市场价格等。其方式以口播出现，写作模仿无线电广播，以口语化的简要方式进行了信息传播。1935 年在德国举办奥运会期间，电视对播放体育重大比赛又进行了尝试，从 5 月 1 日到 16 日，收看奥运会电视转播的观众达 15 万之多。在这次报道中，电视报道功用得以显示，格外受到注目。由于转播时间长，中间以口播方式报道了比赛的一些结果。可以说，口播稿是电视写作的最初形式。

1936 年，英国在亚历山大宫建成的第一座正规电视台标志着电视业的正式起步。所谓正规，就是从试验阶段步入正式播放节目阶段。1937 年，英国广播公司装置了第一辆转播车，它用一条同轴电缆将亚历山大宫和海德公园连接起来，转播了英王乔治六世的加冕典礼。这是英国电视的第一次户外转播，转播的内容恰恰又是新闻事件。这次报道可以说是电视新闻触及重大社会活动的开端。

1939 年，美国组装了流动汽车拍摄、转播设备。当时流动摄制组由两辆大汽车组成：一辆车内装满了现场拍摄的使用设备，并设有一个车内演播室；另一辆车上装着一台发射机，通过这台发射机把拍好的片子转播到帝国大厦电视塔，然后再由主机播放。流动摄制组于 4 月 30 日拍摄、转播了纽约世界博览会开幕典礼实况。人们在电视上看到罗斯福总统为博览会致开幕词、美国无线电公司总裁萨尔诺夫的讲话，也看到了博览会上首次公开展出的电视机。这一切成了街头巷尾议论的头号新闻。这一年，流动摄制组还拍下了电影《飘》的首映式，以及一些体育比赛实况。所到之处，众人围观。

第二次世界大战前，除英国、美国外，前苏联、法国、日本、德国的电视播放也一步步向正规化靠近。然而第二次世界大战的爆发致使电视工程建设搁置不前，除美国保留 6 座电视台维持播出外，其他国家电视台全部停播，萌芽阶段的电视新闻自然受到了影响。

萌芽阶段的电视新闻内容基本上是预知性的新闻事件，形式基本上是实况转播。这一阶段的新闻报道大体上是照本宣科，讲话稿、现场程序、现场活动原封不动，没有多少编辑上的加工。可以说，当时新闻写作并没有提到需求的位置上，观众所看到、听到的是事件的原貌或一个事件的过程，而不是众多事件的集锦和压缩。事实上，当时的转播传播范围小，报道面极其有限。用今天的标准衡量，萌芽阶段的电视新闻仅仅是个别事件的展现。但是，它的意义却极为深远——预示出电视报道的前景，这就是：以活动图像加伴音的形式展示新闻事件已成为现实。电视新闻写作也才得以在这个前提条件下逐步得到发展。

三、探索阶段的报道与写作

同萌芽阶段相比，第二次世界大战后到 20 世纪 50 年代末处于幼年时期的电视新闻在报道范围方面有所突破，受众对象大幅度增加。电视新闻不仅仅是展现个别事件的活动图像，而成为一档固定的电视节目，电视记者队伍也随之得以组建。但是，幼年时期的电视新闻的报道形式、采集手段、传播方式在很大程度上受到电视创业阶段各种条件的限制，特别是技术手段的制约。有人曾这样认为，搞到一台印刷机就可以办一张报纸，文字记者抓住一支笔，装上一个笔记本就可以走出去采访。而电视台的创立却必须依赖各种技术手段、物质条件，电视记者如果没有拍摄器材、转播设备，则无法采集新闻。因而，我们不难理解早期电视新闻写作的长时间摸索。

第二次世界大战结束后，电视业由"冷冻"转入"复苏"。由于美国在战时仍保留了六家电视台播放电视节目，因此美国的电视新闻传播走在了世界前列。

1945 年战争刚刚停止，美国全国广播公司（NBC）雇用赫斯特报系的新闻摄影老手保罗·艾利搞电视新闻广播，但只按电台的标准为他提供经费，远远不能满足需求。艾利只好通过各种渠道拍片，自拍、自写、自录。同时，他请了一个新闻摄影师做助手，还请了一个在战时情报局工作过的工作人员，此人带来一台"米切尔"牌摄影机。NBC 就用这台机器拍了两年多新闻片。CBS 请来拍摄新闻电影纪录片的摄影师指导搞电视新闻。到 1946 年夏，美国无线电公司将全电子扫描黑白电视机投放市场，电视热迅速普及开来。1947 年 1 月，电视第一次转播了国会开会的实况，引起很大反响。NBC 感到扩大新闻报道范围的必要，要求厂商生产拍摄电视新闻用的 16 毫米胶卷。当时一个摄影组通常由 2 ~ 3 人组成，使用好几百磅重的设备——摄影机、三脚架、电池、灯光等。当时拍摄的电视新闻都是预知的，比如记者招待会、潜水艇命名仪式、奠基典礼、选美比赛、赛马、竞选演说等。此外，一些连续发生的新闻事件也能拍下一部分，如水灾、火灾、战争。但遇到突发性事件，摄影组就束手无策，机器笨重、人员不够、行动不便。

尽管电视新闻力量十分薄弱，但是，电视新闻弥补了文字和广播新闻的不足。一个真实画面，往往胜过一千字的文字稿和广播新闻。进入 20 世纪 50 年代，电视新闻开办固定节目的条件已经具备。1951 年 11 月，哥伦比亚广播公司（CBS）的爱德华·默罗和弗雷德·弗兰德利开办了《现在请看》节目。节目初办时大都是短小的新闻事件，后来逐步涉及较大的重要事件。《现在请看》是从广播节目《现在请听》移植过来的，按照今天分类，这个节目实际上是新闻专题型的节目。《现在请看》节目在电视新闻节目发展史上占有重要一席之地，默罗和他的助手们进行了大胆尝试。拍摄了事件性新闻、深度报道和纪录片、揭示社会问题，还有政治观点的触及等等，对当时美国社会产生了广泛的影响。1953 年，NBC 开办了联播型晚间新闻节目《骆驼新闻大篷车》，CBS 开办了《电视新闻与道格拉斯·爱德华兹》。这两个节目都在晚间播放 15 分钟，是当时最主要的每日新闻节目。每个节目一般播 6～8 条新闻，表现手法都借鉴广播新闻和新闻电影纪录片的模式。节目样式是"分割式"新闻，先打字幕，然后播音员以口播形式报告简明新闻，接着播放图像新闻。

在这些新闻报道中，口播新闻写作借鉴广播经验，图像新闻写作借鉴新闻电影纪录片，即画面配解说。电视记者还借鉴文字记者的写作经验，逐步探索电视写作的规律。

随着电视固定节目的开办，电视记者队伍逐步扩大。电视网在纽约、华盛顿、芝加哥、洛杉矶、伦敦、巴黎派驻了电视记者。

1953 年 6 月，电视新闻找到一个大显身手的机会。英国女王伊丽莎白二世的加冕典礼在几个月前就定下具体时间。NBC 决定利用这个机会作为电视新闻报道的突破口。NBC 打算在典礼仪式举行后几小时就把片子从英国传到纽约，赶在 CBS 之前。NBC 在麻省理工学院积极实验，试图在现场利用拍下的片子。他们制成约 4 英尺长、2 英尺高的盒子，可以在里面冲洗 25 分钟、100 英尺长的胶片。NBC 将 4 个这样的显影装置寄运到英国。拍摄人员拍好片子在现场冲洗后乘飞机到加拿大甘德停机加油，然后在波士顿降落。在波士顿将这些片子传递到 NBC 电视网播出，这样在时效上战胜了 CBS。ABC 由于力量薄弱，没有参加竞争，但却有意外收获。在 NBC 的片子到达加拿大之前，英国广播公司的图像已传到加拿大，ABC 通过电缆利用加拿大广播公司的广播，抢先几分钟播出这条消息。三大电视网对伊丽莎白二世加冕典礼的报道是美国电视新闻在重大事件报道上的第一次竞争。这次竞争显示出电视新闻在国际报道上的潜在功用，同时也显示出传播技术手段对于电视新闻争取时效的重大作用。

在整个 20 世纪 50 年代，电视新闻处于摸索阶段，为了逐步摆脱对广播新闻和新闻电影纪录片的模仿，电视新闻采制人员充分发挥创造力、想象力。节目时间延长，播出时间固定。在写作方面，口播新闻以口语、简洁为尺度；图像新闻以解释、说明为尺度。由于是分割式剪接，所以节目开场白、结束语大都由播音员口头发挥，比较随便，一时还无规则可循。

四、发展阶段的报道与写作

20 世纪 60 年代是电视新闻演变的重要发展时期，在这一阶段，电视新闻得以成熟依赖两大技术的发明。一是通讯卫星技术，二是 ENG。

在没有通讯卫星之前，电视发送主要依靠地下、海底电缆的直接传送和微波中继站的接力传送。这两种方式频道选择只能有 8 个，传播范围也有限。专家们幻想在空中设中继站，从上往下辐射。1957 年苏联用飞机转播电视成功，1958 年美国用飞机作为空间中继站，也取得成功。但这种办法只能是临时性的，不能长期使用。

1962 年 7 月 10 日，美国发射了世界上第一颗通讯卫星"电星 1 号"。7 月 23 日，"电星 1 号"把美国电视节目传送到欧洲，开创了卫星转播电视的新时代。1963 年 11 月 22 日，美国总统肯尼迪遇刺的连续电视报道通过卫星传到日本、欧洲。在肯尼迪总统遇刺的报道中，电视新闻在连续报道重大突发事件中取得了经验，并将口播、现场报道、实况转播、人物专访等报道形式灵活地组合运用。记者们以最快的速度进行采访、写作、剪辑，同其他传媒展开了竞争。这次报道进而证实：电视新闻的传播范围超越国界成为现实，传播速度在世界范围内同步化也成为现实。

1964 年 4 月，《国际卫星通讯联合组织》成立。该组织于 1965 年 4 月 6 日将第一枚用通讯卫星"晨鸟"送入大西洋上空的轨道，6 月开始启用。从此，世界各国开始租用卫星传送电视节目。1969 年 7 月 19 日，卫星转播了人类第一次登月，全世界有 47 个国家收看了卫星电视转播。人类登月的转播在电视史上具有划时代意义，著名的主持人克朗凯特和美国总统尼克松在地球上同在月球上的宇航员进行对话，通过卫星在新闻事件发展进程中同步报道、同期采访，显示出电视报道的神奇作用。

通讯卫星使得电视新闻的覆盖范围扩大，电视信号可以不受阻挡传遍全球，在某种程度上导致了"全球村"的形成。进一步说，卫星电视传送打开了各国观众的眼睛，特别是边远落后地区的受众。

在 20 世纪 60 年代末，电子新闻采集系统的研制成功带动了电视新闻的又一次变革，电视新闻在日常节目中开始强化时效，同步报道正在发生的新闻事件成为电视报道优势，记者的口头报道、现场采访技巧进一步提高，电视写作不仅仅体现在笔头上，而且还体现在口头上。专家们认为，电视写作必须读起来顺口，听起来顺耳，口语化是起码的要求。

过去由于用胶片拍摄，冲片、剪辑不但繁琐，而且影响时效。1954 年美国无线电公司研制了一种带速为每秒 360 英寸的纵向磁迹录像机，录制 1 小时节目需要磁带数量达数百公里。带盘尺寸非常之大。由于带速难以控制，视频信号没有达到实用要求。1956 年美国安培公司又研制了四磁头横向磁迹记录的录像机，这是最早达到实用水平的录像机。虽然结构复杂、体积庞大，但由于具有立即重现和多次复制特点，仍然在实际中使用。1956 年艾森豪威尔连任总统的就职典礼上，电视第一次用这种录像机同步录制了图像和声音。1962 年肯尼迪允许电视直接转播总统记者招待会，电视新闻又一次大显身手。

1963 年，三大电视网晚间新闻由 15 分钟延长固定为 30 分钟。这时电视写作已探索出一定的规则，节目串连词、开场白、预告、结束语有了基本格式，图像动态新闻写作也探索出基本规则。

自 1956 年电视新闻实现同步录制图像和声音后，经过数年摸索，至 60 年代末日本生产出了高质量的、使用 1 英寸磁带的螺旋扫描录像机，为电视新闻采集提供了更为先进的技术手段。新的采制系统操作简单，电视新闻变"分割式"制作为"并行剪辑"。卫星电视转播和 ENG 为电视新闻提供了采制和技术传播变为现代的手段。电视新闻采集、制作、传播方式日趋走向成熟。

在 20 世纪 60 年代，电视新闻写作伴随着电视新闻报道的成熟得以突破性发展。动态消息、现场报道、深度报道、新闻评论等电视新闻报道方式对写作提出了不同的要求；记者、撰稿人经过不断摸索，找到了电视写作的窍门和规则。可以说，电视报道形式的每一次突破性进展，都对写作起到了促进作用。

五、飞跃阶段的报道与写作

20 世纪 70 年代以来，电视新闻进入了飞跃发展时期，确立了在传播媒介中的优先地位。

1970 年，日本松下、胜利、索尼等公司联合生产出 3/4 英寸盒式录像机，开创了专业录像机新时代。这种录像机采用晶体管技术和集成电路技术，体积减小、性能提高、操作简便，并能进行配套电子编辑。80 年代初，日本又研制出 1/2 英寸盒式磁带分量记录的录像机。它可以和摄像机结合成一体构成摄录一体化。一体化摄像机体积更为缩小，重量减轻，使电视新闻采集又向前迈进一步。电视记者可以比较自由灵活地进行现场采集，采访组人员缩减。80 年代中期，日本又推出 1/2 英寸金属磁带录像机，松下称为 MII 格式。它使得电视新闻质量大为提高，磁带保留期延长。

20 世纪 80 年代初，卫星直播电视、大型电缆电视的空前发展，使电视新闻又产生一次飞跃。

1983 年 11 月 15 日，美国首次通过卫星向用户直接传送节目。1989 年 2 月 5 日，英国通过欧洲的广播电视卫星，也向用户直播节目。1987 年 7 月 4 日，日本 NHK 开办了一天 24 小时的卫星电视节目。

1980 年 6 月，美国大型电缆电视新闻网（CNN）开始一天 24 小时播发新闻。CNN 的做法被认为是 20 世纪新闻传播的一大创举。1991 年海湾战争爆发，CNN 的报道为全世界所瞩目。

当电视新闻在世界电视发达国家步入飞跃发展时期之时，我国的电视新闻也随着电视业的起飞确立了优先地位。

诞生于 1958 年的中国电视当初未曾料到：它能覆盖全国，为几亿人收看。20 世纪 50 年代末至 70 年代初，中国电视新闻几乎没有什么影响，普通人特别是边远地带的人甚至没有见过电视机为何物。直到 1976 年，朱德、周恩来、毛泽东等老一代无产阶级革命家去世，电视报道了告别式、追悼会等活动。大中城市的机关、厂矿、学校组织收看，许多观众拥到为数不多的电视机前目睹了这一历史性场面。电视显示了潜在功能，电视新闻报道产生了广泛影响。之后，电视又报道了粉碎"四

人帮"的消息，群众游行场面和审判"四人帮"的实况。1978 年十一届三中全会后，中国电视迎来了历史性转机。从 1958 年到 1978 年整整 20 年，制约中国电视发展的各种客观条件和历史原因中，有一个原因是重要因素：电视机和观众。在电视机没有普及的状态下，电视新闻自然不可能产生巨大影响。1978 年以后，电视事业稳步发展，电视机逐步进入普通家庭。电视新闻在这样的前提下走出低谷，开始崭露头角。

1978 年元旦，《新闻联播》试播一年半后正式定名，全国省级电视台通过微波同时转播。

1980 年 4 月 1 日，中央电视台开始通过国际通讯卫星收录英国维斯新闻社和英美合资的合众独立电视新闻社的国际新闻。在具备了这一条件之后，将原来《国际新闻》专栏并入《新闻联播》，节目时间由原来 15 分钟延长固定为 30 分钟。

1981 年在青岛召开的电视新闻洽谈会上，明确提出各省、自治区、直辖市电视台作为集体记者向中央电视台提供新闻，以求使《新闻联播》节目能够比较完整、系统地对国内、国际新闻进行及时报道。

1984 年，中国正式成为"亚广联"成员。参加亚洲—太平洋广播联盟 A 区（中国、日本、南朝鲜、中国香港、澳大利亚、新西兰）的新闻交换，同时收录 B 区（泰国、马来西亚、新加坡、菲律宾、文莱达鲁萨南、印度尼西亚）新闻。1987 年 10 月，增加收录东欧广播联盟和 CNN 的电视新闻。

可以说，中国电视新闻在 20 世纪 80 年代初进入了飞跃发展时期。同世界电视发达国家相比，今天中国电视新闻在传播方式、报道范围等方面同世界水平基本上持同步水平，主要原因在于先进技术手段的应用。例如，1978 年底引进 ENG，使电视新闻采制手段更加现代化，带动了报道范围进一步扩大，报道深度进一步加深，使大型的现场报道能够从多角度、多侧面立体化拍摄。1984 年，国庆报道使用了 5 辆转播车、22 台摄像机、14 套微波设备，通过太平洋卫星和印度洋卫星传向十几个国家和地区。90 年代引进 ENG 一体化摄录机，与一体化摄像机相配套的编辑机体积小、操作方便，可以做慢动作、快速图像等特技。一体化摄录机的引进使电视记者有能力报道突发性事件，更为自由灵活地出入各种新闻事件现场。

中国电视新闻虽然起步晚，但发展速度异常惊人，而且受众之多、传播范围之广确是昔日所料不及。

今天，以《新闻联播》为代表的电视新闻内容日趋丰富；时效明显提高；现场报道日益增多；深度报道、新闻评论获得突破性进展；各类新闻专栏节目相继开办；电视新闻工作者队伍逐步扩大；新闻采集、录制、传递设备不断更新；电视新闻的影响波及全国，观众数以亿计。可以说，中国电视新闻节目以电视的媒介优势和电视新闻自身的发展确立了不可动摇的地位。

中国电视新闻经过艰难、曲折、徘徊终于出现新的飞跃，同世界电视新闻融合在一起，组成全球性电视新闻网络，在世界形成"全球村"的过程中发挥着举足轻重的作用。

在电视新闻报道飞跃发展阶段，新闻写作实践与理论研究也进一步向纵深发展。电视新闻写作同文字新闻写作相比，其文体有很大差异。举例来说，电视新闻写作在文体上非常难以同文字新闻相类比。其主要原因是电视画面是主导因素，而文字是从属于画面。有些电视新闻单从字面上看往往不能独立成章，在结构上同文字新闻的章法也难以相提并论。由于电视新闻插入采访片断，现场同期声，因而在结构上比较灵活，松紧结合。电视新闻写作受到不同报道形式的影响，也受到不同节目风格的影响，因而在很长一段时间内缺少理论的指导。

学习电视新闻写作，不能简单地照搬文字写作的经验，但也不能完全排斥文字写作的通用规则。因而，有必要对新闻写作的基本规律进行系统学习。

当我们掌握了一般新闻写作的基本要求后，进而再对电视新闻写作的个性进行探索。

探索电视新闻写作的特殊性，有这样几个因素必须要考虑。其一，把握电视新闻特性；其二，了解不同类型的电视新闻节目的样式及写作风格的形成；其三，掌握不同报道方式对写作的不同要求；其四，在实践中有意识地进行各种文体的尝试，不断提高写作速度和技巧；其五，关注电视新闻节目及报道形式的发展，增强创新意识，不断完善、丰富、拓展写作的范围和技能。

本章参考书

《电视节目解说词写作》（北京广播学院出版社，1988 年出版，温化平著）。

本章参考片

《正大纵横》节目介绍西班牙、罗马风貌解说词，《1995 年中国电视社教获奖节目》解说词。

本章思考与练习题

1. 电视新闻写作在报道中的主要作用是什么？
2. 电视新闻同文字新闻有什么区别？

第 十 章
新闻写作的基本规则

【本章内容提要】

　　本章依据新闻报道特点阐述了新闻写作的基本规则。首先要注重用事实说话，才能体现客观、公正的报道原则。同时，写作要做到真实准确、迅速及时、新鲜生动、简洁明快，才能使报道达到较好的传播效果。写作并不仅仅是一个技巧问题，其中也反映着记者的认识水平、思想水平。因而，学习写作必须把握新闻报道的特点，提高认识和思想水平，平时多动手练笔，在实践中不断总结、不断提高。

　　新闻写作的基本要求是依据新闻报道特性而确定的。我们知道，新闻报道基本特点是客观、公正、真实、准确、迅速、及时，新闻写作的基本要求即是如何体现这些原则，努力使新闻报道达到上乘水准。

第一节　注重用事实说话

　　新闻要做到客观、公正，才能使公众比较信服的接受所传达的信息。在写作上，如何体现客观公正呢？这就是要学会用事实说话。

　　用事实说话是新闻写作最基本的规则、最起码的要求。为什么呢？因为只有用事实说话才能体现客观性。

一、新闻是事实的报道

　　世界新闻发展史揭示：新闻是事实的报道，新闻的本源是事实，事实是新闻的基础。毫无疑问，新闻的力量在于用事实说话。

　　新闻写作不是为写作而写作，更不是为玩弄技巧而写作。学习写作是为了更好地传达内容、陈述事实。因而，学会用事实说话是新闻写作的关键因素。离开了事实，新闻就成了无源之水、无本之木。故此，中外新闻界历来都对新闻中讲假话、大话、空话持以批评否定的观点。假报道对社会产生负面作用，有时危害十分严重，往往成为反面教材。夸大的报道往往适得其反，使真实的成分受到怀疑。说教式的报道往往使受众产生反感，排斥所报道的内容。玩弄辞藻、修饰华丽的文字往往是苍白无力，很难打动受众。凡此种种，都违背了新闻注重事实的写作原则。我们应吸取经验教训，把用事实说话的写作原则体现到每一次的写作之中。

二、怎样用事实说话

作为一个记者，所报道的范围不同，采写的新闻不同，但有一点是相同的，这就是在写作时尽量将新闻报道的目的及新闻的五要素搞清楚，这时才能下笔。美国新闻学教材《新闻报道与写作》一书中提出消息写作10条规则值得我们借鉴，这10条规则是：

①在你没有理解事件本身之前，不要动笔去写。

②在你不知道你要说些什么以前，不要动笔去写。

③要表现，不要陈述。

④把精彩的引语放在消息的前头。

⑤把精彩的实例或轶事放在消息的前头。

⑥运用具体名词和富于动作色彩的动词。

⑦尽量少用形容词，不要在动词上再用副词。

⑧尽量避免自己去作判断和推理，让事实说话。

⑨在消息中不要提那些你回答不了的问题。

⑩写作要朴实、简洁、诚实、迅速。

上述10条写作原则比较具体地提出新闻要用事实说话的方法。事实上，就是说什么和怎样说的问题。在写作过程中，说什么即是报道目的和内容，怎样说即是报道方式和技巧。新华社记者徐占锟在其《新闻写作基础与创新》一书中归纳总结了5条经验：

①新闻要5要素俱全；

②要有全局性的概括材料；

③善于选择和运用典型事实；

④尽可能描写现场情景；

⑤按照事实本身的逻辑去展开新闻。

中外记者的经验对于初学写作者来说是十分宝贵的财富。具体到一些写作方法技巧，每个记者会有自己的风格，但是基本规则是带有规律性的，违背基本规律，不但搞不好报道，也难以提高写作水平。

第二节　真实准确、迅速及时

英国有一个新闻记者曾这样阐述他的新闻观点：新闻理论只讲两个字就可以概括，一个是真，一个是快。这就是说，新闻如果不是真实的就不成其为新闻；新闻如果不迅速传播也不成其新闻了，二者缺一不可。尽管这个记者的观点不能够全部包容新闻学理论，但是他精确地点明了新闻报道的基本要求。

一、真实准确

真实是新闻的生命。

按照唯物论的反映论，先有事实，后有新闻；事实是第一性的，新闻是第二性的。真实性是新闻报道的最重要原则，新闻写作必须依照这一原则，做到真实准确。

新闻的真实性，主要包含两方面的内容：

其一，记者所报道的事实必须是真人真事，不容许有任何虚构、夸大或减弱、缩小。通常，我们强调新闻 5 个 W 加 1 个 H 要准确无误。所谓 5 个 W 加 1 个 H，即是 What（何事）、Who（何人）、When（何时）、Where（何地）、Why（何因）、How（怎样）。

其二，记者在新闻中对事实的阐述、解释、说明也要符合客观事物的本来面目，不能有任何违背客观事物本质的歪曲或掩盖。相对来说，做到这一点十分不易。这要求记者的认识正确、判断正确、分析明确、叙述准确。故此，我们常常讲道，记者的认识水平、判断能力、分析能力、写作技巧决定记者的报道水准。这也就是说，记者有了好的选题，首先要透彻地认识客观事物，然后才能真实地去反映。反过来，记者对客观事物产生较清楚的认识后，还要用准确的文字将其表达出来。这二者之间是相辅相成的关系，偏废任何一面都不能达到真实准确的要求。

二、迅速及时

迅速及时是新闻报道的特点之一。记者工作之所以紧张、节奏快，即是因为这一特点所决定的。换句话说，截稿时间始终对记者工作起着催促作用。

在新闻竞争日趋激烈的现代社会，信息流动的速度以惊人的变化加快传递。从一定意义上讲，时间性体现着新闻的价值。错过时机，新闻就会贬值，甚至没有传播的必要。

新闻是"易碎品"，时过境迁，就会成为旧闻，变成"马后炮"，失去作用。我们强调新闻迅速及时，并不是将所有报道都绝对化地抢先发表。有些新闻的处理在时间上还要服从国家利益、社会大局的需要。

对于记者写作来说，迅速及时应该是在真实准确的基础上求快，绝不能为了抢

119

新闻而忽视真实性。在某种程度上讲，迅速及时这一报道特点增加了记者写作的难度。记者写作力求提笔成章，讲求时效，同时还要讲求准确，此外还要讲求文法。写得又快、又好、又准确不是一件十分容易的事情。文字记者写作是白纸黑字，刊印出来可以逐字推敲，记者往往十分小心。电视写作往往隐藏在画面之后，观众一听即过，不易评头品足，记者往往容易忽视，或重画面拍摄，轻文字写作。讲究写作技巧，提高写作速度，对于提高电视报道质量也是不可忽略的因素。

第三节　新鲜生动、简洁明快

新鲜生动、简洁明快是新闻写作的技巧要求。

一、新鲜生动

新闻姓"新"，这是对新闻报道的形象比喻。

新闻为人们传递新的信息、新的情况、新的知识、新的现象、新的人物、新的问题、新的事物……只有新的东西，才能引起受众注意，引起社会关注。

新闻界有句行话，新闻要抓新东西平时要留意空前、绝后、第一的事物。

新鲜生动是写作的技巧标准。要做到新鲜生动，注意从下述几个方面加强训练。

其一，注意截取新鲜的事实。只有新鲜的东西才能吸引人，发挥新闻"新"字当头的特点。

其二，抓住事物特点。抓住事物的个性特征，报道出来才有新意，避免千人一面，千篇一律。

其三，选择新鲜的角度。新的角度往往能够吸引受众将目光集中到有价值的报道之中，角度新颖还能够使受众加深印象，引发感想。

其四，使用生动的语言。用生动的语言表达事物往往产生较好的传播效果，反之用呆板的语言表述只能削弱传播效果。

二、简洁明快

新闻写作要做到简洁明快，才能体现短小、精练的特点。

一般地说，我们历来提倡写短新闻。能不能把新闻写短，不仅仅是个字数问题，短新闻不代表没有分量。

会写短新闻，第一要会抓新闻，知道新闻价值体现在哪些事实之中，一下子能够提炼出来。

第二，短新闻要求文字简洁、精当，开门见山，直截了当。

第三，短新闻要求新闻主题集中突出，一目了然。主题越集中，层次易分明，主次也易清楚，新闻才能让受众抓住要领。

第四，简洁明快要求在写作上用简洁、概括的语言把精彩、充实的内容表现出来，让受众清清楚楚、明明白白。故此，不能贪大求全，面面俱到，空泛议论、堆砌事例。有经验的记者在写作中将段落划短，少用长句、复杂句，多用短句，清晰顺畅，没有废话。

第五，短新闻仍然可以涉及重大题材，揭示重大主题。写好短新闻可以说是记者写作的基本功。

在新闻写作中，做到简洁明快并不是一件容易的事。初学写作的人易犯的毛病是冗长啰嗦，生怕受众不能完全理解传达的内容。事实上，新闻语言看起来似没有什么文采，实际却很有讲究。朴实、易懂、清楚、明白的语言不但是写作的基本要求，而且体现着新闻报道的文风，其中包含着写作的态度和技巧。

以上我们阐述了新闻写作的基本要求，也就是基本的规则。这些规则对于文字、广播、电视新闻写作都是通用的，带有共性规律。电视记者把握住共性规律是非常必要的，搞好写作要有理论指导，也要在实践中不断提高。所以，电视记者在掌握共性规律的同时，还要探索电视写作的个性特点。

121

本章参考书

1. 《新闻写作基础与创新》（新华出版社，1984 年出版，许占锟著）；
2. 《新闻写作教程》（新华出版社，1986 年出版，美：密苏里新闻学院写作组）。

本章参考片

1. 中央电视台《午间 30 分》节目；
2. 北京电视台《北京特快节目》。

本章思考与练习题

1. 新闻为什么要用事实说话？
2. 怎样才能使新闻写得更新鲜生动？

第十一章
电视新闻写作的个性特点

【本章内容提要】

本章具体地从为看而写和为听而写两个方面提出写作要领，即：少而精当、实在而具体、主次分明、口语化、通俗易懂、朴实自然、简短明晰、形象生动、节奏感强，以及良好文风和高格调。

电视新闻写作经过半个多世纪的实践经验积累，至今已摸索出自身的特点，形成了自成一体的形态。

可以说，电视新闻写作比文字写作要复杂化。文字记者一般只要将各种文体写作的规律掌握好，从写作技巧上磨炼功底，基本上能比较熟练地运用新闻文体报道客观事物。而电视新闻写作从文体上讲虽然可以划分为消息、特写、纪录片、访问等，但是由于电视节目形态不同于报纸版面，它要由多种表现元素构成，所以写作必须围绕着节目形态来展开。另一方面，在文体的写作中，电视由于有画面、同期声的表现元素，写作必须围绕着电视画面来展开。也就是说，写作受画面支配。这样，电视新闻写作从字面上看往往显得时断时续，不那么严谨。初学写作的人似乎觉得杂乱无章，无从下手。那么，电视写作是不是没有规律可循，任意发挥呢？不是的。下面，我们从具体写作范围入手，来作一个初步的探讨。

第一节 电视新闻写作的作用

电视新闻的基本表现元素是画面、同期声、解说、字幕。基于这样的特点，我们通常把电视新闻的语言划分为两种语言：即视觉语言和听觉语言。

视觉语言主要由形象画面展现，听觉语言主要由同期声、解说、音乐构成。电视新闻写作即是在传播过程中转换为听觉语言的重要组成部分。从某种程度上讲，电视新闻写作范围不仅仅包括解说的写作，还包括预告、提要、串联词、结束语的

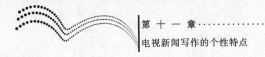

写作。

一、节目预告的作用

人们看电视的状态是边看边听，当一些重要的新闻播放时，往往是先听到节目预告，引起特别关注，接下来再全神贯注地收看新闻节目的内容。在电视节目朝着规范化发展的今天，又由于启用了节目主持人的形式，节目预告往往在播放开始先由主持人提示出来，预告的方式多种多样，但有一点是相同的，就是用生动的语言引起观众收看的兴趣。

观众收看电视新闻的状态对写作提出了特殊要求，即首先写好节目预告。

预告写作的作用，关键是调动观众的收视兴趣。在联播型新闻节目中，往往预告节目的主要内容。通常，以直截了当方式将新闻标题播报出来。画面上，如果是两个人播报，每人一条轮换预告。一般只出现播音员或主持人。如果是一个人播报，可以利用电视特技以抠像方式在屏幕的侧上方展示画面。在专题性新闻节目中，节目预告往往将一次节目全部选题报告给观众。预告的方式比较灵活，但不能冗长，以免观众失去耐心。有些节目只有一个选题，预告时要注意避免平铺直叙，要找到一个趣味点来吸引观众。专题性节目预告常常用典型画面加上响亮的提示语。有些节目利用特技、音乐加以处理，以吸引观众收视。中央电视台《社会经纬》节目中的"节目导视"制作的较为生动、简洁。不但提供了信息，而且调动了观众收视兴趣。

总之，新闻节目预告的作用是以传播重要信息的简洁方式调动观众的收视兴趣。在调动观众收视兴趣的同时要注意新闻节目的严肃性，不能搞新闻噱头，不能掺杂娱乐成分。简洁、明了、具体、生动是节目预告写作的要领。

二、新闻提要的作用

新闻提要的作用是引起观众的注意，以便关切节目的内容。

一般情况下，播音员或主持人先出镜播送节目预告。预告之后播放节目内容提要。在播送内容提要的同时选择当次节目最重要的内容和最吸引人的典型画面。

目前，播送内容提要的方式有这样几种：

一是用典型画面配提要解说，画面可以运用特技手段，以翻页、画框等方式展现。在播送提要时，特技画面可以给观众视觉感受上的新鲜感，文字提要力求干净、利落、不拖泥带水。中央电视台《新闻联播》采取的方式就是这样一种。

二是先由播音员或主持人口头播报，然后插入典型画面，画面中要有现场同期声。此时，画面展示的内容也起到一定听觉语言的作用。例如，北京电视台的《北京特快》节目。男女主持人以快节奏报提要后，展示典型画面。这时，主持人出镜运用特技作抠像处理，而画面则不利用特技手段。因为画面中有同期声，展现时间又比较短，大多是固定画面，用特技可能会分散观众注意力。这种方式节奏快，口头播报与现场画面转换特别快，在一定程度上激发了观众的收视愿望，能够比较注意地收看节目内容。

三是先由播音员或主持人出镜，将节目内容以生动的方式加以提示，地点选择演播室或其他现场场景，然后用现场拍摄的典型画面浓缩组接在一起。画面中有现场同期声、特写镜头，也可以有记者的采拍镜头、人物活动，有时还有画面加解说的片断插入。这种提要方式大多用于专题性新闻节目，如美国的《60 分钟》、《48 小时》，中央电视台的《新闻调查》等。有时，一次节目中有两个以上选题，中间主持人可以再次出现口头提示一下，也可以不出现。《60 分钟》节目开头提要大多将两个以上选题的画面全部剪接组合成一体，令观众目不暇接。这样，观众注意力特别能够集中，注意画面中提示的内容。《48 小时》提要方式分两部分，一部分是报道内容的画面，一部分是节目中出现的记者采访部分。这种方式借鉴了电视剧的开头，将剧情和人物先展示给观众。

新闻提要写作的要领，一是要有具体的内容，不能空洞；二是要准确无误，不能以不恰当的比喻、形容来表达内容；三是简短、贴切、紧凑。

三、解说的作用

在电视新闻报道中，解说几乎永远存在。解说的作用主要是解释、说明、补充画面，或把画面放到某种特定内容之中。

在某种程度上，电视新闻的解说同画面的关系是相辅相成的。虽然有些新闻可以用采访问答方式，画面加字幕及音乐方式，画面加同期声方式加以报道。但是，绝大多数新闻是离不开解说的，特别是图像动态新闻和新闻深度报道，离开解说根本无法成为完整的报道。

这样讲是不是违背了以画面为主、解说为辅的理论规则呢？不是。画面为主、解说为辅也是一种相辅相成的关系。在电视传播中，画面的作用是巨大的，没有形象画面，电视则不存在，则不成其为电视。相辅相成的关系仍然要有主次之分，有主次之分并不等于写作不重要。这里我们要搞清楚的问题是，解说受到画面支配，以画面为依托，因而要以画面为主导。

作为电视记者，当提笔写解说时，脑子里不能不"过画面"，不能不想到画面本身都表达了哪些内容，无需解说便能够"自己说话"；反过来，当编辑画面时，脑子里又不能不想到文字应该怎样根据这些画面作必要的解说。哪些内容画面没有展现，或者受到局限，必须通过文字解说才能够进一步阐明。

从更深层意义上讲，当文字转换成声音进入画面，所起到的作用也是不可低估的。它不但解释、说明、补充画面，而且开掘了画面表现内容的深度和广度。换句话说，即是丰富、完善了电视新闻的形象报道。

电视新闻解说在写作上的要领要根据不同报道方式来把握。一般来讲，图像动

态消息在文字上基本上能独立成章，文字解说往往包含大量信息。现场报道解说严格讲应该在现场以口头方式加以表述，配解说往往同现场氛围产生游离感。深度报道的解说比较自由灵活，但是写作起来有一定难度。因为深度报道可以将各种表现元素和手法加以调动，写解说时不仅考虑节目样式对写作风格的特定规范，还要考虑其他表现元素同解说的结合。深度报道篇幅长、选题重大，写文字解说对节目结构和主题也要通盘考虑。

四、串联词、结束语的作用

串联词写作在杂志型新闻节目中往往不可缺少，特别是板块组合的节目，每个小栏目之间大多用串联词来过渡、衔接。

串联词的作用大体上是：承上启下、衔接栏目、上下过渡、弥补空白、间隔转换。

串联词在新闻节目中大都采取主持人口头讲述的方式。写作要领是言简意赅、自然流畅，避免啰嗦重复。

一般来说，当节目时间较长或内容较多时，往往在节目的某个层次或栏目之间进行间隔，主持人出现在屏幕上讲上几句话，让观众继续关注下面的内容。有时，当节目采拍的画面无法完整地表述内容时，或在节目合成过程中发现错误出现画面空白，应急的措施是让主持人出场串联过渡。有时，节目上下内容变化较大，表现的是不同侧面的内容，如果完全用画面加解说一气呵成，容易引起观众理解上的混乱。因而需要主持人出场串联一下，自然过渡到另一个方面的内容之中。

总之，串联词是电视新闻报道中常用的写作方式，尽管它不成其为一种文体、一种格式，但是其作用是不容忽视的。

结束语在写作中是较为简单的，因而也应该是以简洁、干净、利落的方式来报告节目的结束。

各类新闻节目的结尾很少有大的区别和变化。以往，结束语以其最简单的形式告知观众这次节目播送完了。后来又增加了"谢谢收看"、"欢迎继续收看"、"下次节目再见"、"明天再见"、"早安"、"午安"、"晚安"，等等带有一定礼貌成分的客气用语。

随着新闻节目之间的竞争展开，杂志型节目多样化发展，结束语增加了一定的信息成分和感情色彩。有些节目在结束时预告一下接下来的节目；有些将下一次连续报道的信息告诉观众；有些节目欢迎观众提供线索，将热线电话号码告知观众。许多节目要求主持人在最后以微笑面孔和观众说再见，表现出对观众的亲切感，以此来获得观众对节目的热情。

在一些深度报道的节目中，结束语中还包含着引人深思的信息和问题等。例如美国的《48 小时》节目，主持人经常在节目最后以一个具体的数字或问题来引发观众的思索。中央电视台的《新闻调查》节目在结束时也进行过这样尝试。

结束语写作简单，不需过多技巧。虽然如此，但对一个电视节目而言，它依然是一次节目不能缺少的成分，没有它节目就不完整。

第二节　电视新闻写作的基本规则

电视新闻写作不同报纸、广播。报纸记者写作时仅仅考虑文字是给人看，广播记者写作时仅仅考虑文字是给人听的，而电视记者写作时既要考虑看，又要考虑听。

一、为眼睛而写

电视是视听兼备的传播媒介，人们接受电视传媒的方式是通过电视屏幕进行收看。首先，观众用眼睛观看画面，在看画面的同时接受着声音的传达。很难想象，无声音的画面，或无画面的声音在电视中传达的效果。正因为这种声画结合的特点，决定了电视写作为眼睛而写的基本规则。

为眼睛而写就是遵循视觉逻辑。当记者提笔写作时，应该时时刻刻考虑到观众收看电视的接收状态和方式，这种方式对于听觉语言有什么样的特殊要求。

强调为看而写，并非是简单地削弱了文字的地位。为看而写最基本的起码要求是做到声画对位。声画对位必须根据新闻的整体构思、布局结构及画面内容进行写作。

写作中有两种倾向应该引以为戒：一种是解说过多，描写的内容与画面重复，失去了真正的作用，甚至引起观众的反感，干扰收看；另一种是与画面严重脱节，造成视觉语言和听觉语言各行其道，声画两张皮，失去了视听复合语言的优势。

那么，为看而写有哪些具体要求呢？

1. 少而精当

通常，电视新闻篇幅比较简短，而且要给观众留出看画面的时间，因此写作必须要少而精。如果解说灌满画面，观众就会感到过于啰嗦。长篇大论对于电视显然不很合适，有些新闻压缩文字后反而显得清楚易懂。有时，画面表现的内容比较笼统，这时解说就应该具体一些；有时，画面表现的内容比较具体，解说就应该尽量减少。用文字描述画面已经生动展现的内容是费力不讨好的，往往适得其反。文字记者提倡写"视觉新闻"，使文章读起来如闻其声，如见其人。电视记者却不能够这样，因为电视画面已经体现了视觉新闻的最大优势。

少而精的原则，要求记者写作时尽量挤出时间对照画面重读文字稿，将可有可无的文字去掉。

少而精的原则，要求记者挤出时间改写文字稿，尽量压缩，不要使文字在新闻

中显得过于沉重。

2. 实而具体

实而具体应该根据画面需要，将文字表达的内容写的实实在在，同时要明白具体。

无论写什么样的新闻稿，都要求具体。对电视来说，直观可见的画面要有相应的具体解说，才能把事件、思想、观点、人物传达得清清楚楚。例如，当画面出现一个人物在讲话，或者一个场景，文字就要说明这个人是谁，这段场景是哪个地方，不要让观众去猜测。

实在而具体是新闻写作的特点，但是在电视写作中，实在往往是将画面不能表达的东西转换成实实在在的内容。一般来讲，文字新闻细致的白描手法不大适合电视写作。电视写作不需要描写人物的形象、动作，因为画面已经生动地再现了活生生的形象和动作。

3. 主次分明

为看而写，一定要分清主次。

电视新闻不可能将记者采访到的新闻事件的方方面面都告诉给观众，因此记者在写作时必须分清哪些是重要内容，应该多讲几句；哪些是次要内容，应该少讲几句。如果在次要问题上拖长解释说明，那么重要问题的有关信息就往往被忽略，对于特别重要的信息，即使很难表达也不应该丢掉。

如果主次不分，平分秋色，那么新闻的节奏就会变慢，重要的内容也得不到注意。

二、为耳朵而写

记者在写稿时除了考虑画面因素，还要考虑听觉因素。

观众收视电视新闻节目，大多是经过选择、比较后，固定在某几个自己喜爱的节目中。从这一点上看，新闻节目拥有着自己相对固定的观众群体。当观众收看自己喜欢的节目时，往往不转换频道。因为人们永远需要了解世界上发生的新情况、新信息、新事物。电视新闻节目传播的内容，除靠画面传递外，还依赖声音传送。因此，为耳朵而写是电视写作的又一个特点。

由于电视新闻传播稍纵即逝，声音又伴随画面而出现，因而不能像文字新闻那样回味、重读。这是听觉语言的特点，也是其短处。怎样扬长避短，发挥出为听而写的功用呢？

1. 口语化

为耳朵而写首先面临的挑战之一是要用口语化的语言来写作。

在西方电视界，将用谈话体写作作为电视新闻写作的最起码要求。口语化不等于不加选择地使用日常用语，口语化写作仍然要讲求语言艺术和技巧。播报时朗朗上口，收听时声情悦耳。

2. 通俗易懂

为耳朵而写应该通俗易懂，避免使用深奥难懂的词汇和字眼。

有人说，电视写作是看不见的艺术，一流的写作技巧往往隐埋在画面之后，不易引起注意。事实上，好的写作在电视中仍然是一种创造性的劳动。通俗易懂并不十分容易做到，用大众易于理解的语言表达深刻的思想、观点、复杂的事件、重要的问题、层出不穷的事物，没有一定的语言功底是达不到高水准的。

3. 朴实自然

电视写作要让观众听起来顺耳，就要具有朴实自然的风格。

观众用耳朵接受信息，往往不那么全神贯注。如果拐弯抹角，卖弄文字游戏，观众就会感到费解。

朴实无华、自然顺畅听起来才能使观众易于理解。

4. 简短明晰

电视新闻写作较高的水准应该能够在一个句子中只表达一种意思或观点，由简短的词语组成的陈述句能够起到这种作用。

电视新闻以较快的速度传播信息，要尽可能减少混乱。写作时，千万记住应清晰地叙述一件事，才能让观众一听即懂。

5. 形象生动

生硬呆板的语言常常不知不觉地出现在电视新闻中，观众听起来感到乏味平淡，毫无兴致而言。

怎样做到形象生动呢？

其一，选择响亮上口的词语。汉语中同义词非常丰富，有较大选择余地。比如，将"立即"改成"马上"，"气候"改成"天气"等。

其二，多用双音词。单音词只有一个音节，一闪而过。双音词两个音节，音波存在时间长，给人印象深一些。例如："曾"换成"曾经"，"虽"换成"虽然"，"乃"换成"就是"等。

其三，将抽象的内容具体化，变成形象说法。比如，将难以记忆的数字转换成容易记忆的说法。例如，"到 2000 年，每 3 个美国人中就有一个超过 50 岁"，这样说比用多少多少万个容易记忆。

其四，不用倒装句、祈使句。这样在文学写作中生动的写法并不适合于电视。例如，"还是党的政策好！某某感叹地说"。这种写法，观众听起来感到反感，因为观众会从画面中人物神态上自己判断。语言生动活泼，才能令观众听起来津津有味。

6. 节奏感强

为听而写，应该尽量使语言富有节奏感。节奏感强的语句给人一种和谐的听觉感受，容易记忆，也容易接受。

电视新闻传播的优势是信息量大、感染力强、节奏明快。这一优势要求写作加强节奏感，观众听起来往往能够有精神、来情绪。如果慢条斯理、拖泥带水，观众往往会产生疲倦感觉，提不起精神，失去收看的耐心。

7. 格调与文风

观众收看电视新闻，不能跳过某条新闻选择另外一条新闻。有时，人们还没来得及决定继续收看或停看，令人倒胃口的新闻就出现了。这类新闻格调较低，内容俗气，语言中出现令人不快的用语，如生动选择不恰当的大白话，或者刺激性语词；如幽默选择不恰当的比喻，使新闻降低了格调。这些问题在西方电视写作中被看作是低水准的写作，我们应引以为戒，努力使写作具有好的文风和高的格调。

本章参考书

1. 《中国应用电视学》第 18 章；
2. 《电视新闻的采制方法》（中国广播电视出版社，1989 年出版，英：罗伯特·蒂勒尔著）。

本章参考片

1995 年全国电视新闻节目获奖节目。

本章思考与练习题

1. 电视新闻写作个性特点主要表现在哪些方面？
2. 新闻提要写作的具体作用是什么？

第 十 二 章
不同体裁的特点及写作要领

【**本章内容提要**】

　　本章侧重分析了消息、专题、评论、谈话等四大类新闻的特点及其写作的基本要求。学习写作必须对不同体裁的特点及区别有所把握。

　　新闻体裁，就是新闻的报道形式。

　　体裁与题材不同，体裁是指新闻的文体，题材是指报道的题目或对象。

　　就电视新闻而言，不同体裁写作同报道的发展变化及报道风格、方式密不可分。

　　文字记者比较容易区分不同体裁的界限，也比较容易把握不同体裁的基本格式。电视记者选择不同体裁往往从报道着眼，根据报道需要来决定用什么形式加以报道。

　　由于电视报道发展变化快，体裁也相应地不断得以发展变化，而且以自身特点区别于文字、广播新闻的体裁。

　　又由于电视报道手法朝着相互结合的方向发展，许多手法在不同体裁中相互借鉴，体裁之间的区别已不能简单从外在形态上得到一目了然的区分。

　　近年来，我国电视界对电视新闻报道形式进行了多次研讨、界定，但是系统地对写作来进行探讨还很不深入。这里我们根据目前电视报道的实践，将各类报道形式的特点及对写作的基本要求作一个初步的探讨。

第一节　消息类新闻的写作

　　所谓消息，就是报道新近发生或正在发生的事实。

　　目前，消息类体裁有这样几种形式：活动图像新闻、口播新闻、图片组合新闻、现场口头报道、简明新闻、综合新闻、新闻特写。

　　一、活动图像新闻

　　图像新闻通常特指有现场画面形象的动态消息，早期称为电视新闻片。

图像新闻是电视新闻最早的报道形式。1948 年 2 月 16 日，NBC 开办的第一个电视新闻节目《骆驼新闻片影院》，后改为《骆驼新闻大篷车》时，图像新闻就开始以模仿新闻电影纪录片形式报道众多预知性的新闻事件。1958 年 6 月 1 日，我国北京电视台（中央电视台前身）正式开播一个月就播出了电视台自己摄制的第一个新闻报道：中共中央机关刊物《红旗》杂志创刊。

图像新闻不但是最早的报道形式，而且是今日电视屏幕上数量最多、最重要的新闻报道形式。中外电视屏幕上的每日动态、新闻绝大多数是图像新闻。

图像新闻的特点是简短、迅速、客观形象，讲求实效，注重用事实说话。

图像新闻长度大多为 40 秒钟左右，因此它要求记者在采拍中尽可能用最形象的画面和最简练的文字表达报道的内容。

图像新闻的基本表现元素是画面、同期声、配文字解说。通常，新闻画面占据主导地位，文字解说处于附属地位。画面本身就是信息、会"说话"、有情节、有动作，有时无需说明，观众即可看懂。解说的目的是补充、扩大、解释图像内容，或把图像放在某种内容中。文字解说作用是提醒观众注意图像画面，因而必须同画面对位，如果发生冲突，就要为画面让位，改写文字。播音员配解说时，也无需一气念完，可以停一停，让观众有看画面的直观感受和理解时间。

好的图像新闻是画面、解说、同期声有机结合的统一体。在一条新闻中，背景声往往不可缺少。背景声既可使片子增强真实感、生动感，又可避免片子出现过长的"沉默"。使用背景声有助于使图像新闻报道富有立体感，尤其是新闻里出现重要人物讲话，最好让人物自己开口讲几句。自然背景声只要不影响文字解说和新闻中人物的重要声音，也可同时运用。

在写稿时，要注意图像新闻中的时间和地点的变更应该按事物发展变化的逻辑顺序变更。文字、广播新闻可以比较灵活调度时间、地点转换，但电视图像新闻中这样转换则会把时间、地点搞乱，会弄糊涂观众。图像新闻中地点、时间转换的手法是将不同时间发生不同地点出现的新闻"分割"开来，即先讲早晨，后讲晚上，这样观众就容易在较短的一条消息中理解内容。

二、口播新闻

口播新闻是由播音员或主持人在电视屏幕上对观众口头播报新闻的形式。

口播新闻的作用是：为没有画面的新闻填补空缺。一般来说，快到播出时间发生的突发性新闻、无法拍摄的极短的消息、录像效果不佳的新闻、没有视觉形象素材的消息、记者没有拍到画面但却搞到文字材料的消息等，都可以通过口播新闻形式播发出去。例如，1988 年大兴安岭林区发生特大火灾时，中央台《新闻联播》每天播报一条最新动态性口播消息。满足了观众急切了解扑火工作进展的需求。1990年中央台记者随国家海洋局科学考察船赴南沙、西沙采访，在图像新闻无法传回地面的情况下，利用电话、电报口授新闻，及时在电视中口播南沙考察消息。

口播新闻的特点是简洁、灵活、迅速、及时，通常可以配图像资料、插图、题头和背景画面，用抠像特技配加在主播人的左、右侧，以增强视觉感受上的生动性、可视性，同时又能起到点题、烘托、加深印象的作用。

相对来说，口播新闻是最容易写作的电视新闻形式。记者要注意写的简洁、易懂、口语，但字数一定要把握好，既不能少，也不能多。口播新闻稿可以按广播新闻写作要求来撰稿。

口播新闻的画面是播音员和主持人占据首位，因而主播人应该和观众之间产生一种交流感、信任感、权威感。

口播新闻是电视开办新闻节目伊始就出现的报道形式。

中央电视台的口播新闻最早以报道简明新闻为主，1958 年 11 月 2 日开始，由第一个电视播音员沈力播报，长度 5 分钟，中央人民广播电台供稿，安排在晚间新闻结束前播出。

后来，口播新闻不采取集中播报形式，改为灵活穿插报道，内容大多是重要新闻和刚刚发生的新闻。

今天，口播新闻以其极强的时效性和灵活性在电视新闻报道中仍然占有一席之地。邓小平同志逝世的消息就是以口播方式公诸世界的。据统计，中央电视台每年播发的消息类新闻中口播新闻占总条数的 40% 左右。

三、图片组合新闻

图片组合新闻是将成组的照片组合起来，配以文字解说的报道体裁。

这种方式是在借鉴报纸、杂志的"专题照片"、"专题摄影"的基础上发展起来的。报纸、杂志的图片组合是配以简短说明或一篇稿件，电视上的图片组合配以解说。因而，为固定图片写新闻稿成为相对独立的一种文体。因为没有活动画面、同期声、采访片断，写作就占据了主导地位。观众要通过解说来了解报道主要内容和主题，图片则加深一定的视觉印象，不可能产生像活动图像那样逼真、活生生的感受。因此，搞好图片组合新闻，要讲求一定的方法。

通常，图片组合新闻通过多幅照片，连续多侧面地阐述一个主题或提供一种信息。每幅照片有相对独立内容，说明一个侧面，阐述某个思想主张，展示某个事物特征。经过合乎逻辑的组合，使全组画面之间互相联系、有机结合、体现出具有一定思想的报道意图。

要达到上述效果，写好文字至关重要。不但要解释、说明、补充，而且要转折、过渡、提供背景和主要事实、观点。中央电视台的《弹指一挥间》栏目中，多次运用图片组合体裁，展现建国 40 年来祖国建设的新旧对比和变化。

图片组合是对活动图像报道的一种补充形式。一般发生时间较长没有留下活动

图像资料的背景材料大都采用这种方式加以运用，但是要注意必须有新闻由头，否则就没有新闻性。一些相互之间有逻辑联系，但事实之间缺少时间、地点的统一的综合消息也可以采用这种方式。

今天，电子特技技术不断丰富、发展。许多图片组合新闻利用特技手段，增强视觉效果。将图片放大、剪辑、翻页、转动、滑动、或者叠画，等等，使图片新闻大为增色。由于这种制作方式，在写作上必须要考虑结构，考虑制作后的画面对文字的要求和长度。

四、现场口头报道

现场口头报道是记者在新闻事件现场手持话筒，将新闻事件的发生、发展向观众做口头叙述，同时通过拍摄展现现场动态和环境。

严格意义上的现场口头报道不允许配解说，记者对新闻事件的叙述必须在现场口头完成。在这个原则下，写作必须在报道前进行构思，以至完成初稿。除了突发事件，记者来不及准备，全凭经验和现场即兴发挥。一般预知性的新闻，都要事先准备好提纲和稿件，有时还要事先练习。

由于现场口头报道是以口头方式叙述新闻，表达的准确成为写作的重要方面。西方电视界认为，好的口头报道不应该过于简单、过于肤浅，高标准的报道往往是精心准备，其中包括新闻稿件的精心写作。写作时，还要注意结构安排。现场口头报道的结构是进行式的，不能倒叙，时间顺序不能颠倒。

从发展的趋势看，在电视发达国家现场口头报道多用于正在发生的事件。因为事件性新闻能够在现场报道，不但加强时效，而且使观众产生参与感。因此，他们力求做到报道的同步化。在条件允许情况下，记者的报道尽可能在现场进行，并同时播出。

现场口头报道是发挥电视新闻优势最有效的形式之一。记者在新闻现场的口头报道，具有较强的纪实性，能使观众产生身临其境的参与感。同时，记者作为新闻现场的目击者向观众做口头报道，增强了新闻的可信性。

现场口头报道对于电视记者来说是较高水准的报道方式，要求记者具有敏锐的观察能力、准确的判断能力、即席发挥的口语表达能力。

现在，我国电视屏幕上的现场口头报道主要是预知性新闻事件，突发性新闻事件还比较少。一般说，重大突发性新闻事件如果持续一定时间，记者最好赶到现场做口头报道。比如，海湾危机期间，美国 CNN 记者就比较注重这种形式的运用。

现场口头报道的特点是记者从头至尾在新闻现场活动，无论是开头介绍、中间采访、结尾处理都是记者出声音，而不用别人配音解说。有些新闻仅在开头出现记者画面、声音，中间结尾都是画面配解说，严格讲不能算是现场口头报道。

在某种程度上，无论是突发性事件还是非突发性事件，或是固定场所的预知新闻，记者的现场口头报道都受到现场的制约。因此，记者的报道必须要运用同期声，才能使观众感受现场气氛。没有同期声的现场口头报道往往给人不真实的感觉。

五、综合新闻

综合新闻是将具有同类性质各有特点的事实综合起来，从不同侧面、不同角度说明一个主题。

通常，综合新闻多用于反映一段时期内带有全局性的动向、情况、成就、经验和问题的报道。

综合新闻写作有一定难度，首先要理清思路，然后找到主线、分清层次，最后以高度概括语言加以表述。由于综合新闻内容多、层面广，而时间有限，写作上只能摘取某一方面的重要部分加以表述。所以，记者的分析、解剖事实的能力和截取事实的能力就显得尤为重要。

常见的综合新闻有两种形式：一种是点面结合，归纳综合。记者将不同地区、不同单位的各有特点的事实综合起来；或者把不同人士对某一事件、某一社会动向的看法和观点综合起来；也可把报道内容归纳为几个方面，将材料条理化，层层深入加以表述。另一种是将国内国际发生的重大新闻事件有选择地按照事件重要程度排列，进行综合报道；或者将一个事件引起的连锁反应综合起来，进行集中报道。

写综合新闻要注意体现新闻价值，避免面面俱到，主次不分。作为动态性新闻，综合新闻也要有新闻由头，讲求报道时机。

六、简明新闻

简明新闻只告诉观众发生了什么事，不作具体介绍、说明，仅仅是简单地报道事实。

通常，简明新闻又称短讯、简讯。一条简明新闻只有15秒钟左右，只需几十个字。写作时，要用最简洁的语言将新闻事件概要地加以表述。

在电视上，处理简明新闻常常以成组的方式加以报道。中央电视台《新闻联播》节目经常报道一组简讯，以扩大节目信息容量。

简讯播出节奏快，写作就要紧凑，画面选择有代表性的主要几个镜头加以编辑。

一般情况下，头一天发生的较重大新闻已经在晚间报道后，第二天在其他节目中早间或午间再报道时，往往作简明新闻处理。一些不太重要的信息，或比较简单的信息，常常也用简明方式进行报道。

简明新闻有时仅有一句话，通常又叫一句话新闻，一句话新闻是最简练的新闻体裁。写一句话并不简单，既要准确清楚，又要言之有物。行之有效的办法是突出重要信息、最新动态。

七、新闻特写

电视新闻特写是把现实社会生活中发生的事件给予"放大"和"再现"，给人留下深刻的印象。

新闻特写的取材必须是真实的，要尽可能讲求新鲜及时。

新闻特写在表现手法上截取事件的一个片断，即事件的某一个高潮画面，给人以特别深刻印象。

新闻特写首先要求人物鲜明、事件逼真、有突出特征。

新闻特写可分为人物特写和事件特写，但报道人物往往离不开事，报道事件往往离不开人，因此两者常常是交织在一起。

新闻特写没有固定长度限制，一般 3～5 分钟。特写，也没有固定不变的结构，但它重点表现场景或高潮画面，注重展示人物鲜明形象。

特写的侧重点是"再现"新闻事件，因此必须到现场拍摄、采访。人物表现要有突出特征，事物表现要紧扣主题。

特写中的采访插入以快速为主，提问力求精当准确、简短明了。

特写写作要详略得当。同文字新闻特写相比，电视新闻特写不要大段描写现场场景和人物形象，因为画面已经生动地"再现"了。

目前，我国电视界对特写的运用越来越多，但表现手法还不够完美。许多特写以大段采访问答结构全篇，缺少高潮画面。人物选择比较雷同，千人一面。采访提问比较简单，浅尝辄止。特写题材还比较局限，往往截取重大会议召开前后对代表采访。邓小平逝世的报道过程中，中央电视台、北京电视台对目送遗体火化的群众的采访报道采用了特写题材，其中抓拍到了一些高潮画面，但采访仍然比较雷同。

在国外，特写的题材较早就得以运用。不过题材范围大多限定在轻松的选题。许多奇闻轶事通过特写展现，非常生动有趣。例如，美国的电视新闻特写大多用于社会新闻，安排在杂志性节目中播出。因此，风格比较轻松。表现元素除画面、解说、采访、同期声外，还利用音乐。

我国电视界对社会新闻中的奇闻轶事报道比较少。有时利用特写报道自然景观，如一场瑞雪、铁树开花。有时也报道人物，如气功老人、绝活表演等。

电视特写的发展是杂志型节目的出现而推动的。杂志型节目时间长，报道面广。许多轻松的栏目中需要大量的特写内容。例如，北京电视台曾播出的《信不信由你》节目中，有大量的内容是通过特写表现的。《吉尼斯世界纪录》、《美国家庭滑稽录像》、《电视精彩镜头集锦》等栏目都运用特写题材或借鉴特写表现手法。

第二节　专题类新闻的写作

专题类新闻是电视新闻深度报道的形式。它可以就专门的新闻题材作详尽、生动的报道，对新闻事实作比较具体、系统的分析，较完整地反映新闻事件的发生、发展过程。

一、特别报道

特别报道是对特别事件或重大选题的报道，能够引起观众特别关注。

特别报道往往选择一定的报道时机播出，事件性新闻报道时效性较强，要求不失时机地在事件发生余波未尽的时候推出。非事件性新闻的报道往往是在一定的时代背景下推出，时间安排上大多在黄金时间。

时效性强的特别报道以新闻事件为由头，围绕着事件本身以及事件引起的一系列影响和反应进行全方位立体报道。

时效性不太强的非事件性特别报道，以特定的时代背景为大的由头，选择全社会或世界关注题材来说明一个重大主题。

事件性特别报道还可以随着事件的发展过程不断地扩大报道范围。写作时要求将事件及事件引起的反应、产生的反响、发展趋势有机地进行整体构思。注重提供信息和背景，让观众了解更多的事实。

非事件性特别报道注重深刻说明主题，写作时应该能够将各种材料消化透彻，贴切地运用材料以便内容扎实、有说服力。

特别报道在表现手法上的特点是：灵活、多样。它可以将解释、分析、对比手法结合起来运用，写作时具有一定灵活性。

特别报道在表现形式上的特点是：不拘一格。它没有固定不变的格式，相对地不受束缚，可以将现场报道、图像新闻、采访问答、新闻特写等各种报道方式的表现形式结合起来加以运用。

特别报道在时间跨度上的特点是：不受时间顺序限制。它可以将现在、过去、将来时态灵活地调度。

特别报道对写作要求十分严格，要分寸得当、严谨，讲求逻辑。现在，事件性新闻的特别报道朝着立体化方向发展。例如，邓小平同志逝世的报道，中央电视台几乎全天候进行报道。播出的特别报道主要有 4 个重点：其一，是报道邓小平逝世消息后，全篇播出《告人民书》及治丧委员会名单，还有邓小平家属写给党中央的信。这 4 个部分组合在一起，传达了最重要的信息，时间长达近 2 个小时。其二，是现场直播追悼会的实况，并且在追悼会后播出《邓小平同志光辉伟大的一生》。这两个部分一是事件发生、发展的全部过程，另一个是临时制作及时播出的专题片。其三是长篇幅报道事件的过程，邓小平遗体火化的报道，持续了 1 个多小时。紧接着报道送行群众的反应，也持续了 1 个多小时。两个部分组合在一起构成事件性新闻的特别报道。其四，是重播大型文献纪录片《邓小平》。这个纪录片刚刚在元旦时播出，此刻重播具有特殊传播意义。

非事件性的特别报道写作朝着深度和广度相结合方向发展，全方位地表现主题

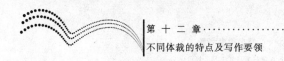

思想和报道意图。例如，20 世纪 80 年代美国 NBC 制作的《变化中的中国》，CBS 制作的《苏联的改革》特别报道，即是从方方面面来深刻阐述主题的。节目时间达 200 分钟以上，手法灵活、形式多样。特别是将卫星直播方式引入其中，使节目播出方式成为现场播报样式。

一般而言，特别报道的体裁写作比较重要。首先，它的传播意向有特殊性；其次，它的题材特别重大；还有，播出时往往打破常规，篇幅宏伟，较长的时间。这些特点决定写作的高度、深度、难度。

二、专题新闻

专题新闻在选材上注重新近发生或正在进行的为全社会关注的事物。

专题新闻具有一定的时效性。它可以截取客观事物之中的重要内容加以详尽报道；也可以截取客观事物的一个侧面进行专门报道。

在日常报道中，专题新闻在发布消息后播出。我国党和政府召开重要会议，大都采取这样的方式。首先在《新闻联播》中报告新闻，然后在节目之后播出专题新闻。

专题新闻写作要求补充、扩大消息报道的事件。有时要提供背景材料，说明、解释新闻中涉及的复杂事实。

专题新闻写作还要求以新近发生的事实为主体，以现场进行中的画面作为背景衬托，展示事件的原貌。有时，人物大段的讲话要用解说方式加以概括，写作时要进行必要交代。

三、调查报道

调查报道是对已经发生但内情尚未详尽披露的重大事件以及现实社会问题的报道。

调查报道体裁对于电视来说，表现手法要引人入胜、吸引观众。因此，要在调查上动脑筋，也就是怎样用电视手段去调查。

美国 CBS《60 分钟》节目经过摸索，开创了调查性纪录片的报道体裁。由于运用这种形式，重大社会问题以吸引人的情节结构得以展现，观众如同观看一个真实的故事。这些故事的结论在结尾才得以知晓，观众跟着故事走，产生参与感。《60 分钟》节目创办于 1968 年，这种调查性纪录片是以一个主持人的视线在报道中穿插调查，其结构以人的调查为主线。

随着调查性报道的发展，越来越受到观众的欢迎，成为深度报道的重要体裁，并发展成固定的节目样式。中央电视台《新闻调查》就是朝着这样的方向发展而开办的深度报道节目。

写好调查报道，要根据电视特点，不可完全模仿文字调查报道。因此，有必要进行一下二者的对比。

二者的相同点是：调查的对象都是重大事件或社会问题；调查目的都是披露事件内幕或寻求解决问题途径；在采访环节上都要求深入挖掘，认真研究；从社会效果讲，都能起到一定促动作用。

二者的主要区别是：调查性纪录片讲求情节结构，表现手法要引人入胜。文字调查性报道则要求逻辑严谨，细节部分可以展开，但只有片断没有情节。调查性纪录片往往要选择典型人物、典型事件，用形象事实来得出结论。文字调查报道则集合多个事件来说明问题的要害所在，其形式多以调查报告出现。

调查性纪录片打破了电视不能作深度报道的观念。《60分钟》被社会学家称之为"美国社会的一面镜子"，原因就在于调查性纪录片生动而深刻地再现了美国社会的方方面面。经济危机、环境污染、吸毒、青少年犯罪、离婚、儿童疾病等都进入调查性纪录片的题材。

为调查性纪录片撰稿，要对节目构思进行多维性构想，对节目结构要仔细琢磨，待节目粗编完成后再下笔写作。写作范围包括主持人开场白、解说、段落之间的过渡串联、结束语等几个部分。通常，在拍摄前，还要写好提纲，列好主持人或记者的问题单、现场的口述等。最后，还要根据画面调整文字。

四、新闻纪录片

电视新闻纪录片在样式上有4种：特别纪录片、大型纪录片、调查性纪录片、微型纪录片。这里我们着重从写作角度进行阐述。

在纪录片中，解说几乎永远存在，但运用解说要格外慎重。过满的解说不仅破坏了作品内容，而且还会分散收视者的注意力。绝不能使纪录听起来或看起来像教育片或电教课程，其观点、例子、内容要清晰、具体。

以技巧而论，高超的纪录片大都是简洁、具体、明确，富于深刻哲理和饱满的感情的。

一般情况下，写作时首先拟出提纲或研究报告。待素材拍摄完成，脚本的实质性文字材料应该收集到位。而后，制片人或记者检查素材，决定以何种方式、何种结构将它们组合起来，选用哪些内容，删掉哪些内容。在这个阶段，真正的脚本创作才开始。

写作时值得注意的一个问题是，层次之间、段落之间要有停顿，不能用画外音灌满。

美国等西方国家的绝大多数创作人员遵循新闻报道写作原则，开篇的句子直截了当，一下子点出作品的中心意思，紧接着给出5个W，之后再补充有关的细节。然而，也有例外，有的创作人员在开篇先拿出能引起人们兴趣或注意的内容，然后在基本的展示部分提供现场实地拍摄的生动画面，最后插入画外音。

画外音的作用是把材料串接到一起，因而承上启下，转折过渡常常离不开解说。

20 世纪 80 年代以来，电视纪录片的发展趋势是：微型纪录片异军突起；调查性纪录片为世界电视机构所重视；大型纪录片题材拓宽；特别纪录片制作越来越精良。

五、实况直播

实况直播是电视新闻同步报道的方式之一。

一般情况下，重大会议、纪念活动、特别事件、记者招待会、新闻发布会、开幕式、闭幕式等新闻采用这种方式报道。例如，国庆 35 周年的天安门广场阅兵式；胡耀邦、邓小平等中央领导人追悼会；中美建交的新闻发布会等都进行了实况直播。

实况直播受到欢迎的主要原因是同步化。在写作上比较简单，只需在开头将信息引出，在结尾告诉结束即可。如果记者出现在现场活动，写作则较为复杂，可以借鉴现场报道的经验。

六、实况转播

同直播相比，转播在时效上略差一步，但剪辑上有灵活性，可以压缩。

新闻实况转播是新闻报道较早的体裁，最初主要用于体育比赛，后来逐步扩大范围。

由于在剪辑上具有灵活性，写作也相对灵活一些。不但写开头、结尾，还可以写中间的过渡、介绍背景等。

第三节　评论类新闻的写作

电视评论是对国内外重大的、具有典型意义、有趋向性的新闻事件与问题发表看法，表明立场、观点、态度。

电视评论写作同报纸评论有共性，也有个性，主要根据不同方式而定。总的要求是：旗帜鲜明、立场坚定、态度明朗、语言有力。所谓评论，一定要有论点和论据。

经过多年实践摸索，电视评论体裁得到不断发展。我们这里涉及的评论不包括在电视上播发的其他传媒的署名评论，如新华社、《人民日报》评论员文章、社论等；因为这不是电视机构自己编发的，是作为信息传达给全社会。我们所讲的评论是电视机构自己采制、编发的，是代表电视台的发言。

政府首脑、权威人士、有代表性人物、或普通观众上电视发表讲话、演讲、讨论、座谈，对新闻事件和问题发表看法，表明观点。这些仍然不是我们所讲的评论，而属于电视谈话节目的范畴。虽然这些形式里边也包含着言论色彩，但只代表政府或个人，不代表电视台。

严格意义上的电视评论是代表电视机构、由电视台自己制作的。电视台的评论员，虽然以个人面目出现，但是他们代表电视机构发言。

中国电视屏幕上的评论体裁主要有4种形式：编后语、短评、述评、现场评论。

一、编后语

编后语是电视应用较为普遍的体裁。编后语写作比较简短，大都在新闻事实播发后面播出。记者主要就新闻事件说明什么，什么是值得提倡，什么是引以为戒的。如果提出批评或建议，须注意以理服人。因为编后语大多是一事一议，观众已经了解了事实并得出自己的看法，评论时只要画龙点睛就够了，无须讲过多大道理。

二、短评

电视不同于报纸，不宜发表长篇大论式的评论，如社论、评论员文章。短评作为轻武器，比较适合电视应用。

短评是一种独立成章的体裁，主要针对重大事件、问题发表有分量的言论，态度鲜明地表明立场观点。许多情况下，国际事务的纠纷多用短评方式阐明立场。电视的国际评论比较注重就事件发表看法，所以采取先报道事实，然后发表短评。

短评写作要求切中要害、言简意赅、说理为主。

三、述评

新闻述评以夹叙夹议手法，边叙述事实，边进行评论。

中央电视台《焦点访谈》节目就是新闻述评体裁。这个节目注意发挥电视特点，走出了一条电视发表新闻述评的道路。使评论成为每日固定的节目对中国电视报道来说是突破性的、具有开拓意义。

新闻述评一般分为形势述评、思想述评、工作述评、事态述评。几年来，《焦点访谈》在这些方面都进行了有益的尝试。

新闻述评在体裁上要求叙述事实必须有一定新闻性，评述问题要引起人们普遍关心。

电视的新闻述评写作没有一定格式，可以根据述评内容、节目样式进行布局。有时，记者在采访问答过程中进行述评，有时在画外音解说中评述，有时在节目开头、结尾表明态度。总之，以形象画面出现的新闻述评，写作时要考虑画面的规定。

从某种程度上讲，电视述评不但要学会用画面报道事实，而且还要学会用画面评述事实。

四、现场评论

顾名思义，现场评论即是在现场发表言论。电视的现场评论有两种方式；一是在事件进行之中同时评论，同步播出；二是在事件进行中评论，不同步播出。前一种方式多用于体育比赛，后一种方式多用于新闻事件。

现场评论在报道时产生一种整体感，所以不但评到点子上，而且要有感而发，

切忌言不由衷。

现场评论往往是即兴的发言。预知性的事件可以提前准备一下，突发事件就凭借记者在现场的判断、分析。因此，现场评论要根据现场情况迅速做出反应，并以准确的语言发表看法。相对来讲，现场评论有一定难度。

现场评论是发挥电视优势的较好评论体裁。记者在现场报道中即兴评论往往比较简短，不宜长篇大论。现场评论给观众痛快淋漓的感受，过多的议论或许会适得其反。

第四节　谈话类新闻的写作

电视新闻体裁是不断发展变化的，它不但借鉴继承了文字新闻体裁的形式，而且形成自己独有的方式。谈话类新闻体裁体现出电视自身的特点。

电视谈话类新闻报道是以人的声音为主的一种方式。目前，虽然没有严密的理论为依据，但根据实践，大体可以划分成这样几种类别：人物专访、现场快速采访、座谈、讨论、辩论、演讲、讲话、文字广播。

一、人物专访

人物专访是一种定向明确的采访报道方式。我国新闻界将专访分为三种类型：新闻人物、新闻事件、社会问题。西方电视界也分为三种类型：个性、信息、观点。这两种分类实质没有区别，新闻人物专访是以揭示人物个性为基点；新闻事件专访是以透露信息为目的；社会问题专访是以阐述观点为意图。

专访形式大多以一对一方式出现，有时也有一对二方式，或者二对一方式（两个记者联合采访一个人物）。

专访的地点，多数以演播室为主，必要时也可选择户外或特定场所。

专访写作重点是提问题，若要提出有分量的问题，必须进行较为透彻的研究。

名人专访或新闻人物专访，记者不但要对人物的职业活动有所研究，还要对人物的思想、生活、兴趣有所了解，才能提出具体的有价值的问题。人物专访作为新闻体裁，也必须讲求新闻由头。人物专访采访对象选择比较明确。

事件专访要围绕事件本身及产生的影响进行提问，以求透露更多的信息。事件专访的采访对象选择可以是当事人、目击者，也可以是能够对事件发表看法的人。例如，海湾战争期间，CNN 运用专访形式，进行了反映性深度报道。

社会问题专访选择的对象应该是对问题有一定研究的专家、学者或权威人士。问题专访实质上是思想观点采访，人物有一定权威性，可以增强新闻说服力。作为记者，首先要对社会问题进行了解、分析，然后找到问题所在，才能提出关键性的问题。问题专访题材相当广泛，政治、经济、宗教、道德、文化、艺术、教育、科学，等等，各种现实社会生活中的问题都可以进行专门访问。

人物专访在20世纪50年代就成为电视固定节目受到欢迎。美国著名记者爱德华·默罗创办的《面对面》节目曾吸引了众多观众。我国中央电视台《东方时空》节目的"东方之子"栏目，将专访形式大量引入，也引起社会很大的反响。

目前，电视人物专访在表现形式上有所突破。过去这种方式基本上是一问一答，记者和采访对象端坐在电视屏幕前。现在，专访表现形式有很大变化。

其一，用画面加解说进行提要式引入，然后进行一对一采访问答。美国的著名女主持人巴巴拉·沃尔特斯对前总统布什夫人的专访就较好地运用了这种形式。

其二，画外音提问，将画面让给采访对象，扩大形象画面信息量。许多明星人物的专访采取这种形式，并利用特技手段进行特技处理，北京电视台曾播出的《正大纵横》节目中的"星光灿烂"栏目大多用这样的形式进行专访，视觉效果非常突出。

其三，多地点活动式。许多人物专访在现场场所进行，记者跟随采访对象，转换地点进行活动式专访，现场场景带给观众从属的信息，增强了报道感染力。

其四，面对面直接问答式。这种方式适用于比较严肃的事件、问题专访。人物的回答，记者的提问非常引人注意，观众全神贯注倾听，不必要插入活动画面分散注意力。例如，《60分钟》记者华莱士对邓小平专访，持续一个小时，两人面对面坐着，进入采访最佳的状态。

其五，面对屏幕式。这种形式是利用通讯卫星，进行异地专访。开始电视画面上出现两个人的平面图像，中间也可切换突出一个人的图像。这种形式成为西方电视界新闻报道中的常见方式，我国在重大体育比赛的报道中也采用过。

其六，电话访问式。利用电话进行专访并配以图表、图片或者典型画面，是进行异地采访的有效方式。有时，由于条件限制，画面拍摄有困难；有时，采访对象不愿在屏幕上出现。在这种情况下，电话就成为有利的工具。电视新闻报道中的电视采访，采访对象有所不同的一点是，记者同记者之间进行对话。当然，这种选择主要用于事件性采访。

电视人物专访成功与否主要取决于两个因素，一是采访对象合作程度；二是记者提问方式和技巧。

二、现场快速采访

现场快速采访是电视报道的又一特色。这种体裁多用于微型调查题目或一般社会时尚反映性的题目。中央电视台《与你同行》节目曾推出的"微型调查"栏目，主要用这种方式报道。

快速采访是电视记者的基本功，写作的要求有两点：一是要将问题分类，二是

将问题具体化。快速采访不允许进行冗长提问，问题不能太深奥。因为采访对象是随机选择非定向的。

快速采访有时只有两三个问题，同时向几个采访对象提出同样问题，得到不同回答。为了突出重要观点，记者可以以字幕方式归纳一下，或在最后总结一下。

由于快速采访得到的回答比较零乱，不够严密，记者要注意将采访到的内容进行条理化处理。

快速采访还要注意的问题是理智。由于采访对象是在马路上、大街上、商店门口、公园里、学校里等场所接受访问，比较随意，有时回答不够理智，情绪化或者违反常理。记者要能够判断哪些话能够用，哪些话不能用，缺少什么内容应该补充或重新选择人物提问。快速采访体裁不宜做深度报道，有时可以作为开头切入。

快速采访体裁，在写作时还需要有开头的交代。记者可以在现场口述，也可由主持人在演播室提示。

快速采访大多在大庭广众下进行，现场背景也可提供从属信息。记者在现场，通过观察可以进行即兴提问。

三、座谈讨论

座谈、讨论是电视谈话节目中常用的方式。中央电视台的《实话实说》节目较好地运用这种体裁，引起观众注意。

1. 电视座谈

电视座谈是一种集体访问报道形式，记者约集一组采访对象围绕一个题目进行座谈。

电视座谈可以在演播室进行，也可以到演播室外的固定场所进行。

电视座谈气氛往往比较融洽、随便，记者既可以在座谈中穿针引线、组织串联，又可以将意图讲明后倾听采谈对象发表看法，充当事实收集者的角色。

电视座谈选题一般不涉及尖锐的问题，因为敏感的题目不适合座谈形式。座谈不同于讨论、辩论，访问对象之间一般不针锋相对地提出完全对立的观点，不同看法的提出往往采取各抒己见平和的方式。座谈的气氛一般比较轻松，采访对象关系比较融洽。

座谈播出形式可以经过剪辑，将采访对象的谈话有选择地播出，记者可以不出画面。也可以采取不经过剪辑的方式，记者在其间穿针引线，将采访对象的谈话组成一体。

座谈的题目一般也要有新闻由头引发。例如，一部电影播映后组织创作人员座谈，或某一现象引起社会关注组织有关人员座谈。或者某些节目，纪念日前夕组织有一定代表性的人物座谈。

电视座谈在写作上要注意集思广益，引起思考，从不同角度对报道选题进行深入挖掘。

2. 电视讨论

电视讨论是在主持人的主持下，邀请持有不同观点的人就某一题目进行讨论。这是电视客观发表言论的形式之一。

电视讨论体裁十分广泛，既可涉及一般性问题，也可触及敏感尖锐的问题。它包括国内外政治、经济形势、方针政策、社会现象、社会生活等方面诸种问题。中央电视台《十二演播室》节目中经常采用讨论体裁。

电视讨论传播的是多种声音、多种见解，因而能使观众从中受到启发，引起思考。中央电视台《观众论坛》专栏节目，针对观众关注的题材，请各界人士、专家、学者、普通群众在电视上发表见解，对引导社会舆论起到促动作用。如请改革家们讨论"中国的大趋势"，请农民企业家讨论"农业改革"，请有关人士讨论"物价问题"等。观众从讨论中受到启发，引起思考。

电视讨论体裁在写作中要注意将讨论的问题分清主次，理顺各个问题之间的逻辑关系。一般是由浅入深，由个别到一般引入讨论。讨论后，记者要能够归纳出几个有代表性的观点加以进一步阐述，给观众明晰的印象。

四、辩论、演讲

辩论、演讲是比较吸引人的电视谈话类节目的有效形式，其效果是报纸新闻难以达到的。

1. 辩论

电视辩论是请持有相反观点、不同见解的采访对象在电视上展开针锋相对的唇枪舌剑。

电视辩论形式最初是前美国总统肯尼迪同对手尼克松竞选时使用的电视竞选方式，后来成为电视新闻报道的固定形式。

电视辩论特点是采访对象之间互相驳斥，比之电视座谈、电视讨论的气氛要紧张，激烈。因此，主持人的调和作用非常重要。

一般，双方辩论时间相同，不能多、不能少，镜头相对也要均衡，以显示对等客观。

电视辩论气氛虽然紧张、激烈，但观众却比较喜欢看，原因在于电视辩论题目比较尖锐，双方都伶牙俐齿，往往能留下深刻印象，引发思考。

电视辩论这种体裁在我国多用于一些辩论活动，这些活动不具有较强的新闻性，但是，辩论题目带有一定的时代特色，因而也比较能够吸引观众。

在美国等电视发达国家，电视辩论多用于思想观点的揭示、有争议问题、国内外事务等。例如，总统候选人的电视辩论、裁军问题的辩论等，都成为重头节目。

电视辩论写作主要是围绕主持人的开场、转场来写作。故此，撰稿人对程序要

了如指掌，同时要注意不能啰嗦。

2. 演讲

演讲作为新闻报道体裁起始于美国总统肯尼迪同尼克松竞选时期。

电视演讲在我国目前还仅仅限于一种活动、比赛，没有太大反响。而在美国、英国等西方国家，演讲成为社会关注的节目。特别在大选期间，总统候选人的演讲涉及大政方针，关系到今后国家的现实走向，特别受到观众的注目。由于演讲内容重要，具有较大新闻价值，三十多年来，始终成为一种深受欢迎的特别报道节目。

一般情况下，重要演讲由写作班子、顾问们起草，电视机构有经验的记者常常成为班子的一员。他们为演讲者出主意，利用电视特点，布置好特定背景，选择最佳角度。

经验说明，电视演讲不能过于冗长，开头要特别吸引人，必要时要富有人情味。稿子要精当，演讲人应对着镜头说，而不要念。

通常，电视演讲后，记者就演讲引起的反应进行报道，在一段时间内成为街谈巷议的内容。

五、讲话、文字广播

讲话是临时性安排的节目内容；文字广播在综合电视台往往也是临时安排，但在文字广播频道则是基本的方式。

1. 讲话

电视讲话是新闻人物、政府首脑、外交使节、学者专家等具有一定代表性的人物通过屏幕向观众发表讲话的电视报道形式。

电视讲话主要分为演播室讲话、现场讲话和报告剪辑三种形式。

演播室讲话最早起始于广播节目，比较有影响的是美国总统罗斯福的"炉边谈话"。在国外一些电视上每年新年之际，政府官员上到总统，下到市长都上电视发表新年讲话。特别是竞选总统期间，候选人发表电视讲话成为竞选程序的重要内容。美国、英国等国政府官邸专门设有电视讲话演播室，发表电视讲话已成为政府阐明立场、观点的重要手段。

我国电视作为政府阐明立场、观点讲坛所采取的形式同国外比有所异同。目前，我国中央领导人上电视讲话频率不高，但也开始引起重视，例1980年元旦李鹏总理发表新年讲话。通常，我国政府领导人的讲话都采取开会现场直播或报告、剪辑的形式，而不是专门为上电视设计、组织讲话。

国外外交使节每逢该国国庆，中国都安排大使上电视发表讲话。

我国电视较多的讲话是先进人物的报告。例如，全国劳模代表团、青年科学家代表团及青年教育工作者等。一些为国争得荣誉的新闻人物有时也发表讲话，如女排、奥运冠军等。

电视讲话一般都结合当前社会形势，具有较深思想性、权威性，是一种传播思想、观点、事迹的有效形式。

2. 文字广播

文字广播新闻是电视多路广播的产物。在美国、日本等电视发达国家相继开办了图文电视广播，新闻报道在电视上以文字形式出现，同时配上口播。

图文电视以页的形式组织编排，全部信息在一段时间内循环重复播出。图文电视分为许多条目，包括新闻、天气预报、广告、商品信息、教学等。一般新闻报道在图文电视中又被称作"电视报纸"。

在我国，现在虽然没有图文电视广播，但重要的政府公告、声明等内容也采取过文字广播形式。例如，1989年"六四"前夕的戒严令的公布就是反复采取文字广播形式在电视中播放的。

文字广播新闻的出现，是电视新闻报道形式灵活性、兼容性的又一体现。

在电视发达国家，如日本等国已经将图文电视同电脑结合起来，通过存储系统，按目录查阅，而不像电视活动图像那样不能独自个人要求重放。图文电视各个条目不但能够存储，还能够补充、修改、添加。对于电视新闻报道来说，它显示出一定灵活性。换句话说，文字报道的手法在电视屏幕上也能有用武之地了。不过，同报纸相比，电视文字广播虽然有一定优势，但也存在着不灵活的一面。这就是它不能像报纸那样随身携带，有选择地进行阅读。

文字广播写作量较大，文体也较多，记者可以借鉴报纸、广播写作的手法，同时考虑电视流动播发的特点，使文字内容具体、生动一些，以便引起注意。

以上，我们对电视新闻体裁及写作要求进行了阐述。电视新闻体裁正朝着多样化发展，表现手法互相融合，写作艺术得到重视。因此，学习写作不能墨守成规，要掌握电视新闻报道特点，顺应发展的潮流，真正将写作提高到电视文字创作艺术水准。

本章参考书

1. 《新闻体写作》（北京日报出版社，1989年出版，任维犀、张雷著）；

2. 《广播电视新闻报道写作与制作》（中国广播电视出版社，1987年出版，美：特德·怀特等著）。

本章参考片

1. 中央电视台《新闻联播》节目；

2. 《新闻调查》节目；

3. 《焦点访谈》节目；

4. 《实话实说》节目。

本章思考与练习题

1. 电视新闻导语写作要领是什么？

2. 电视新闻对新闻要素处理的要求有哪些？

第 十 三 章
电视新闻写作的构思

【本章内容提要】

电视新闻报道构思不同于文字新闻，首先要了解电视报道不同
形式的特点，然后再从主题、角度、形式、材料之间的相互作用中
进行构思，不可偏废任何一个方面。

先有构思，后有文字。记者对报道思想、新闻线索、价值取向进行了通盘考虑
之后，方可确认具体选题。

选题确定下来，记者的多维性思维活动并没有告一段落，此刻还要考虑报道主
题、角度、形式和选材。

采访报道同步化已成为电视传播的发展趋势，记者在写作构思时不能不对主题、
角度、形式以及选材加以综合思考。通常，在采访策划过程中，对主题、角度、形
式选材的思考仅仅是初步的，是否切合实际还有待在采访深入过程中加以验证，在
写作时进一步构思、深化、反复推敲。

第一节　对主题的思考

主题是记者在反映客观事物时，通过具体报道的内容所表达的中心观点、中心
思想。

一、主题与问题

主题不是记者在报道中提出的主要问题，而是记者对问题持有的观点和评价。
1988 年全国好新闻评奖，其中 35 个获奖的电视作品中有三分之一是揭示社会问题
的。例如，《振兴开封座谈会开成了催眠会》、《乱开发票成为干扰物价改革的一大
公害》、《迎接检查菜场三天迟开业》、《四平农科所科研成果越多单位越穷》等，这
些新闻报道中提出的问题并不是报道主题，主题是记者对问题的看法。

记者的看法、评价既可以画龙点睛地表露，也可以让观众根据事实自己得出结论。像《振兴开封座谈会开成催眠会》就明确点出："像这样无意义、无效率的会议，还能让它继续下去吗？"《玛纳斯县在抗洪期间组织跳舞引起公愤》则是让观众自己下结论："参加舞会的除了部分水利职工外，还有在这里组织抗洪的上级有关的负责同志。事后，还有同志为他们四处奔走，希望本台不要播出这条消息。"

二、主题与内容

内容是报道对象、报道范围、主要事实，主题是通过这些内容表达的某种思想、主张。例如，广东台的评论《潜在的危机——关于童工现象的思考》就是通过新出现的童工现象说明："在我国经济发展的同时，存在着沦为低知识民族的危机。"江西台的专题报道《"红孩儿"现象》是通过揭露所谓的"避邪服"这种愚昧迷信的思想行为说明："它却污染了孩子圣洁的心灵，这能叫爱孩子吗？"

三、主题与标题

主题与标题的关系是相互作用的，其表现形式是：

其一，标题直接揭示主题。举例来说，1989年全国优秀电视新闻作品《开国大典受阅师40年保持英雄本色》、《首都元旦市场繁荣》、《河西区尊教重教蔚然成风》等，这些标题都直接揭示了主题思想。

其二，标题暗示主题。像《"财神爷"捡破烂》、《儿童节不见儿童片》、《一年造坟5万座 侵占良田近千亩》等获奖报道的标题虽然没有直接点明主题，但观众从题目上能够对报道包含的主题思想有所意会和理解。

其三，在标题中提出问题，引导观众关注主题。1987年优秀电视新闻《空运到京货物积压严重》、《福建省文物仓库5万件珍品危在旦夕》、《广州30万退休工人没有专门活动场所》等标题都比较醒人耳目，引起观众的格外关注，在社会上反响较大。

标题是报道的眉目。贴切、简洁、新颖的标题能够给观众以深刻的印象，达到较理想的传播效果。

记者在思考主题时，不但要搞清楚主题同问题、内容及标题的关系，而且要在理论上对主题形成的基本过程和主题的提炼与表现有较清楚的认识，进而才能指导实践。

四、主题形成的基本过程

中外新闻界确认：报道主题形成的最好时机是在采访之中。通常，主题形成大体经过3个阶段：采访前期对主题雏形的考虑；采访过程中对主题雏形的验证；采访后期及写作阶段对主题的深化、推敲。

五、主题的提炼与表现

新闻报道不同于文学作品，其报道主题具有客观性。为此，提炼主题既要从全部事实材料出发，又要把握事物个性，挖掘事物本质，抓住事物的特殊点。表现主题特别忌讳贪大求全，而应以小见大，鲜明、集中。前面列举的优秀电视新闻在主题的提炼与表现上都抓住了事物的突出特点，准确生动地加以表现。

电视报道质量的高低、价值大小，其决定因素就在于主题是否正确、是否深刻。正确深刻的主题应该是对全部事实材料思想意义的概括，记者只有把握事物的意义所在，才能提炼出鲜明的具有一定社会意义的主题思想。

需要指出，记者对主题进行思考时要避免脱离实际，主题先行。在新闻报道中，主题先行和夸大拔高是一种"常见病"，这两种通病往往是相互影响的。为什么这两种毛病时有发生呢？主要的原因是记者的认识方法违反了唯物主义的认识论。主题存在于客观事实之中，却又看不见摸不着，它必须从事实中提炼，却又不能任意拔高。新华社记者李峰认为，提炼主题取决于 3 个因素：一是对大局的了解；二是对报道对象的调查研究；三是报道的目的性。这 3 个因素就是依照唯物主义认识论，从实际出发，从事实出发。"从认识事物的角度说，全局和采访的事实之间的关系是个等量和被等量物的关系。没有全局的观点，对所采访的事实，就分不清轻重，看不清它是不是具有普遍意义及其意义大小。"① 从根本上讲，采访报道要避免主题先行，就必须端正认识方法，从宏观和微观两个角度认识客观事物，表现客观事物。

第二节　对角度的选择

"角度"一词，源于摄影。借鉴到采访报道之中，含义特指记者发掘事实和表现事实的角度。换言之，即是记者发掘事实和表现事实的着眼点和侧重点。

由于电视报道特有的融合性特点，决定了发掘事实与表现事实角度的相互交织、同步流动。因此，记者确认选题正式采拍、提笔写作时必然要考虑角度的选择。

一、角度与客观事实

选择角度，首先取决于客观事实本身具有的特点。1986 年优秀电视新闻《喜鹊沟家家户户添新秤》报道一个贫困山村经济生活的变化。用过去全村只有两杆秤和今天家家有新秤的事实来说明改革开放以来贫困地区农民生活的提高。虽然这个村的生活水平在全国仍属于较低的水准，但记者选择的角度新颖而且符合实际，报道具有说服力，反映了社会生活某一侧面的变化。这样，报道就有了一定的高度，同时也赋予了一定的社会意义。

---

① 李峰：《谈谈提炼主题的几个问题》，载《新闻采写经验谈》，新华出版社，1983 年版，第 199 页。

二、角度与报道形式

选择角度,与报道形式密切相关。电视现场报道、人物专访、纪录片、特写、动态消息等不同形式对报道角度有不同的视角要求。中央电视台播出的美国哥伦比亚广播公司制作的《48 小时》节目,是以社会问题纪录片形式进行的深度报道。节目中关于艾滋病的报道角度选择可谓独具匠心。节目开始以一个女病人因看牙医被传染上艾滋病向法院起诉的事件为由头,然后展开揭示艾滋病带来的一系列社会问题——艾滋病人的痛苦;病毒的传染渠道;病人同周围人的关系;带有病毒医生的职业道德与生存手段的矛盾;病人公开病情与个人隐私权的法律纠纷;医疗界面临的困境;社会应该承担的责任及面临的难题。节目以纪实手法从不同侧面对一个人、一件事进行记录,层层分析。从节目截取的典型事例和人物中可以看到纪录片独特的视角。1989 年优秀电视新闻特别奖作品《我国首次从大陆性病患者中发现艾滋病病毒感染者》是以人物专访的形式进行的报道,角度选择同纪录片就有所区别。记者得知这一信息后,了解到患者已经出国,便当即采访了全国艾滋病防治组组长,向全国发布了新闻,敲响警钟。报道从人物选择角度上具有权威性,尽管当事人不在,但消息来源不失可靠性。消息后面还专门介绍了艾滋病在世界流行情况和相关知识,从全球角度来认识艾滋病的危害。

三、角度与电视特色的发挥

电视报道以特定的现场背景作衬托,因此地点环境、时间、人物的选择都可以构成不同的角度;而采访方式、拍摄方位、报道手法都不能脱离角度的选择。选取最佳角度好比开设一个理想的"窗口",能够让观众把目光集聚到最有价值的地方。1988 年优秀电视新闻《珠龙乡喜办"托牛所"》报道农村承包后学龄儿童弃学放牛,"托牛所"的开办使孩子重新回到课堂。这条新闻的"窗口"特别新鲜,既开采了新闻价值又具有可视性。

四、角度选择的着眼点

我国知名记者艾丰在其《新闻采访方法论》一书中将角度选择的着眼点归纳为 4 个方面:接触事实的角度、观察事实的角度、解剖事实的角度、截选事实的角度。他认为:"接触事实的角度和观察事实的角度,是着重研究记者同事实如何发生外部联系以便于开采新闻价值的问题;解剖事实的角度和截选事实的角度,则是侧重于研究记者从何入手,揭示事实本身和事实之间的内在联系,以便于表现新闻价值的问题。"[①] 艾丰对角度选择着眼点的阐述是十分精当的,无论是文字记者还是电视记者都必须从这 4 个角度着眼,以便以最快的速度和最好的视角发掘和表现事实。

151

① 艾丰:《新闻采访方法论》,第 154 页。

对于电视记者来说，还须综合考虑发掘和表现事实的角度，因为电视采访报道中的许多形式是同步进行的。

第三节　对形式的考虑

在记者日常工作中，基本上是固定于某一个节目编辑部，承担分派的或专线的采访报道任务。电视节目的模式在一定程度上规定了报道方式，例如《新闻联播》节目以动态消息新闻为主，《观察思考》节目以深度专题报道与评述为主。有些采访任务下达之时就规定了报道形式，比如《望长城》等纪录片。这样看来，记者对形式的考虑是不是可以不花脑筋了呢？不是。电视报道中还有许多可以采取多种形式表现的内容，有些题目有几种形式可供选择。此外，即便是事先已经确定形式的选题，也还要考虑如何表现。《我国耕地人口承载力已经处于临界状态》和《我国首次从大陆性病患者中发现艾滋病病毒感染者》这两条新闻都是在《新闻联播》节目中播出的动态消息，采取的形式都是人物专访，而不是活动图像配解说形式。对于这两条新闻来说，如果换一个形式就不能够很好地体现权威性和可信性。同样的道理，一些以现场报道形式传播的新闻，如果换以人物专访或其他方式，就会减弱可视性和感染力。由此可见，记者确认选题时对报道形式的考虑基本上已趋于成熟，写作构思就要依照形式进行。

电视记者进行写作构思，还有一个不容忽略的因素要考虑进去，就是采访的具体方式。采访方式对于电视报道来说往往起着结构全篇的作用。"在这些'视觉'新闻节目中，新闻采访是主要形式之一，它是传递信息，使新闻更生动活泼的一种手法。"①

一般来说，采访在报道中结构全篇的具体表现形式主要有两种：一是展现全部采访过程；二是插入采访片断。人物专访、电视讨论、以采访活动为拍摄主线的纪录片等报道形式，展现的是采访的全部过程。动态消息、现场报道、调查报道等报道形式，采取片断插入的方式。可以看到，电视采访对于单个报道来说起到结构全篇的作用，对于整体报道来说起着纵深开掘的作用。记者写作在结构上不能不考虑采访插入的方式，因电视新闻结构不同于文字新闻，它受到画面、采访插入的限制。要将文字、画面、采访通盘考虑，下笔才能心中有数。

总而言之，电视采访作为一种行之有效的表现手法，在电视整体传播中发挥着

----

① 库亨：《美国商业电视网中的新闻采访》，载《外国电视研究译文》，北京广播学院出版社，1991 年版，第 134 页。

不可替代的作用。记者进行写作构思之时，必须将采访的具体方式与报道形式一同考虑，不可忽略任何一个方面。

第四节　对材料的认知

新闻报道用事实说话，而事实则由材料构成。然而，并不是所有材料都等于事实。在采访中，有一个对采集到的材料认知的过程。

一、材料与事实的关系

材料与事实之间的关系是比较特殊的，材料不等于事实，事实由材料构成。为什么这样说呢？因为材料不一定完全都是真实可信的，有些材料是虚假的、夸大的。所以，记者在写作时，对材料认知首先就要核实材料、辨别材料。

核实材料要做到万无一失。对事件、时间、地点、人物、观点、例证、数字、引语、原因、结果都要核实，对反面材料尤其要小心求证。

二、选材的原则

材料是构成报道的基本要素；

材料是形成主题、观点的基础；

材料是表现主题、观点的支柱；

选材取决于主题的需要，选材范围大小、多少，取决于事实本身的复杂程度。选材多少容易产生的一个误区是以主题重大与否、选题重大可否进行取舍。有些重大新闻、重要信息，虽然主题重大，但事实本身并不复杂，故此不必选择过多材料加以报道。有些新闻虽然不很重大，但事实本身比较复杂，故此需要选择较多材料加以说明。

选材的原则是：以一当十。

新闻报道总体上讲提倡简短，无论篇幅长短，包容的信息都应该是讲求质量。短消息、微型纪录片、长篇调查报道等体裁，选材的原则都是相同的。

以一当十，要求选择的材料典型、生动、具体、有新闻价值、说明主题。

三、选材范围

按照材料构成的基本要素，大致可以从下述几方面归纳一下选材范围：

①事件本身；

②事件背景；

③地点和环境；

④事件意义；

⑤涉及的相关事件；

⑥有关方面的反应、见解、建议；

⑦尚未清楚的疑问和存在的问题；

⑧事物发展前景预测；

⑨原因及结果；

⑩记者的评价、分析、预见。

新闻的力量在于用事实说话，材料就是事实说话不可缺少的基本要素。选材的范围离开事实、离开报道题目、离开主题思想，就会走入误区。

四、选材方法

选材方法即是将材料按其性质分门别类，综合运用。

1. 现实、历史材料

现实是历史的继续，历史是现实前身。运用历史和现实材料，能够起到全面、清楚地认识客观事物的作用。

2. 正面、反面材料

新与旧、正与反、对与错、好与坏的对比，可以起到烘托作用，具有较强的说服力。

3. 具体、概括材料

具体材料表现事物的深度，概括材料反映事物的广度。二者结合运用能够使报道力度增强。

4. 直接、间接材料

直接材料与间接材料运用得当，可以开阔思路、引发思索、产生联想，以至唤起行动。

本章参考书

1. 《中国应用电视学》第 17 章；

2. 《新闻采访写作教程》（中央广播电视大学出版社，1985 年出版，周胜林、严硕勤著）。

本章参考片

1. 《48 小时》节目；

2. 《60 分钟》节目；

3. 《新闻调查》节目；

4. 近几年全国优秀电视新闻获奖节目。

本章思考与练习题

1. 论述主题提炼与形成过程?
2. 选材范围的重点确定、角度选择的着眼点各包括哪些?

第 十 四 章
电视新闻写作的技巧

【本章内容提要】

　　本章从写作衡量尺度、学会"写画面"、导语及新闻要素处理、结构与时态的把握4个方面着重对写作技巧进行了具体阐述。这些方面即是电视写作技巧在实践中的具体方法，也是基本的规则。

　　学习写作技巧，首先要端正一个态度，就是不要为写作而写作。

　　为电视新闻写作，如果沉浸于辞藻之中，往往会写起来装腔作势，把语言技巧置于思想内容之上。美国哥伦比亚大学新闻学教授麦尔文·曼切尔认为，记者的第一信条就是要忠于内容，玩弄辞藻会给人以轻率的感觉。

　　提高写作技巧不单纯是为了写作，而是为了更好地表达思想内容。从这个目的出发，写作技巧才不会脱离报道的特定意图而完全成为文字游戏。这样说是不是不讲求技巧了呢？从实际情况看，电视写作作为看不见的艺术，又往往受不到特别重视。这种忽略写作、不讲求技巧的倾向自然也是不对的。不论是1分钟长度的短新闻，还是30分钟长度的深度报道，每一类新闻都应该认真地去写作，讲究技巧。

　　下面，我们从电视写作的特点出发，对写作技巧作比较具体的阐述。

第一节　写作的衡量尺度

　　什么样的写作才算好？优秀的写作应该掌握哪些要领？写作能力怎样得到提高？首先来分析一下写作的"4个C"标准。

　　一、"4个C"标准

　　所谓"4个C"标准，即是清楚、简洁、准确、口语。在西方电视界，为记忆方便，使用C字母打头的词语来表达，故称为"4个C"（Clear，Concise，Correct，Conversational）标准。

这"4个C"标准，可以说是新闻写作的基本要领，又是最高的标准。1991年，美国三所名牌院校——印第安纳大学、南加州大学、马里兰大学用这"4个C"标准，对美国三大电视网晚间新闻节目的三位一流节目主持人的写作进行了评估，所得出的结论是：优秀的写作读起来顺口，听起来自然，在总体上形成简洁、明快、流畅、直截了当的风格。

二、声画对位

声画对位是电视新闻写作最起码的要求。然而，有些新闻却达不到这个要求，以致声画两张皮。

怎样做到声画对位？怎样组成一条图像和声音和谐统一的新闻？有3种行之有效的方法可供选择：

一是先把稿件撰写好，然后再编辑画面。有些预知性新闻或者重大报道任务，记者事先已经了解到基本情况和程序，可以先写稿，但写作时必须要设想画面构成。

二是先把图像编辑好，再根据画面撰稿。多数情况下，这种办法不但容易达到声画对位的要求，而且容易做到画面、文字相互协调。

三是事先准备好一个提纲，一边编辑一边写稿。有些新闻时效性强，记者为了抢时间，边编边写，写好后马上配音。有些新闻在拍摄时就对画面编辑进行了构思，对文字写作进行了考虑，记者胸中有数，边编边写。

第二节 学会"写画面"

电视新闻写作也是一种创作。表面上看，口语化写作似乎不太严谨，也不像文字新闻那样淋漓尽致地将新闻内容全部用文字表述。实际上，电视新闻写作在某种程度上讲达到高标准是十分不易的。

一、为什么"写画面"

作为电视记者，必须学会"写画面"。

记者头脑中首先要清楚，自己写的文字，配上画面在屏幕上起什么作用。

写画面，简单地讲，就是当屏幕上出现画面时，文字就要尽快说明，解释画面展示的特定内容。画面本身虽具有视觉形象，能够"自己说话"，但它仍然受到自身特性的局限。

画面语言，作为电视传播中非常重要的表现元素，成为新闻报道的不可缺少的形象语言。当我们在认同画面是形象传播中的重要表现元素，甚至是第一要素的同时，也要看到它自身的局限，这也是电视写作为什么要学会"写画面"的原因所在。

任何事物都是有利有弊、有长有短的，我们具体地分析一下电视画面的缺陷，同时寻找一下弥补的办法。

（1）画面难以表现人物复杂的内心活动

虽然观众可以通过画面感受到人物的表情、神态，可以从中感受到人物的情绪状态。但是人物的内心活动却不能从画面上直观地展示，必须通过文字或人物自己说话来表露。

（2）画面对未拍摄到的已经发生的事物不能够再现

有些突发事件，或已经发展到一定阶段的事件，电视如果拍摄不到事件的发生、发展进程，就需要文字来叙述。为了体现现场感，记者可以拍摄事件过后的现场环境加以补救，或让当事人讲述来增强可信性，用文字解说加以分析、解释。这时，文字就成为新闻非常重要的表现元素。

（3）画面对展示未来，回忆过去受到限制

现在，电视可以利用特技来绘制未来，也可以利用活动图像资料来追溯往事。不过，特技绘制的"未来图画"毕竟不是真实的，它只能让人们产生联想，而不能让人们深信不疑。以往的活动图像资料只能局部地、有限度地唤起人们对往昔的记忆，而不能全面地、自由地表现过去。同时，"未来图画"和"过去的图像"由于时间跨度，也给观众造成一定的距离感。在没有图像资料的情况下，记者可以让人物借以说的方式来回顾，如果人物无法上电视说话或者人物的讲述需要压缩、概括、提炼，那只能借助于文字表现。通常的作法是，拍摄一些与过去有关联的画面或笼统的画面，配上解说进行回忆、讲述。

（4）画面对缺少行动、没有形象特征的事物难以生动地表现

比如科技成果、重大决策、政府文件、简单的生产过程等。这些报道内容完全用口播报道过于死板冗长，多数情况下采取画面、图表、字幕、讲话、解说相结合的方式加以报道。这时，新闻要依靠解说来组织结构、承上启下，以至于表述主要内容。

（5）画面对新闻要素的具体交代受到限定，需用借助文字明确回答

新闻中的"5个W"常常要用文字说明、解释、介绍。虽然可用字幕方式将特定的人物身份或环境进行提示，但字幕提示往往是人物在画面上说话时，让观众有一定时间辨认。如果人物在活动，或不用同期声，那就一定要文字解说来交代。地

点环境、事件发展、原因所在则更需文字解说来补充说明。

二、怎样"写画面"

怎样"写画面"？"写画面"有什么技巧？前面我们分析了画面的局限性并提供了弥补的方法，再来分析一下技巧上的不同处理。

1. "写画面"要遵循视觉逻辑

所谓视觉逻辑，是指文字受画面支配这一现象。在电视写作中，文字在纸上看起来顺畅、连贯，读起来也悦耳动听，但是这不一定意味着是篇好的电视新闻稿。因为，文字时刻受到视觉逻辑的制约。

同时，遵循视觉逻辑还包含观众收看电视新闻的视觉逻辑。例如，在一条消息中，时间和地点要按照时间顺序变更。在文字新闻中，记者可以转换时间和地点，可以跳跃式处理。但在电视屏幕上播放的新闻报道中，这种转换则会把时间和地点搞乱了。记者不能将晚间举行的一次会议转换到早晨进行的人物采访，然后再回到晚上的会议上。短新闻中时间和地点不可以切换，有效的方法是将不同时间、地点发生的新闻进行"分割"处理。即先讲早间的事，后讲晚间的事。我国领导人出访的消息，基本上都是这样处理的。在深度报道中，时间、地点的转换是随着新闻内容层层深入而变换。深度报道结构灵活，但是并不意味着在一个段落中将时间、地点顺序搞乱。那样，观众就会弄乱事物之间的逻辑关系。美国《48小时》节目有50分钟长，在每一个层次、段落中都非常清楚地转换时间地点。这个节目结构比较灵活，但层次非常清楚，观众看起来并不感到迷惑。

2. 不要同画面重复

在多数情况下，利用解说来补充画面没有提供的内容，或者画面上展示不够明确的地方。"声画对位"并不意味着画面上出现什么，文字就写什么。举例来说，假设写一段电影明星×××表演溜冰的内容，如果写成"电影明星×××去做溜冰表演"，就会同画面提供的可视信息重复。好的办法是提供补充信息或背景材料，可以写成"电影明星×××的业余爱好之一是溜冰"，或者写成"×××从少年时期就迷恋上溜冰表演艺术"。

3. 不要与画面"竞争"

试图让文字与画面"竞争"是徒劳无益的。要知道观众收看电视时的状态是将注意力集中于画面上，边看边附带听解说。在有限的时间内，有时不必对画面作任何解说，观众即已看懂。因此，要将文字解说限制到最低点，起到点到为止、画龙点睛的作用。如果画面同字发生"对抗"，文字就要给画面让位。

4. 不要让观众去"猜画面"

当画面内容显示不够明确具体时，解说就有必要进行具体提示或明确介绍。当画面出现的内容使观众难以判断，即使画面展现的是特定人物或具体事情，解说则

159

有必要告诉观众特指的人物是谁，事情是什么。比如，画面上出现一个观众不熟悉的地方，虽然画面很具体，但是观众要猜测到底是哪，这时解说要尽快告诉观众。再比如，画面上出现一个人物，或一群人无论是否是大众所熟悉，都要尽快告诉观众这个人是谁，这群人是什么阶层的，不要让观众去推测。另外，更不要在另一个人出现时介绍前一个人，或者人物还未出现时就已介绍完毕。

电视新闻报道，常常要从不同时间、不同地点选择不同人物、不同事物来进行报道，记者进行不同角度、不同侧面的选择加工，最后构成一条完整的新闻。因而，记者在现场采拍时，就要弄清楚哪些内容用画面展示，哪些用文字表达。如果自己不清楚，写作时容易忽略，就会出现让观众"猜画面"的情况。

5. 要让观众"进入画面"

解说的另一个重要作用是：让观众注意画面。那么，怎样才能集中观众的注意力呢？

解说应格外小心不要分散、打断观众注意力，也不要干扰观众的收看。美国著名的新闻节目主持人钟康妮认为，电视写作写什么固然重要，但是怎样写则更为重要。这里边就有一个技巧问题。通常，要注意这样一些问题：

其一是解说不宜过满，过满的解说会使人感到厌烦，成为一种干扰，令观众心烦意乱。有时，体育现场比赛转播，解说过满，就会产生这种情绪，其中的道理是一样的。

其二是解说不宜旁牵他涉，同新闻毫无关联的解说会分散观众注意力。解说扯得太远，观众注意力就会从画面上离开，去琢磨解说的内容到底同新闻有什么关系，结果并没有什么重要的联系，反而使观众忽略了画面提供的信息。

其三是解说不易绕弯子，过多的设置文字障碍，就会打断观众的注意力，去琢磨解说的含义，到底要说什么，说的是什么意思。观众注意力一旦从画面上溜走，对新闻的印象就会减弱。电视解说一听即过，卖弄文字是徒劳无益的，观众不会去咀嚼它，更不会去重读它。

其四是解说不宜平铺直叙，平淡的解说不能调动观众的听觉注意力，往往令观众提不起精神。观众收看电视的状态是这样的，先是看画面，附带听解说，当听到重要的信息或有趣的新闻，眼睛往往紧盯着画面，关切地注意以下的内容。记者要避免平铺直叙，有效的办法是将重要的信息、有趣的故事、精彩的引语和富有人情味的内容用生动的文字表现出来。

第三节　导语及新闻要素的处理

导语是新闻中的第一句话或第一段。电视新闻导语绝大多数是要用文字来写作的。

导语写作是新闻报道的重要方面之一。电视新闻的导语无论是对新闻要素的处理，还是写作技巧的运用都同文字新闻有很大的区别。

从某种程度上讲，写作电视新闻的导语并不是侧重于写出什么花样来，而是侧重于判断、分析导语到底应该包含什么东西。换句话说，就是寻找构成一条导语的内容，导语写作必然同新闻要素的处理密不可分。

一、提供最新信息

电视新闻导语是让人们开始注意收听收看的一个信号。观众对第一句话或第一段话能否引起关注，关系到对新闻内容能否注意收看。因此，行之有效的一个方法是提供最新信息。

新的信息往往能引起人们的注意，新的信息也是人们想要知道新东西的心理需求。

报纸新闻导语，要求概括消息中的重要内容。电视新闻则不能先将重要内容告知观众，因为观众一听即过，往往不能记住。通常，观众接收了一个新信息，然后才进入特别关注的收看状态，这时新闻再提供主要内容。所以，电视新闻在导语中提供最新信息即可。

提供最新信息，记者就要在新闻事实构成中寻找到。有些事物已经在社会上明显存在，记者就要寻找新的动向、新的动态。

二、告诉什么事情

在传统的 5 个 W 和一个 H 这 6 个新闻要素中，电视新闻导语最有可能提供的是 What。

一条导语中的 What 可以成为许多内容。一般情况下，它是新闻中主要事件的交代。

较好的导语交代"什么事"的时候，应该考虑观众的因素。例如：

"粮油价格继续上涨"，这是一条简洁具体的导语；

"人们要花更多的钱买粮油"，这也是一条生动、清楚的导语；

"我们要花更多的钱买粮油"，这是一条包含了观众因素的更为亲近的导语。

相比之下，最后一条导语更为可取。

三、交代具体地点和时间

电视新闻导语中永远有必要告诉观众事件发生在什么地方。

许多电视台的节目会传送到好几个地区，甚至通过卫星传送到全国乃至世界各地。因而，撰写导语的时候千万不要忽略地点的交代。

通常，地点可以放到导语的末端，注意不要放到细节之后。交代地点时要说得具体，如果涉及具体地点，不要笼统地说某个国家，千万不要以为所有的观众都清楚记者提供的地点在什么地方。如果观众看了新闻后还在猜测事情发生在哪里，这就是导语写作中的漏洞。

笼统时间的交代，关于新闻发生的时间，是否在导语中强调，那要看新闻的时间因素是否对新闻事件具有重要意义。偶尔使用"今天"是可以的，但用滥了却是不可取的。如果要用，就要在导语中给出。但是在最新消息的栏目中，导语写作时可以省略。如果在一般新闻中，需要特别交代时间，强调其时间因素，那就要具体交代清楚，要注意这一特定时间对新闻事件的发生、发展有其新闻价值。有些新闻节目强调刚刚收到的消息，以引起观众注意。但是新闻中如果没有重要内容，则没有必要强调刚刚收到。通常，"新近发生的"、"近来"、"最近"这样的时间因素可以不要。

四、恰当安排人物

电视新闻中的人物名字一般不出现在导语中，除非这个人物是有一定知名度或十分重要的人，他或她本身具有一定名人效应，能提高新闻价值含量或引起观众的注意。

如果导语中出现一个观众不熟悉的名字，往往会感到莫名其妙，一般不会引起注意，这并不是说不知名的人物绝对不能出现在导语之中。处理的方法是告诉观众做了什么事情即可。

例如："一名法国青年科学家发明了新式照明方法。"至于这个法国青年叫什么，观众不必在导语中了解，而且也记不住。

如果导语中出现知名人物的名字，一定要注意告知人物是干什么的，具体职业和职务是什么。

例如："穆罕默德·阿里将要访问中国"，许多观众听了肯定要猜测此人是谁。如果写成"世界拳王穆罕默德·阿里将要访问中国"，观众听了就十分清楚。

电视导语写作切记：无论在哪种情况下，最好在一个有必要出现的名字前冠上其职业或职务。

五、小心使用直接引语

一般而言，电视新闻导语应尽量避免使用直接引语，因为观众对开头的几句话不能全神贯注地留意。如果是特别重大信息，引用时一定先告诉谁说的，这个人一

般应具有一定权威性、具有一定社会号召力的人物。

例如：邓小平在上海视察时强调："中国的改革开放还要进一步深化。"这样先告诉消息来源，再告诉消息中的信息的直接引语能够使观众注意。

报纸新闻可以在使用直接引语之后，再引出是谁说的。它可以写成，"中国的改革开放还要进一步深化，这是邓小平在上海视察时所强调的"。电视却不能这样安排，等观众听到邓小平3个字后，已经过了前边的话，可能没有完全记住。

有时，观众听不到消息来源，还会造成误解，他们会以为消息出自电视机构本身。另外，使用直接引语还要注意准确性。由于电视对引语的处理是截取重要的部分，不能全部引用。故此，千万要小心慎重，不要引起消息来源的指控。

六、不要包含全部细节

电视新闻导语最好不要包含全部细节，因为观众对开头的几句话不会十分留意，细节的交代应在主体中安排。一般的处理方法是，先提供信息，再展开事实和细节的叙述。

如果在导语中必须要使用细节，那么只能包含一个片断，或截取能够使观众引起重视和注意的细节部分。

电视新闻导语不同文字新闻，不宜在导语中描述细节，那样导语部分不但冗长而且不宜安排其他新闻要素。

七、不要罗列数字

在电视新闻导语中，数字表明增加了细节，因而数字大都安排在主体中提及。

如果有必要在导语中使用，则应选择一个最重要的数字，并且安排在导语末端，为什么呢？因为重要的数字放到前边，观众一听即过，如果是听到一个信息，再听到一个细节就容易记住。

例如，"京通快速路发生一场车祸，致使一人死亡"。观众先知道发生了车祸，然后知道最严重的结果。如果在导语中罗列数字，告诉几辆车相撞，多少人受伤，重要的部分就会淹埋其中；如果写成"由于一群民工穿越京通快速路，引起一场人为车祸，造成十多人受伤，一人死亡，三辆汽车受到不同程度破损"。观众对这样导语不易记住，导语中先讲了原因，又讲了一堆细节，很容易使观众忽略重要内容。

无论是在主体中还是在导语中，都不能提供一连串数字，那样重要的数字就会埋在其中，得不到强调，观众也无法全部记住。

为了使观众对数字加深印象和理解，新闻中用数字说明，对比时最好再打出字幕、图表。

使用数字时，还要注意要禁得起推敲，有些数字的来源最好有据可依。

八、合理安排原因、结果

原因、结果通常发到消息的主体或结尾部分加以回答。它们很少能在导语中找到立足之地。

在电视新闻中，开始说事情将要"怎么样"前，应该先告知事情目前是"什么样"；在告诉"为什么"前，应先告知"什么事"。

电视新闻写作要遵循视觉逻辑，不能完全套用文字新闻的结构方式和写作技巧。

第四节　结构与时态

电视新闻写作技巧受到新闻节奏、时态的特定的限定。

电视记者从某种程度上讲，不能期望自己的写作严密到无可挑剔的程度，也不能期望自己的写作可以任意发挥。洋洋洒洒、十分过瘾、一气呵成的写作在电视新闻中是无法形成的写作状态。电视新闻写作常常时断时续、经常随画面的改动而重写，也经常由结构的安排而调整。记者写作的技巧不可能脱离特定画面时态结构和时态而任意发挥。

一、又紧又松的结构

电视新闻的写作在节奏上是一种又紧又松的结构方式。其理由是：记者要调节画面。换句话说，一是要给观众留出看画面的时间；另一方面要给画面留出自己说话的时间。

一般而言，稿件的每一句话不一定都是至关重要的，但是所选用的每一个词必须是有理由的。

有时，当没有足够的画面来说明事实时，就应该有一个比较详尽的文字稿来支撑画面，这时候，文字的结构就比较明快、紧凑。有时，观众可以从画面上获得明晰的感觉和印象，文字就不必过多解释。某些画面展示特别重要的内容，文字可以插进画龙点睛的话，给观众留下深刻的印象。这时候，文字结构就比较松弛、舒展。

广播新闻也许用 6 秒钟 24 个字介绍 3 个人物，电视新闻则要用 12 秒钟 24 个字来介绍。比如，广播新闻稿可以这样写："参加晚会的有著名台湾歌星×××、×××、×××、×××。"但在电视新闻中，这样介绍却不行。因为画面上同时出现 4 个人，观众分不清张三李四。记者要给每一个人拍下特写镜头，分别让每一个人的面孔在画面上至少停留 3 秒钟，这样就持续 12 秒钟。播音员解说时，不能一口气念完，要根据画面稍有停顿。这样，解说节奏就比较松弛，写作时就不能按 12 秒钟的时间来计算文字字数。

总体上讲，电视新闻写作结构的快与慢受到画面结构的制约。这种又紧又松的结构对写作技巧的发挥也产生了一定的限定作用，这就是不能按照文字思维方式来构思电视稿件，也不能像文字新闻那样较自由地发挥写作技巧。

美国有些电视学家认为，一流的大手笔不要企图在电视中显露才华。这样认为或许有着合理成分，因为，电视写作不可能脱离画面而存在，电视写作更不可能超脱画面，成为第一位的表现元素。这样讲，并不是说写作不重要，而是要把写作放到应有位置之上，才能发挥其特定作用。

当我们努力提高写作技巧时，不能单纯着眼于文字写作技巧，必须结合电视特点来发挥技巧。那么，电视新闻的风格对技巧又有什么样的要求呢？

二、进行式的时态

电视新闻的结构大都是进行式的，因而它的时态对写作技巧有着一定的限定。

直接性是电视新闻的主要优势。在一切可能情况下，我们提倡在新闻正在发生时进行报道。我们借用英语语法时态来归纳一下，进行时态对技巧有什么要求及其技巧如何处理时态。

1. 现在进行时

使用现在进行时态，往往强调新闻正在发生。比如，写"总理正在飞往英国进行访问"，而不写"总理今天已经离开北京前往英国进行访问"。当然，现在进行时态的运用，要求新闻确实是在进行之中，这可以向观众暗示，记者正密切注视高层领导人活动并随时进行报道。

2. 现在完成进行时

如果新闻正在发生，而记者只清楚前半部分内容，不清楚后半部分确切的时间和地点，那么可以用现在完成进行时，使新闻不失去进行式的优势。比如写"总理已经乘飞机前往英国进行访问"，这样处理仍然使观众感到事件在进行过程之中。

3. 将来进行时

新闻涉及不久的将来要发生的事情时，可以用将来进行时态。比如写"总理乘坐的飞机中午 12 点前将在英国着陆"，这样可以给观众直接的时间概念，增强对新闻的关注。

4. 将来完成时

有时记者没有得到确切的证明材料，没有办法确切地交代时间，可以用将来完成时。比如写"现在，总理可能已经乘上飞机前往英国进行访问"。用"可能乘上飞机前往……"仍然可以使观众产生事件在进行之中的感觉。

5. 混合时态

在电视新闻中混用时态不能算错误。但要注意按其事物发展来体现进行式。

一般来说，在导语中使用现在进行时，在主体转换的开头用过去时态。比如，"总理正从北京飞往英国进行访问。在离开首都之前，总理昨晚同世界银行组织签署了一项发展农业经济的贷款协议。"如果先说签署协议发生在昨晚，然后再说早晨飞往英国，就将最新信息放在了后面，不能体现新闻性。

以上我们从不同侧面阐述了电视写作的技巧，实际上电视新闻写作技巧是要在实践中不断加以提高的。因此，学习写作最好的办法是多写、多练、多总结。

作为电视记者，写作起来应该是快速、提笔成章。因此，平时打好文字基础也是十分重要的。

学习写作，还要适应电视报道方式的发展变化的需要，既抓住规律，又不因循守旧，真正使写作成为一种创作。

本章参考书

1.《中国应用电视学》第 18 章；

2.《怎样写新闻——从导语到结尾》（新华出版社，1984 年出版，美：肯·梅茨著）。

本章参考片

1989～1995 年度全国优秀电视新闻获奖作品、一等奖节目。

本章思考与练习题

1."4 个 C"原则的确立依据是什么？

2. 怎样学会"写画面"？

第 十 五 章
电视解说词写作

【本章内容提要】

在某种程度上，电视新闻的解说同画面的关系是相辅相成的。虽然有些新闻可以用采访问答方式、画面加字幕及音乐方式、画面加同期声方式加以报道。但是，绝大多数新闻是离不开解说的，特别是图像动态新闻和新闻深度报道，离开解说根本无法成为完整的报道。

167

第一节　解说词的特点

从更深层意义上讲，当文字转换成声音进入画面，所起到的作用也是不可低估的。它不但解释、说明、补充画面，而且开掘了画面表现内容的深度和广度。换句话说，即丰富、完善了电视新闻的形象报道。

电视新闻解说在写作上的要领要根据不同报道方式来把握。一般来讲，图像动态消息在文字上基本上能独立成章，文字解说往往包含大量信息。现场报道解说严格讲应该在现场以口头方式加以表述，配解说往往同现场氛围产生游离感。深度报道的解说比较自由灵活，但是写作起来有一定难度。因为深度报道可以将各种表现元素和手法加以调动，写解说词时不仅要考虑节目样式对写作风格的特定规范，还要考虑其他表现元素同解说的结合。深度报道篇幅长、选题重大，写文字解说对节目结构和主题也要通盘考虑。

解说词是电视节目的重要组成部分，解说词有别于一般的文章，它有自己的特性和写作规则。解说词作为一种文字语言，它必须与画面语言有机配合、相互生发、相互弥补、相互完善，才能在电视节目的总体构成中发挥真正的功效。

一、解说词是画面的解说

解说词不是一篇独立的文章，评价一篇解说词的优劣，并不单纯从文章的谋篇布局、段落划分、遣词造句的好坏来评价，最重要的是看其与画面的配合关系。解说词从构思、段落的划分到写作方式都要依画面而定夺，简单地说，就是为"观看"而写作。解说词不能简单地说明、解释和重复画面，不要讲述画面已使观众一目了然的内容。像"夕阳红似火"、"联合收割机启动了"、"工人们挥汗如雨"，这种肤浅的看图说话方式实不可取。解说词不要试图描写形象，解说词对形象描述得再生动、再细致也不及一个画面来得写实和传神。解说词是在观众看电视画面时诉诸观众的听觉器官的，解说词要设法使观众将听觉信息与看到的视觉信息相互结合，扩充、延伸和深化画面的内涵，从而，更好地理解画面，更深地感受画面的情境与气氛。解说词永远是画面的解说。

二、解说词具有说理性

解说词擅长于表达抽象的概念、深刻的哲理、复杂的心理活动以及想象与联想的内容。这些恰恰是画面的弱势，画面能生动地展示具体、形象的事物，表现各种对象的存在方式和运动状态，但无法表现那些非外在的形象和事物。一部电视片总要给人以教益，总要传达一定的思想和观念，解说词在画面事实的基础上可以充分地发挥说理的优势。

三、解说词具有表意功能

解说词利用丰富、精确的文字语言准确地表达各种意向和概念，可以清楚地分辨事物之间的细微差别，可以恰如其分地描述事物发展的不同阶段和衍生变化的不同程度。这些都是画面所不能企及的。画面在表现上具有一定的含混性。比如，在表达时间概念时，怎样在画面上区分上午十点和下午三点？怎样在画面上区分昨天的上午十点和今天的上午十点？画面在表现上的含混性直接影响了电视新闻报道的准确和翔实。所以，在创作中要充分地发挥解说的创作优势来弥补画面的不足，利用解说词在表意上的确切性阐述新闻报道中的五要素及其他重要内容，利用画面增强报道的形象感和真实感。

第二节　解说词的作用

在电视新闻报道中，解说几乎永远存在。解说的作用主要是解释、说明、补充画面，或把画面放到某种特定内容之中。

这样讲是不是违背了以画面为主、解说为辅的理论规则呢？不是。画面为主、解说为辅也是一种相辅相成的关系。在电视传播中，画面的作用是巨大的，没有形象画面，电视则不存在，则不成其为电视。相辅相成的关系仍然要有主次之分，有主次之分并不等于写作不重要。这里我们要搞清楚的问题是，解说受到画面支配，

以画面为依托，因而要以画面为主导。

作为电视记者，当提笔写解说词时，脑子里不能不"过画面"，不能不想到画面本身都表达了哪些内容，无需解说便能够"自己说话"；反过来，当编辑画面时，脑子里又不能不想到文字应该怎样根据这些画面作必要的解说。哪些内容画面没有展现，或者受到局限，必须通过文字解说才能够进一步阐明。

一、弥补画面的不足

解说词担负着对画面表达不到位、不全面的内容给予必要的补充和说明作用，对于画面无力表达的抽象环节和微观世界予以充实和完善。电视画面不是万能的，它对过去曾经发生却没有拍到的事件无能为力，它对尚未发生需要展望的内容无能为力，它对人物的内心世界和看不见的微观变化无能为力。电视解说词则可以详尽地描述过去的情形和事件，充分地抒发对未来的展望，以生动、细腻的笔触描写和刻画人物的内心活动和精神境界，具体形象地描绘微观世界的变化。解说词可以补充画面形象的不足，完善画面的整体造型功能。

二、强化画面的秩序

画面所传达的视觉形象信息，有时是不明确的。在不同题材的影片中，在表现不同主题的影片中，对同一画面可以作出完全不同的解释。比如，画面上呈现的是林立的烟囱和工厂厂房，这个画面可以被理解为乡镇企业蓬勃发展，蒸蒸日上；也可以被理解为破坏生态环境、污染环境；还可以被理解为乡镇企业侵占良田，使可耕地数量明显减少。画面表意的不确切性有待解说词的帮助，解说词能够点明确切的概念，准确地传情达意。所以说，解说词必须与画面有机结合，才能概括、提炼出准确的信息内容和思想内涵。

电视片稍纵即逝的播放特点，同样需要解说词对关键信息、精彩细节进行点化、放大和展开。否则，许多重要的内容和有意义的细节就在人们不经意的观看中溜掉了。解说词的点化有助于强调和突出重点，以引起观众的充分重视，使重要的信息和细节在电视片中发挥应有的作用。

三、拓展画面的内涵

观众在看电视时，对于画面上呈现的自己比较熟悉的内容，有时只停留在对表面现象的理解上。这就需要借助于解说词说透画面，还要揭示出画面背后的本质，拓展画面的内涵，升华画面的意义。多数观众对画面的理解一般停留在自己的生活经验的水准上，不同文化背景和生活阅历的人对同一画面的认知相距悬殊。解说词可以借助于语言的力量引导观众升华认识，重新对画面进行思考，形成一种全新的感受，并展开丰富的联想。所以说，带有启迪性的解说，不仅能够丰富画面的内涵，拓展画面的外延，而且能使观众对眼前的画面作进一步的深层思考。从而，真正领会深刻的主题思想。

第三节　解说词写作的技巧

解说词写作的技巧一方面要遵循电视写作的特点，另一方面要根据画面的需要，加以配合。

从一定程度上讲，解说词写作的侧重点在于与画面的配合。

一、从具体到抽象

解说词为了与具体的电视画面相配合，一般应从具体的事物逐步写到抽象的概念，从看得见的事实逐步写到看不见的道理、思想和观念。

《藏北人家》是 90 年代在四川国际电视节上获"金熊猫"奖的作品。这部电视片不仅画面拍得美，解说词写得美，更为可贵的是画面与解说词相互配合后呈现出一种和谐美。

具体分析《藏北人家》中解说词与画面的有机配合，可以从中了解电视解说词写作的方法与技巧。

《藏北人家》的解说词与画面结构

羊群走进画面 措纳哄赶着羊群 从走动的羊群拉到沐浴在晨光中的帐篷	措纳家有将近 200 只绵羊和山羊，40 多头牦牛和一匹马。这些财产属他们个人所有，措纳的财产在藏北算中等水平……

电视画面中连续展现了若干个羊群的镜头，解说词就从羊说起。这段画面始终没有出现牛和马的镜头，解说词便只轻轻一点，一笔带过。

接下来，解说词告诉人们"这些财产属他们个人所有"，一句话点出了藏北牧区的现行体制。

在那遥远的藏北草原，在那片不为人们熟悉的土地上，这些财产也归到了个人名下，不属于集体和国家的，也实行了包产到户、责任到人等一系列改革措施，与沿海地区的大政方针步调一致。接下去一句"措纳的财产在藏北算中等水平"，把措纳的牛、马、羊这些个人财产拿到藏北这个大环境中去比较。使我们从画面上的羊群，了解到藏北牧区的体制和藏北牧民的整体生活水平。

这段词就是从具体的羊、牛、马写到抽象的体制，从看得见的牲畜写到看不见的道理和观念，这不仅使解说词与画面相互配合，而且在事实的基础上阐述道理也显得有理有据，令人信服。

下面，我们截取纪录片中的另一段来加以进一步的说明。

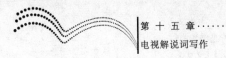

一面旗帜在晨风中飘扬 挪佳从帐篷后走出，来到帐篷的一角，俯下身去往香炉上添加东西 简易的香炉（一只杯子） 挪佳将糌粑面撒在香炉中 已经被点燃的香炉 前景是烟雾袅袅的香炉，后景是挪佳家的帐篷 香炉与帐篷	天边出现曙色。挪佳来到帐篷的一角，这里是他们每天祭神的地方。在一个简易的香炉上，放上几块牛粪火，盖上松枝，再撒上一点儿糌粑面，一股淡淡的香味便弥漫在草原清晨的空气中。这是藏北牧民特有的一种祭神方式，他们用这种方式来祭奠自然和神，祈求这一天平平安安地过去。

这段纪录片的若干个画面都是十分具体的细节，解说词自然也就从细节写起。但这并不意味着用解说词简单地描写细节。

因为画面已把细节展示得清清楚楚，无需用语言再重复和赘述。这段词虽然也在写细节，但对画面起到了补充和说明作用。

如果没有解说词，我们仅靠眼睛就不能认清放在香炉上的是牛粪火，更不知道撒下去的是糌粑面，而比较容易联想到盐、土或其他东西。解说词在讲清细节之后，进而讲到信仰和理念，观众一点儿不觉得突兀，而是有水到渠成之感。

二、数字表达与视听元素的选择

一般说来，电视新闻的数字运用有其自身的规则，在写作中如何处理数字，首先应该考虑的是让观众记住数字所表达的内容。

一连串的数字观众无法记住，还会成为干扰元素，影响收视效果。

《藏北人家》解说中谈到措纳家牲畜的数量时是这样写的："措纳家有将近200只绵羊和山羊，40多头牦牛和一匹马。"

解说词为什么不把准确的牲畜数量清清楚楚地告诉观众呢？比如，把上段词改成："措纳家有196只绵羊和山羊，48头牦牛和一匹马。"这样的写法，观众不但记不住，而且因为具体的数字太多，而影响收视的注意力。

观众看电视时，一般处于休闲、放松、随意的状态，并不处于精神高度集中、头脑积极运作的状态，所能记住的东西是十分有限的，更何况数字的出现往往是在观众毫无准备的情况下播报出来的，观众并不知道后面将有重要数字出现，也就不会刻意去记忆它。

所以，解说词报道数字时宜粗略不宜精确。粗略简单的数字便于记忆，有可能在观众脑海中留下一些印象。而精确复杂的数字只靠播报一遍，是无法被大多数观众记忆的。

在新闻和专题片的报道中，如果有一组数据确实很重要，有必要被观众了解和

171

记忆，通常的做法是借助于视觉元素，用字幕形式将数字打出，呈现在屏幕上，停留的时间可依据其重要的程度和被记忆的难易而定夺。

也可以不报枯燥数字本身，而用打比方的方式描述数量。这时侧重于传达的是数量可能带给人的震撼和感受，而数量多寡的本身似乎并不十分重要。只要观众意识到了"那么多"或"那么少"，表达的目的就达到了。用形象化的比喻描写数量，可以使观众直接感悟出"数量"的意义和价值。

三、强化画面中的细节

在电视新闻报道中，细节的呈现最有效的方式是用画面来表现。一个生动具体的细节画面往往胜过上百字的文字描述，这是电视写作和文字写作的不同点之一。

电视画面对于表现细节具有的作用并不排除文字解说的配合，解说词对电视画面中的细节可以起到强化的作用。

解说词可以点化细节，深化和升华细节，解释说明与细节有关的内容。

我们常说，从一粒沙里看见一个世界，细节的意义就在于此。《藏北人家》是这样处理解说词和细节的：

挪佳继续制作酥油 挪佳用一只手将盆中的酥油捞出 从挪佳的脸部摄到挪佳从深深的木桶中捞起酥油的手 挪佳低着头认真地做事 挪佳用两只手将捞出的酥油捏成团儿，扔进另一只小盆 将整团儿的酥油拍打结实 挪佳继续拍打酥油 挪佳把一团儿酥油放进木箱，并小心翼翼地盖上箱盖儿	忙碌了一个早晨，酥油从奶中分离了出来。酥油是牧人用来抵御恶劣气候的重要食品，又是祭祀和生活用品，牧人们十分珍惜酥油，往往把储存酥油的多少看成财富的标志。措纳家一年大约能生产60公斤酥油，除了交售少量的给政府，其余归自己支配。

优秀的电视新闻报道，特别是优秀的纪录片，往往有着生动精彩的细节。细节就是区别，细节就是特点，优秀的、经过精心选择和提炼的细节，往往成为电视片中的传神之笔。

《藏北人家》选择了"酥油"这一细节。没有到过藏北牧区的人，一般不会想到酥油居然是财富的标志。人们往往认为，财富应该指钱财、帐篷、牛羊以及各种贵重物品，可解说词明明白白地道出了酥油在藏北牧区的重要性。

此外，在中国其他地区。农牧民向政府上缴的往往是粮、棉、皮毛等农副初级产品，谁会想到在藏北，牧民向政府缴纳的竟是这种可以直接吃、直接用的酥油。

解说词抓住酥油这个细节，有力地向外拓展，开阔了观众的视野，使观众了解到许多与酥油有关的方方面面的事情。

四、解说词的相对独立性

电视报道往往是由若干段解说词构成的，就每一段解说词而言，有着自身的相对独立性，段落之间不需要联系。

电视报道主要是以画面来承上启下，借助于每段解说词之间的停顿实现转折。

对于纪录片来讲，解说词段落的相对独立性体现得更为突出。《藏北人家》是这样处理的：

一面旗帜在晨风中飘扬 　挪佳从帐篷后走出，来到帐篷的一角，俯下身去往香炉上添加东西 　简易的香炉（一只杯子） 　挪佳将糌粑面撒在香炉中 　已经被点燃的香炉 　前景是烟雾袅袅的香炉，后景是挪佳家的帐篷 　香炉与帐篷	天边出现曙色。挪佳来到帐篷的一角，这里是他们每天祭神的地方。在一个简易的香炉上，放上几块牛粪火，盖上松枝，再撒上一点儿糌粑面，一股淡淡的香味便弥漫在草原清晨的空气中。这是藏北牧民特有的一种祭神方式，他们用这种方式来祭奠自然和神，祈求这一天平平安安地过去。
白玛在草地上抛撒牛粪 　白玛将一团儿牛粪拾起又抛出 　白玛用手把牛粪团起来 　晨光中，白玛一边走着一边抛撒牛粪的身影	帐篷外，白玛忙碌着。她把新鲜的牛粪抛撒在周围的草地上，以便白天晒干后作为燃料，牧人们并不认为牛粪脏，晒干后的牛粪烧起来没有怪味。
一匹白色的马静静地在溪水边吃草 　白玛站在帐篷门口弯腰洗脸 　从白玛美丽的裙子摄到正在梳头的人物近景 　白玛细心地将前额的头发梳理成刘海儿 　白玛把刘海儿分别梳到额头两侧，并低下头出画	姑娘有爱美的天性。虽然环境严酷，女人们还是很注意修饰自己，她们追求一种自然的、纯净的美。

上述三段解说词是连续排列在一起的。第一段解说词写的是藏北牧民的宗教信仰。第二段解说词笔锋一转，写起了白玛在帐篷外晾晒牛粪的过程，并描述了牛粪的特点、作用以及牧民们对牛粪的看法。第三段解说词则出人意料地写起了姑娘对

美的追求，从爱美的天性谈到装点修饰自己的方法。

这三段解说词各段自成体系，段落之间没有逻辑上的联系，跳跃感强，跨度大。

如果脱离开画面，只是单纯阅读解说词的话，似乎前后落段思绪混乱，谋篇布局有失章法。

把解说词与画面结合起来边看边听时，不仅觉得思路清晰、详略得当，段落之间的转承启合、流畅和谐，而且解说词讲得贴切、到位。

五、解说词顺序与画面场景的变化

画面在组接时，往往遵循着同一场景的镜头相对集中的原则。这样做能够与人们在实际生活中的真实情景相吻合。

比如，一个人在房间里做了一系列事情之后走到室外开始做新的事情，在一个地方办完某事后再到其他地方办事。

基于这样的生活规则，镜头的组接也应把同一场景中的镜头连续组合起来。《藏北人家》是这样按照画面场景的变化来安排解说顺序的：

白玛从帐篷中走出，背起水桶，拿起围巾戴在头上 广袤的草原和清澈的溪水 一匹马在悠闲地吃草 马低头吃草	草原的清晨，万物苏醒。

白玛从溪水中拎出灌水的桶 白玛蹲下身子将水桶用力背到背上 白玛在草地上一步步地向前迈动着脚	18 岁的白玛是个能干勤快的姑娘，她和藏北所有的妇女一样，身体结实，每天要干很多重体力活。

白玛走进帐篷 在洒满金色阳光的帐篷中，刚刚睡醒的格桑旺堆在爷爷怀里瞪着兴奋的大眼睛笑着 从帐篷顶部摄到爷爷正给孙儿穿衣	天亮了，阳光洒满帐篷，孩子们醒来了。

在上述三段解说中，显然，第一段与第三段都提到"清晨、天亮了"这回事，似乎应该合并起来，中间不应该穿插一段描述白玛的内容，但结合着画面审视这三段词就会觉得贴近生活，自然流畅。

首先，白玛走出帐篷，踏着草原的晨露去打水，所感受到的是草原处处洋溢着的勃勃生机。所以，用一句"草原的清晨，万物苏醒"，恰到好处地描写了草原清晨的情境，也道出了白玛置身其中的真实感觉。

随着画面中白玛灌水、背水，一步一步向前迈动的沉甸甸的脚步，解说按着画面的变化进而讲到"十八岁的白玛是个能干勤快的姑娘……，每天要干很多重体力活"。

画面中白玛把满满的一桶水背进帐篷，观众的视线也跟着白玛从帐篷外走进帐篷，所看到的是"阳光洒满帐篷，孩子们醒来了"的情景。

这段画面在编辑时遵循了同一场景的镜头相对集中的原则，把帐篷外的一组镜头进行了连续组合，包括晨光中的草原和清澈的溪水，马儿悠闲地吃草，白玛灌水、背水等，随着白玛背着水走进帐篷，场景也自然地从室外转到室内。

这组镜头的组接是合乎生活逻辑的，解说词的先后次序也顺应了画面场景的变化，使画面与解说配合得严谨而完美。

六、解说与画面信息的理解

解说词有别于一般的文字文章，文字文章是为了给读者阅读，所有信息都要借助于文字表达，而解说词是为了促使观众观看画面、帮助观众读懂画面、引导观众思考画面而写的。

电视报道的主要信息应依赖于画面传达，画面受到某种局限时再借助于解说。画面已经表达清楚的，解说词再说就显得多余。

一段恰到好处的解说，不仅会补充画面的不足，延伸画面的意义，而且能有效地吸引观众观看屏幕，使解说与画面相得益彰。《藏北人家》较好地做到了这一点。

白玛从一个布口袋里舀出青稞面，并装在一个小碗中 白玛高兴地忙着为全家盛青稞面 在一只装好青稞面、酥油和热茶的碗中，一只手正将这几样东西搅拌、调和 措纳一边将碗中的糌粑捏成条块状一边放入口中吃起来 措纳的手在碗中灵巧地把青稞面捏成条块状 措纳搂抱着小儿子，两人都吃着糌粑	这是牧人们普遍食用的一种食品，叫糌粑。它是用青稞炒熟后，磨成粉，加上一点酥油和热茶做成的，吃法很特别。

可以试想一下，如果观众坐在电视机前，眼睛并没有注视屏幕，当听到"吃法很特别"时，如果仍旧不把视线投到屏幕上去，那么，藏北牧民吃糌粑的精彩片段就被错过了，吃法上的特别之处也一无所知。这说明，电视的"视"字就意味着观看，听只是电视的一个部分，仅仅靠听觉是无法全部弄清电视内容的。

优秀的解说词是为"看"而写，不仅要巧妙地吸引观众注视屏幕上的细微变化，而且要使观众思绪驰骋、浮想联翩，留给观众充分的思考时间和空间。

七、解说词与指示性代词

我们知道，解说词写作与画面配合时，应该特别注意不要与画面重复。

在解说词写作中，常常用指示性代词来引起观众的注意，避免与画面的重复。

这类指示性的词包括：这儿、这个、这里、这些、这样、这种、这边儿、这片、这类、这些人；那儿、那个、那里、那些、那样、那种、那边儿、那片、那些人等。

指示性代词的使用能吸引观众看屏幕，不看屏幕就无法知道指示性代词指的是什么。指示性代词能避免或减少语言对画面的重复，画面已展示得清清楚楚的东西，语言就无需再描写，只要引导观众看画面就行了。

指示性代词能直接替代名词，省却一遍遍复述名称之累。指示性代词能替代复杂的思想内涵和曲折的事件过程，能够简约地表达情感历程和思绪情怀。

指示性代词重在把观众引向屏幕、注视着屏幕、思考着屏幕、延续着屏幕，从屏幕上找到种种答案。

《藏北人家》中有这样一段词："这种皮口袋叫'唐瓴'，它是藏北牧人特有的饭盒，里面装着一天放牧所需的干粮。"指示性代词"这种"，吸引观众仔细去观看皮口袋的大小尺寸、形状、颜色以及口袋的结构方式，省却了解说词对口袋特点的描述。

如果解说词这样写道："'唐瓴'是藏北牧人特有的饭盒，长约一尺左右，圆柱体，灰白色，使用时将口袋一边用绳子系紧……"这些话就显得多余了，因为借助于画面我们已经对这种口袋有了外在的了解，而指示性代词"这种"的使用着力将观众的视线引向了屏幕，观众用自己的眼睛了解了口袋的这些特点。

八、解说词与时态

电视画面最擅长表现的是"现在进行时"，对过去和未来的阐述往往借助于解说，但这类解说应立足于"现在"，也就是说，最好从现在的细节说到"过去"与"未来"。

为了与画面紧密配合，有时还要从"过去"或"未来"拉回到"现在"。电视画面最擅长表现"正在发生的事情"。了解了电视画面的这一特性，在电视片的谋篇布局时就要巧用心思，尽量拓展"现在时"的表现领域。不放过一个现在可能拍到的有用细节和过程，适当压缩"过去时"和"未来时"的表现范围。设法多用今天的事件，少用过去的事件，多用今天取得的新成就，少用空洞的长篇展望。

全片结构布局上的合理性势必为电视片的实地拍摄创造有利的条件，也为影片成功打下了良好的基础。

有些过去的事情非常值得提及和表现，今天的事情已不具备当初事件的典型意义和所具有的思想意义。那么，在确实需要表现过去的事件时，尽量从今天的某个

相关的细节，追溯往事，使今天与往事形成有机的联系，使画面所拍摄的"今天"的场景与解说词所讲述的"过去"的事件形成有机的联系。

比如，画面是挪佳拉着风箱，为全家人准备早餐。解说则说道："挪佳虽然怀有八个月的身孕，……据说，牧区的妇女即使生了孩子以后也不休息，当天就要干活。这里的环境使她们具备了坚忍的意志和强壮的体格。"挪佳怀着八个月的身孕是"今天"的事实，以这个事实为基础，解说词追溯了以往牧区妇女的情况。使现在与过去建立起有机的联系，从"今天"的话茬自然而然地追忆起过去。

九、解说词与理念的表达

解说词表达理念应选择合适的事实，并落实在具体的细节画面上。

理念常常是富于哲理的抽象概念，用画面表现难度较大。用解说词表达时，不能停留在空泛的说教上，应把理念的阐述与具体的、合适的细节画面有机地结合。

电视报道经常需要表达理念，特别是纪录片的创作。《藏北人家》在阐述藏北牧民的人生观时，选择了措纳在草原上独自放牧、纺线时的生活场景。

措纳转动纺线锤纺毛线 从侧面拍摄措纳纺毛线 措纳的手灵巧地捻着毛线 措纳快乐的脸 从措纳用手转动纺线锤的大特写拉成措纳的中景 从背面跟拍措纳从地上站起身，向远处走去 侧面拍措纳边走边纺毛线 措纳吹着轻松的口哨边走边忙着手中的活计 从背面拍摄措纳走进画面，向远处走去 湛蓝的天空，晶莹的雪山，清澈的河水	藏北的牧民对自己的生活抱有一种宿命的观点。措纳认为，生活中没有坏的事，他干的每一件事都是好事。所以，他快乐、无忧无虑。他去过拉萨朝圣，拉萨的房子漂亮，但他更喜欢自己的帐篷，更喜欢藏北草原的宁静。措纳不识字，除拉萨以外，没有到过别的地方，他不知道外界是什么样子。这在外人看来是一种悲哀，但是，措纳却认为自己很快乐。平静的生活，纯朴单调的精神活动构成了他们快乐的基础。这是一种外人难以理解的快乐。牧人的快乐单纯得如同孩子的笑容，纯洁得恰似藏北碧蓝的天空和晶莹的雪山。

这段解说讲述的是非常清晰的理念，也就是藏北牧民的人生观。在讲述观念时精心选择了一个颇具典型意义的细节画面，借助于细节画面把观念阐释得清清楚楚、明明白白。在讲述观念时，甚至只字不提观念本身，只是饶有兴味地描述事实，但观众透过事实所体会到的则是事实背后的观念。

十、解说词的调整与效果

解说词应根据画面的内容、镜头的顺序和段落的长短作出相应的调整。

"配解说"，顾名思义就是根据画面写出适宜的文辞与之相配合。一篇解说词脱离开画面，单纯看文辞可能不连贯。

例如，解说段落之间的逻辑关系有缺陷、个别语句不连贯、思维是跳跃式的、指代关系不清楚，等等。但把文字与画面配合之后，文字与画面可以做到珠联璧合，相辅相成。

因而，衡量一篇解说词成败优劣的重要标准是看其与画面配合后效果如何，而不要苛求其文字形式的自身完美。解说词应该说什么、怎么说、何时说都要依据画面的情形而定。

《藏北人家》的解说与画面的配合，可以说做到了珠联璧合，使纪录片达到了理想的传播效果，得到国际评委的认同。

以下两段解说与画面的配合起到了相辅相成的作用：

沉沉的夜色笼罩着措纳家的羊群 两个人在夜幕中悠闲地走着 月光中，措纳家的帐篷清晰可见 羊群环绕在帐篷周围 羊群缓缓地走动着	歌声流动在这荒凉寂静的草原上，大自然在黑暗中显示出沉默的力量。牧人们崇拜大自然，他们要在这里生存，唯一的选择是同大自然建立和谐一致的关系，这也许就是藏北牧区文明的实质。

这一段落前边的画面是表现牧民们踏着月光载歌载舞的片段。片中运用悠扬的歌声加以铺垫，回旋在草原寂静的夜空。

由于有画面和音乐在前一段落的铺垫，下面段落中的解说词便写道："歌声流动在这荒凉寂静的草原上……"在这里，画面、解说词和现场声相互融合，你中有我，我中有你，显得和谐统一，浑然天成。

此外，《藏北人家》的解说词还根据画面的内容和镜头的长短，调整顺序和语句。我们所看到的节目，实际上蕴含着创作者大量的劳动。

巍峨的群山和广阔的草原 绚丽的阳光洒在金色的草原上，也涂抹在深色的帐篷上 措纳手中拿着纺线锤，精神焕发地从帐篷中走出 羊群流动着 措纳赶着羊群向远方走去的背影	新的一天开始了，这一天同过去的每一天都一样。对措纳、挪佳来说，昨天的太阳、今天的太阳、明天的太阳都一模一样。牧人们的生活就像他们手中的纺线锤一样往复循环、循环往复，永远是那样和谐，那样恬静，那样淡雅和安宁。

画面中有一个摇镜头，镜头长度较长。解说词为了适应这个画面，写道："对措纳、挪佳来说，昨天的太阳、今天的太阳、明天的太阳都一模一样。"

如果这个镜头的摇动过程略有抖动，在编辑时，只能使用落幅的话，那么，解说词就要随之改为："对于措纳、挪佳来说，每天的太阳都一模一样。"大大地压缩

了解说词的长度。

在这一段落的画面中，措纳手中拿着纺线锤从帐篷中走出来的镜头，解说词写道："牧人们的生活就像他们手中的纺线锤一样……。"

如果措纳手中没有拿纺线锤，编辑时，就需要加一个纺线锤的特写镜头，解说词则应改为"牧人们的生活就像这个纺线锤一样……。"

如果这段影片中压根儿就没有出现纺线锤，那么，解说词可能就要随之改成这样："牧人们的生活就是这样日复一日、年复一年、往复循环，循环往复。"

第四节　解说词与电视画面的段落、转场及剪辑手法

解说词写作的特殊性还在于对电视画面段落、转场及剪辑手法的把握上。如果不了解电视画面的段落、转场及剪辑手法对解说的要求，就不能很好地发挥解说的作用。

我们可以从中外优秀的电视新闻报道和纪录片中听到，恰如其分的解说。有些解说的写作可以说达到了炉火纯青的水准。

在某种程度上讲，这样的解说词写作，除了记者对电视特点的把握之外，还由于记者了解电视画面编辑的技巧对解说的要求。有些记者，本身就能够拍摄、编辑画面，在解说词写作中，往往游刃有余。

一、解说与画面的段落

电视画面的组接，要求自然、流畅，在每一次时间的变更、地点的转换或情节自然段落结束时，皆需转场镜头连接上下段落，使相互衔接的两个段落过渡平滑。

有时没有合适的过渡镜头，就需要借助于解说词过渡。在《藏北人家》中有一个段落不仅运用了画面语言转场，同时使用了解说语言过渡。

解说词在电视画面的过渡中起到不可或缺的作用。但是，如果不了解电视画面的段落就无法起到解说的作用。因而，掌握解说词过渡的技巧，首先要了解电视画面段落的特定要求。

电视纪录片或专题片的每个段落之间的过渡或衔接就是我们通常所说的转场。转场的优劣直接关系到一部作品的编辑质量。画面转场，首先要弄清楚，一部作品的段落应该怎样划分才合理。只有段落划分清楚后，才能设计转场的方案。段落划分的作用在于明确规划出作品的线条，标出作品的开头、发展、高潮、停顿、结尾。

1. 解说与时间段落

以时间作为段落之间的分界线，是最基本的一种段落划分法。电视画面在时间上有前后之分，如以某一时刻划分有早晨、中午、晚上或以季节划分有春、夏、秋、冬。当画面在时间上有了转移或变化时，就有必要按时间的变化来划分段落，为转

场做好准备。

电视画面时间段落的过渡，往往需要解说的说明和提示。

2. 解说与地点段落

在画面表现的地点有了变化时，可根据不同的地点分成若干段落。例如从甲地到乙地，从室外到室内，从一个景别到另一个景别。在这种情形之下，分成段落就显得自然流畅。这其中有两点值得注意：一是地点有了明显的大变化，要分成大的段落；二是地点有小的变化，可在一个大段落中分为若干层次，以示区别。

这些地点段落的变化，必须要有解说的介入，才能使观众准确地理解地点段落的变化。

3. 解说与自然段落

画面表现任何一个事件或人物，其行动乃至思想感情都需要有一个自然段落。也就是说，事物是经过若干个过程才发展到一定程度，告一段落的。以人的活动为例，工作、学习、吃饭、娱乐、休息，这是其活动的基本过程或规律，若以画面分为自然段落可就此进行划分。

自然段落的转换有时不需要解说的说明观众就能看懂，有时则需要解说的说明进一步强调。

4. 解说与节奏段落

所谓节奏段落就是根据主题确定其节奏的过程。某一个事件或情节发展到一定程度，总要停顿一下，有一个使人喘息的过程，或者说让收视者松一口气。这种段落的处理并非因为事件有了明显的变化，而是出于艺术手法的考虑，使片子具有一定的节奏感，为收视者连续观看作品提供了一个缓冲的机会。

节奏段落的转场，解说往往起点到为止的作用，有时不需要解说的介入，大段的解说会破坏节奏段落的过渡。

5. 解说与情感段落

无论何种内容的片子，创作者都会为其注入一定的情感；真正成功的好片子都是感情饱满的片子。而情感的投入又是有层次和过程的，比如，有的深沉，有的低沉，有的高昂，有的低落，有的热烈，有的冷漠，有的抒情，有的叙述，有的肯定，有的否定……凡此种种都是一种感情的流露。这时就有必要依据不同情感划分若干段落来表现主题。

情感段落和情感的表达，往往特别需要解说的介入。

二、解说与电视画面的转场

段落划分清楚后，接着就是转场。电视画面转场可分为两大手法：技巧转场和特技转场。

《藏北人家》中有一段转场是这样处理的：

碧蓝的天空，晶莹的雪山和清澈的湖水 从远处的雪山拉出挪佳家的帐篷，挪佳正拎着一桶食物去喂牧羊犬	丈夫们出去放牧，女人们就留在家中干各种家务活。

在《藏北人家》的这两段内容中，第一段表现的是措纳走了很远的路，来到一处水草茂盛的放牧场放牧的情形。第二段表现的是挪佳及老少一家人打发着漫长的白天时光的情形。这两段内容的发生地点相距较远，在画面组接时运用了"相似体转场"的方式，即第一个镜头中用了天空和雪山，第二个镜头是从远处的天空和雪山拉出来的。

创作者在利用画面转场的基础上又调动了解说词，而且写出一段非常典型的用于转场的解说词，即两句话中前一句话讲述上一场戏的内容，后一句话讲述下一场戏的内容。画面与解说的综合并用，使相距较远的两处场景的转换变得平顺而自然。

1. 技巧转场对解说写作的要求

运用技巧转场，解说不需要再做过多的说明。一般情况下，解说词的写作是在技巧转场完成之后，根据画面的需要做进一步的加工。这时，解说往往在转场中起到自然过渡的作用。

作为电视记者掌握电视写作技巧的同时，还必须了解电视画面编辑的特性和要求。写作时，记者如果需要配合画面剪接的技巧转场，必须掌握其基本的规则，才有可能使解说发挥恰到好处的作用。

所谓技巧剪接转场是指从画面的"硬切"到"硬切"的过程。这也是最基本的一种转场手法。用"切"来转场主要起到"承上启下"的作用，它有助于加快节奏、扩充容量。要想把握好"切"的过程，首先要把握画面过渡的规律性。从一个镜头到另一个镜头之间的转换是有一定的规律可循的。只有掌握这种规律才能使画面的转场自然、流畅；这里的"转"意味着从一个镜头包含的内容转移到另一个镜头含有的新内容。

转场的先决条件如下：

①逻辑关系。两个镜头之间有一定的逻辑关系或因果关系，如炎热的太阳（第一个镜头或第一组镜头）导致汗流满面的场面（下一个镜头）。严冬——冰冷的世界（逻辑关系）。猛烈的炮火——遍地血迹。

②对比关系。两个事物之间进行对比，有明显的差别：新与旧，善与恶，美与丑，进步与落后，前进与倒退，等等。

③过渡因素。从一个事物过渡到另一个事物有诸种因素：拍摄（机位的变化，景别的变化）、解说（画外音的提示）、音乐（起、落、停）、同期声（人的声音和

各种自然界的声音）、人物讲话（画内音）……这些都是极好的过渡因素。

具备上述先决条件的镜头都可用"切"来做转场。下面是具体"切"的转场手法。

解说怎样配合具体的转场手法，很难用一个统一的标准来衡量。转场的手法有一定的规则，而解说的写作则是灵活多样的。作为一种看不见的艺术，解说的写作在配合转场手法的过程中有一定的难度。这里，我们总结一些要点加以阐述。

（1）一体转场

也称同体转场。用同一物体转上、下两个段落。

例如，镜头之一：20 世纪 20 年代的汽车（特写），镜头之二：90 年代的汽车（特写）。这两个镜头之间的转场表明前一个镜头叙述的是 20 年代的汽车，后一个镜头介绍的是 90 年代的汽车，二者之间有显著的变化。

在一体转场中，解说可以用画外音，也可以用字幕方式出现。

（2）动作转场

在动作中做转场，如战争场面：举枪射击——目标应声倒下。这下一个动作即为转场。又如渔民打鱼：渔网提起，满满一网鱼，下一个镜头中烧好的鲜鱼摆在桌子上。动作转场的跨度可大可小，随片子的时间跨度而定。

时间跨度长的动作转场有时需要解说的提示。时间跨度短的动作转场，往往不需要解说的提示，观众就能看懂。

（3）特写镜头转场

这是电视片常用的转场手法。在电视画面中给一个特写镜头表示一个段落结束，另一个段落的开始。往事的回忆，话锋的转折，事件过程的变化都可用特写来转场。例如，在一间屋内几个人正在谈话，谈话间给一个主人的特写，从这个特写就可以转到另一个场面。在这一类情形之下，没有特写镜头就难以转场。

特写镜头的转场，经常需要解说提示。当一个人物在画面中出现前，解说往往要用几句话将人物引入画面。从人物特写再转到另一个场面时，解说应该告诉观众地点和必要的人物交代。

（4）声音转场

画面的声音有"画外音"、"画内音"之分。"画外音"指在画面外另配的解说、音乐等，"画内音"系指镜头内本身就有的声音，如同期声、人物对话等。声音转场即可根据不同声音表达的不同内容来做转场。

声音转场对于解说有特定的要求，无论是"画内音"还是"画外音"都需要用文字将声音记录下来。在报道中，起到特定的作用。解说词在声音转场中要特别注意和同期声的衔接。

（5）内容转场

一部作品的段落可根据其内容来划分，这样做线条颇为清晰，每讲到一个内容时，就可做一次转场。

在内容转场中，解说往往发挥着较多的作用。在写作时，既要考虑画面的段落，又要考虑内容段落。

在许多动态消息的写作中，解说的段落往往是内容的段落划分。特别是没有同期声的短消息，解说往往就是一篇相对完整的新闻稿件。

（6）出入画面转场

在画面中有进出画面之分。进（人或车行入画面）为一个画面，出为下一个画面。二者之间只要方向一致如从左边进，右边出，就可用"切"来转场。

在出入画面转场中，解说的作用比较灵活，可以根据内容的需要来写作。多数情况下，只要画面能够交代清楚，解说就不必啰嗦。有时，出入画面转场不仅是剪辑技巧，而且和内容的过渡有直接关系，解说就要根据内容来写作。

（7）镜头移动转场

摄像机镜头的推、拉、摇、升、降、跟、甩、移等都可用来转场。直接切换转场要有一定的技巧，难度较大，可凭长期的摸索积累经验，形成一种直觉，把握住该在哪里切，哪里转。

在镜头移动转场过程中，解说仍然要依据内容的变化发挥作用。特别是在纪录片创作中，移动镜头转场运用较多，解说词要根据画面的变化加以配合，恰到好处地在移动转场中发挥作用。

恰当的解说在移动转场中的写作是较高水平的写作，要求电视记者掌握电视的特点，掌握不同报道方式的特点。同时，还要对摄影、画面编辑有所了解和把握。不了解这些，解说词的写作往往就会和画面游离。国际电视节展播的一些优秀纪录片，解说的写作是无可挑剔的。

2. 特技转场对解说写作的要求

利用特技技巧的手法来分隔段落，是另一种主要的转场手法。这种转场分隔明确，使收视者一目了然，知道每个段落是在什么地方转换的。特技转场的手段主要包括"淡出、淡入"、"化"、"划"、"空画面"、"翻转"、"定格"、"虚化"，等等。

需要说明的是，在电视节目中，特技转场有时不需要解说词的介入，否则会让受众产生重复和啰嗦之感。如果是明显的段落划分，解说往往跟随特技转场的转换，对下一个段落加以解释说明。

上面介绍的都是常用的转场手法。转场手法远不止这些，电视报道可以灵活运用转场手法，但基本的原则是一样的。记者只有把握这些基本原则，才能使解说写作更加符合电视的特点，发挥更好的作用。

三、解说词与现代画面剪接手法

电视画面编辑经过几十年的发展历程，形成了自己独特的风格和特有规则，这些风格和规则直到今天仍然是画面编辑遵循的准则。但随着时代的迅速发展，作为表达时代的画面也适应时代的发展和要求，以新的技巧和手法展示时代、展示社会、展示人类。

纵观20世纪90年代的电视画面编辑，其发展趋势正朝着新颖、高度、综合、速度等方向展开，呈现出几种典型的趋势。

电视解说词的写作，应该适应现代画面的剪接手法。

1. 解说与大信息量剪辑

大信息量剪接手法使得电视新闻报道节奏加快，要求解说词写作加大信息量。这是适应高度密集的信息社会而产生的一种剪辑手法。它与社会的发展同步进行，注重画面的信息密集、内容丰富。

在写作时，要注意那些信息含量大的画面，从多角度多层次报道事物，在有限的时间和篇幅内给观众以大量的信息。

这种剪接手法在画面表现上，注重的是画面的容量，无论是全景、中景还是近景、特写，每一个画面都包含某种信息，而且信息包含得越多，其价值就越高。

解说的写作必须根据画面的容量为观众提供更多的信息。需要注意的是，在解说的写作中，要突出新闻价值，注重用新的信息吸引观众的注意力。

大容量的画面加上转换的速度，往往使收视者应接不暇。这种剪辑手法大多用在内容密集的作品上，以"饱满"的镜头表达丰富的内容。它以叙述手法为其基本剪辑规则，用高速、大量运转的画面叙述主题内容。

举例说，在介绍企业集团时，不仅介绍企业本身及其产品，还要从多侧面介绍企业与社会的各种主要关系及企业发展的前景，等等。解说在这类报道中就要从多侧面来反映报道的主题。

大信息量剪辑手法是目前欧美电视界流行的一种画面剪辑手法。电视报道本身就在传播一种信息，而信息量的大小可作为衡量报道水平高低的一个标准，也是衡量解说词的标准。

从心理学角度看，收视者观看一部作品，总是期望多获取些信息，多得到一些感受；而传播者当然更期望多传播一些信息，多给受众一些感受。从这个意义上看，大信息量剪辑手法打破了常规的那种单一信息剪辑手法，顺应了时代潮流的发展。

对于解说词写作来说，大信息量剪接法要求写作的节奏明快，语言表达简洁。

2. 解说与快频率剪辑

快频率剪辑手法对解说的要求是：紧密配合画面的快速变化，用准确的语言帮助受众理解画面的内容。

　　时代的发展突飞猛进，各种各样的新事物层出不穷，有时容不得人们停顿下来静静地思考、研究、领会；快频率剪辑手法正与这种时代特点合拍，强调镜头剪辑的频率要提高到最大限度，使作品的节奏得以大幅度地提高。

　　由于这种剪辑手法的出现，解说词写作的速度和强度也随之变化。

　　快速的节奏使画面更流畅、更紧凑，给收视者以痛快而淋漓尽致的视觉感受。

　　快频率剪辑手法的特点是，选用固定镜头（机位、焦距不变）较多，即使选择运动镜头也一律剪掉起幅、落幅，并注意选取那些摇的幅度和范围不大，推、拉的距离不大的镜头，因为只有这样剪辑才能加快速度，提高剪辑频率。在镜头长度处理上，特别注意保留短镜头，画面停留的时间较短，一般只有三四秒，间以插用大量的一两秒的镜头。

　　快频率剪辑手法的特点，对解说也提出了更高的要求。电视记者在写作中对材料的选择、主题的提炼、角度的选择要通盘考虑，解说词写作要更为凝练，以适应这种剪辑手法带给观众的淋漓尽致的视觉感受。

　　3．解说与全声音剪辑

　　全声音剪辑手法的运用使电视报道更为生动，在某种程度上，对报道风格的形成起到一定的作用。这种剪辑手法对解说的写作提出了新的要求：要求解说和"画内音"有机结合，和报道的风格保持一致。

　　在一部作品中通篇使用"画内音"，即靠人物的对话，主持人或记者在现场的描述以及同期声来表现主题，而不用"画外音"，即解说来叙述作品表达的主题。这种剪辑手法使作品显得更真实、更逼真、更生动，从而创造出一种身临其境的气氛。它强调的是现场感，是真实，是活生生的声音——人和自然界的声音。

　　全声音剪辑法不仅仅是一个技巧的运用，对报道内容的展示起到了特殊的作用。比如，通过人物的不同声音，揭示不同观点，展示矛盾和冲突。同时，技巧也成了一种报道手法。

　　解说词往往要在全声音剪辑的前后加以说明强调，突出人物的特征、内容的重点、矛盾的展示。

　　可以说，全声音剪辑手法的衔接、"画内音"段落的处理，离不开解说的黏合。

　　4．解说与浓缩剪辑

　　浓缩剪辑法要求解说的写作更为简练清楚。

　　浓缩剪辑手法要求通过大量地压缩剪辑，把作品的精华提炼出来，在有限的时间和篇幅内为观众展示更多的货真价实的内容。

　　解说必须配合画面简洁清楚，突出新闻价值。

　　我们不妨试一试，10分钟的解说压缩成5分钟后，报道反倒显得更紧凑、更洗练，内容反而更突出。

以此类推，越是压缩的剪辑，越能突出重点，越能把握主题。画面剪辑如同写文章一样，以简练为贵。

报道的力度和力量并非以其长度来衡量，而以其质量为衡量的标准。画面的简洁，本身就提高了内容的"含金量"。

浓缩剪辑手法对删减冗长、枯燥的画面无疑是最有效的"清洁剂"。对解说来说，也起到了同步的删减作用。

5. 解说与多技巧剪辑

多技巧剪辑手法的运用，要求解说写作的层次划分更为清楚，段落更为紧凑，必要时还要作难以割舍的压缩。

电子科技的飞速发展为电视节目制作提供了高技术保障。多技巧剪辑手法正是在这个背景下应运而生的。它动用电视特技台，使用各种技巧进行剪辑，使画面更清晰，层次更丰富多彩，更能打动观众。

多技巧剪辑手法在电视新闻报道中是根据报道的特定需求加以运用的。在欧美及日本等发达国家，多技巧剪辑在电视深度报道、纪录片的片头、结尾、过渡等段落中经常使用。

这对于解说词的写作也提出了特殊的要求。解说要根据多技巧剪辑编出的特定画面内容加以调整。

多数情况下，解说在这些特定的画面段落中起到一种提升的作用。

6. 解说与开篇镜头剪辑

传统开篇镜头的剪辑相对比较单一，而现代电视报道开篇镜头的剪辑具备了多样化的特点。开篇镜头与解说的开头是密不可分的。这种相对应的关系也是开篇镜头对解说的特殊要求。

一部电视作品的第一个镜头怎么开？第一组画面怎么开？这关系到全篇的格调是否能成功。开篇镜头没有一成不变的格式，解说的开头也没有一成不变的格式。有些常规或"经验之谈"不可忽视，因为开篇不利会直接影响到全篇内容。

一些电视专家认为，第一幅或第一组开篇画面是一部作品的"门脸"。看一部作品的优劣，只看前面十几个镜头就可断定其一二。

解说也是一样，报道的第一句话和第一段处理不好就会降低作品的品位。因此，解说对开篇镜头的配合一定要慎重、用心。

（1）第一个镜头

第一个镜头究竟应该怎样安排？主要视报道的主题而定。以下是几种镜头的开篇方法：

①用全景开头——给人以完整的场面，画面协调、统一，能体现整体感、完整性。

②用拉镜头开头——从画面的一点渐渐拉出全景，由近及远，把视线从一点带到整体，颇有一种悠长之感。

③用推镜头开头——从全景到特写，明确交代主体的位置、环境、特征，把观众的视觉逐渐引向主题，使其对作品要表现的主体一目了然。

④用摇镜头开头——镜头的缓缓移动展示出场面的浩大、壮观。使画面连续不断地运动，显示出一种节奏、一种意境。

解说对不同内容的报道有不同的处理方式，但无论哪种方法，解说一定要和第一个镜头相呼应，一定要与主题的表现合拍。

（2）第一组画面

第一组画面是报道第一个段落，它是由若干个镜头组成的。与此相对应，第一组画面的解说也是报道的第一段内容。

一般来说，开篇一组画面最好以开门见山的形式出现，这样安排有利于迅速进入主题，使收视者在很短的时间内知道作品要表现的内容是什么。

开门见山的开篇法具有简练、朴实、自然的特点，它省略了开篇的修饰、过渡、转折等程序。

对于解说的开篇段落来说，多数情况下也以开门见山的形式出现。

解说可以和开篇镜头一样，用叙述式开头。叙述开头要先交代时间、地点、背景、环境，然后再进入正题，为收视者提供了一个做好收看节目的心理准备。

解说还可以和开篇镜头一样，用突出式开头，把报道中最重要、最精彩的内容安排在第一个段落。这样能够先声夺人，以其声势、力度、精华调动收视者的视觉，冲击、震撼观众的心灵，从而吸引他们继续往下收看。

现代电视画面的剪辑技巧正朝着多样化、高速度方向发展。解说的写作也要把握这种发展趋势，提高写作技巧，形成独特的风格。

本章参考书

《电视采访电视写作》第六章（北京广播学院出版社，2001 年出版，赵淑萍、高晓虹著）。

本章参考片

纪录片《藏北人家》、《故宫》、《苏园六记》、《电视好新闻》获奖节目。

本章思考与练习题

1. 广播电视解说词的特性和作用是什么?
2. 怎样做到电视解说词与画面的完美结合?
3. 在解说词写作中,如何使其适应现代电视画面的剪辑手法?
4. 哪些情况下不宜使用解说词?